《高等财经教育研究》
2020年中国高等财经教育论坛

# 中国财经教育大变革：新机遇、新挑战、新使命

The Great Reform of Finance and Economics Education in China:
New Opportunity · New Challenge · New Mission

中国高等教育学会高等财经教育分会
西南财经大学高等财经教育研究中心　编

西南财经大学出版社
Southwestern University of Finance & Economics Press

中国·成都

图书在版编目（CIP）数据

中国财经教育大变革:新机遇、新挑战、新使命/中国高等教育学会高等财经教育分会,西南财经大学高等财经教育研究中心编 . —成都:西南财经大学出版社,2021. 10
ISBN 978-7-5504-5071-4

Ⅰ.①中… Ⅱ.①中…②西… Ⅲ.①财政经济—高等教育—教育改革—研究—中国 Ⅳ.①F8-4

中国版本图书馆 CIP 数据核字（2021）第 190705 号

## 中国财经教育大变革:新机遇、新挑战、新使命
ZHONGGUO CAIJING JIAOYU DABIANGE XINJIYU XINTIAOZHAN XINSHIMING

中国高等教育学会高等财经教育分会
西南财经大学高等财经教育研究中心　编

责任编辑:向小英
装帧设计:张姗姗
责任印制:朱曼丽

| 出版发行 | 西南财经大学出版社(四川省成都市光华村街55号) |
| --- | --- |
| 网　　址 | http://cbs. swufe. edu. cn |
| 电子邮件 | bookcj@ swufe. edu. cn |
| 邮政编码 | 610074 |
| 电　　话 | 028-87353785 |
| 照　　排 | 四川胜翔数码印务设计有限公司 |
| 印　　刷 | 郫县犀浦印刷厂 |
| 成品尺寸 | 170mm×230mm |
| 印　　张 | 13.5 |
| 插　　页 | 8 页 |
| 字　　数 | 258 千字 |
| 版　　次 | 2021 年 10 月第 1 版 |
| 印　　次 | 2021 年 10 月第 1 次印刷 |
| 书　　号 | ISBN 978-7-5504-5071-4 |
| 定　　价 | 88.00 元 |

# 2020年中国高等财经教育论坛编委会名单

**主　编**

赵德武

**编　委**

张国才　任迎伟　李欣玲　曾　攀
陈益刚　彭浩波　王耀荣　王　静　刘　洋　侯嘉茵　彭颖怡　袁艺婉

# 2020年中国高等财经教育论坛组委会名单

## 主　任

施建军

## 委员单位（排序不分先后）

| | | |
|---|---|---|
| 安徽财经大学 | 北京财贸职业学院 | 北京工商大学 |
| 北京物资学院 | 重庆工商大学 | 东北财经大学 |
| 对外经济贸易大学 | 广东金融学院 | 广东财经大学 |
| 广东财经大学华商学院 | 广东外语外贸大学 | 广西财经学院 |
| 贵州财经大学 | 哈尔滨金融学院 | 哈尔滨商业大学 |
| 河北金融学院 | 河北经贸大学 | 河南财经政法大学 |
| 湖北经济学院 | 湖南财政经济学院 | 湖南商学院 |
| 吉林财经大学 | 吉林工商学院 | 集美大学工商管理学院 |
| 江西财经大学 | 江苏财经职业技术学院 | 经济科学出版社 |
| 兰州财经大学 | 南京财经大学 | 南京审计大学 |
| 内蒙古财经大学 | 山东财经大学 | 山东工商学院 |
| 山东管理学院 | 山西财经大学 | 山西财税专科学校 |
| 四川财经职业学院 | 上海财经大学 | 上海对外经贸大学 |
| 上海立信会计金融学院 | 河北地质大学 | 首都经济贸易大学 |
| 天津财经大学 | 天津商业大学 | 西安财经大学 |
| 西南财经大学 | 新疆财经大学 | 云南财经大学 |
| 浙江财经大学 | 浙江金融职业学院 | 浙江工商大学 |
| 中国财政经济出版社 | 中南财经政法大学 | 中央财经大学 |

修德立信 博学求真

德才兼备 尚志财经

刘仲藜
二〇二二年岁末

第十一届中国高等财经教育校长论坛与会人员合影留念

# 目　录

## 第一篇　讲话与致辞

## 第二篇　主题发言

## 第三篇　书面发言

# 第一篇

# 讲话与致辞

# 在第十一届中国高等财经教育校长论坛
# 开幕式上的致辞

韦春北[①]

尊敬的教育部张庆国处长，尊敬的施建军理事长，尊敬的自治区教育厅一级巡视员黄宇，各位兄弟院校的领导、嘉宾、同志们，大家上午好！值此庆祝广西财经学院办学60周年的喜庆时刻，我们相聚在这里，隆重举行第十一届中国高等财经教育校长论坛。在此，我代表广西财经学院对论坛的顺利召开表示热烈的祝贺！对远道而来参加论坛的各位领导、嘉宾、专家、学者表示诚挚的欢迎！向长期以来关心、支持我校建设发展的各位领导、专家、嘉宾、朋友们表示衷心的感谢！

当前，在世界百年未有之大变局和中华民族伟大复兴战略全局同步交织相互激荡的新形势下，我国高等教育发展面临着新的挑战。特别是疫情蔓延带来了全球经济的深度衰退，国际贸易投资的大幅缩减，逆全球化持续升温，我国的经济结构体制性、周期性问题相互交织，三期叠加影响持续深化，对我国财经高等教育发展和财经人才的培养提出了新的更高要求。全国财经学院校长和财经领域专家学者齐聚广西财经学院，共同探讨中国特色高等财经教育创新发展的重大课题，对于拓展财经院校彼此之间的交流合作，推进财经教育的改革，提升财经院校服务国家和地方经济社会发展的能力，意义重大，影响深远。

本届校长论坛是在全国上下深入学习宣传贯彻党的十九届五中全会精神之际举办的一次盛会。党的十九届五中全会提出我国进入了全面建设社会主义现代化国家，向第二个百年奋斗目标进军的新发展阶段，要坚定不移贯彻创新、协调、绿色、发展、开放的新发展理念，加快构建以国内大循环为主体、国内国际双循环相互促进的新发展格局。全会提出的新阶段、新理念、新格局，必将对我国高

---

① 韦春北，博士，教授，现任广西财经学院党委书记。

等教育，特别是高等财经教育的改革和发展产生全面而深远的影响，我们要抢抓新时代重要战略机遇期，深化高等教育改革，探索中国特色的高等财经教育创新发展之路。此次论坛必将加快推进新文科建设，提升我国高等财经教育的国际影响力，进一步推动高等财经教育院校高质量发展，培养更多适应新时代要求的应用型、复合型财经人才。

广西财经学院是广西独立设置的财经类普通高等学校，是服务国家特殊需求的会计硕士培养单位，是全国首批深化创新创业教育改革示范高校。近年来学校不断强化内涵建设，高质量发展，先后获批国家级、自治区级一流本科专业建设点 8 个，自治区一流学科培育 1 个。学校重视加强学科和学位点建设，申请硕士学位授权单位指标全部高质量达标。学校高度重视面向东盟的财经教育教学，科研资政的创新发展，不断健全以学生为中心，面向东盟和服务地方新财经人才拔尖创新人才协同培养机制，努力打造集财经教育研究、服务区域经济社会发展的地方新型高端财经智库，形成了一批服务区域特别是面向东盟的高水平研究成果资政报告，为培养面向东盟的财经人才提供了强有力的支撑。

站在新的起点上，我们将坚持对高等财经教育的创新探索，与区内外兄弟院校携手推进高等财经教育的改革和发展，全面落实立德树人根本任务，不断提高财经人才的培养质量。

广西财经学院作为一所少数民族地区的年轻的财经类院校，与区外其他兄弟院校相比，在软硬件方面还有不小的差距。我校能够成为本次论坛的承办单位，对我们来说既是中国高等教育学会、兄弟院校对我们的信任，更是对我们的鼓励和期待。我们十分珍惜这次难得的学习机会，衷心希望各位领导、专家一如既往地支持并指导我校的建设发展，我们也期待借此机会与各兄弟院校增进友谊，加强交流，扩大合作，凝心聚力，分享共建，共同促进高等财经教育的创新与发展。最后，祝本次论坛圆满成功，祝远道而来的各位领导、专家、学者在南宁期间身体健康、工作顺利、生活愉快。

谢谢大家！

# 在第十一届中国高等财经教育校长论坛
# 开幕式上的致辞

张庆国[①]

　　各位领导，各位来宾，同志们，大家上午好！非常高兴来到美丽的南国绿城——南宁，参加第十一届中国高等财经教育校长论坛。这是在新时代背景下加快推进高等教育现代化，推动高等财经教育创新发展的有力行动，更是学习贯彻党的十九届五中全会精神的生动实践。在此，我谨代表教育部高教司对本次论坛的成功举办表示热烈的祝贺！

　　当今世界正经历着百年未有之大变局，新冠肺炎疫情全球大流行，使这个大变局加速演进，经济全球化逆流——保护主义上升，世界经济低迷，国际贸易和投资大幅萎缩，国际经济政治格局都在发生深刻的变化。而我国正处在实现中华民族伟大复兴的关键时期，经济长期向好，市场空间广阔，发展韧劲强大，正在形成以国内大循环为主体，国际国内双循环相互促进的新的发展格局。面对世界百年未有之大变局，高等教育将会面临前所未有的机遇和挑战，尤其是以互联网、大数据、人工智能、云计算、5G 等为代表的新一轮科技革命正加速向经济社会各个领域深度渗透融合，新经济、新技术、新业态日新月异，不断改变和重塑着教育的内涵和外延，高等教育呈现出深度科技化、高度智能化、交叉融合化、集群复合化发展的趋势。这些新趋势、新变化必将对我国高等教育尤其是高等财经教育产生深刻的影响，引发高等财经教育深层次的大变革。

　　全国新文科建设会议刚刚召开，吴司长在会上做了重要讲话，会议还发布了新文科建设宣言，对新文科建设做出了全面部署。这次大会描绘了新文科建设的"施工图"，是一次高等文科教育的重要会议，标志着新文科建设进入了全面启动的新阶段。财经专业作为传统文科的重要领域，改造升级财经类专业，改革财

――――――――――

　　① 张庆国，教育部高教司人文社科教育处处长。

经人才培养模式，推进高等财经教育高质量发展，既是新文科的建设内容，也是财经类高校的内在要求。近几年各高校积极响应新文科建设，不少高校开展了新文科从概念到体系、从理念到行动的探索，形成了可借鉴的成功做法和经验。新时代新使命，建设财经学科也必将大有可为。我们要主动适应新时代发展的新形势新要求，抢抓新文科建设的机遇，更新财经教育的理念，科学把握高等教育的变革趋势，积极探索中国特色高等财经教育创新发展之路，办好人民满意的高等财经教育。

下面我就新文科建设，特别是高等财经教育谈几点看法，供大家参考。

一是聚焦当下，以新文科建设引领高等财经教育改革。党的十九届五中全会提出建设高质量教育体系，到2030年建成教育强国。目前文科占学科门类的三分之二，文科教育的质量关乎整个高等教育的质量，文科教育的振兴关乎整个高等教育的振兴。推进新文科建设是做强文科教育，深化高等教育改革，建设高等教育强国，加快实现教育现代化的必然要求。高等财经教育是新文科建设的重要领域，新文科八大学科门类，几乎包含了财经高校全部的学科专业，高等财经教育的创新发展尤为重要。在当前全面启动新文科建设的背景下，我们要用新文科的思想、理念、思维引领高等财经教育改革，要切实抓好专业优化、课程提质、模式创新，从顶层设计、专业整合、课程体系建设、教学方法改革等方面推进高等财经教育理念创新、专业创新、模式创新、组织创新，放眼国际，立足中国实际，积极破除原有学科专业的壁垒，从以学科导向转向以需求导向，推动传统的财经专业更新升级和各个学科的深度交叉融合发展。强化价值引领，提升学术内涵，丰富形式载体，创新方法手段，夯实课程体系，遵循中国特色哲学社会科学发展的特殊规律，推动模式创新，构建跨校、跨专业、跨行业、跨国界协同育人的机制，大力发展复合型人才培养模式，联合高等财经院校积极推进财经教育资源共享平台建设，推进优质教学资源的共建共享，积极参与教育部优质教学资源库的工作，构建中国特色财经教育的理论体系、学科体系、教学体系和人才培养体系，为新一轮改革开放和社会主义建设提供高素质的人才。

二是立足时代，科学把握高等财经教育大势。立足时代，面向未来，深刻把握"四个服务"的科学内涵，围绕高等财经教育的时代使命、根本任务以及面临的新机遇、新挑战，明确新时代的历史方位、时代使命、战略目标和实践路径，加强理论研究和实践探索，强化高等财经教育与经济社会的互动联系，找准立足点和切入点，发挥财经学科的优势和特色，强化问题意识，在深化供给侧结构性改革、增强金融服务实体经济能力、构建现代化经济体系的过程中，不断增强对经济社会现实问题的分析研判和解决能力。要顺应创新发展对高等财经教育的多样化需求，正确面对未来社会的挑战，提升人才培养和科学研究的未来意识，把握创新时代财经人才培养的需求和规律，探索新财经发展的模式，紧紧抓住新文科建设的重大契机，着力聚焦现代经济体系的建设，"一带一路"倡议，新一轮西部大开发，国内外金融安全，以及参与全球治理中党和国家亟待解决的重大课题，在服务"两个大局"中办好中国特色的高等财经教育。

三是放眼国际，努力实现高等财经教育的跨越发展。面对百年未有之大变局，高等财经教育要抢抓国家发展新文科建设的战略机遇，积极应变、主动求变，传承中华优秀传统文化。要有开放合作的姿态，加强在学校内部、校与校之间、学校与社会之间的开放和合作，致力于打破学科和学院行政的壁垒，促进校与校之间建立联盟，搭建平台，共享资源。积极寻求更多的社会支持，通过开放最大限度地盘活已有的教育资源，利用和汇聚更多的社会资源，要以国际视野推进高等财经教育的理念、人才培养体系、学科生态体系、教学组织形态、国际合作格局的变革，在我国高等教育与国际化接轨的背景下积极推动高等财经教育迈向世界高等财经教育的第一梯队，推进高等财经教育的国际化，探索高等财经教育发展趋势的中国经验和中国模式。

四是要牢记使命，奋力培养出有家国情怀的复合型人才。随着社会的发展，越来越暴露出财经毕业生难以适应智能时代的新要求，且具有国际视野的高端人才储备不足的问题，培养新时代财经人才迫在眉睫。为此，要深入贯彻落实习近平新时代中国特色社会主义思想，始终不忘立德树人的初心，牢牢把握文科建设的价值导向性，紧扣提升新财经教育质量、培养高素质财经人才这一主题，积极探索新时代教育教学方法，不断提升教师教书育人的本领，紧跟国际财经教育发展动态，积极适应现代经济社会发展的新要求，着力构建与经济社会发展相适应的新财经人才培养体系，努力培养职业素养和专业素养并修、财经知识与信息技术兼备、既有宽广的国际视野又有厚重的家国情怀的复合型财经人才。

本次论坛为我们搭建了一个很好的平台，期待大家在深入交流、思想碰撞中推进高等财经教育的创新发展，为财经领域深入推进新文科建设提出更多有针对性的意见和建议，为深化对新文科建设特点和规律的认识，推动新文科建设实践，全面提升高校人才培养的能力，提高高等教育质量做出积极的贡献。最后，祝本次论坛圆满成功。

谢谢大家！

# 在第十一届中国高等财经教育校长论坛
# 开幕式上的致辞

黄宇①

尊敬的施建军理事长，尊敬的教育部张庆国处长，尊敬的各位领导，各位来宾，老师们、同学们，大家上午好。今天，全国 60 多所高等财经院校的校长和经济学专家近 200 位嘉宾相聚在美丽的绿城——南宁，出席第十一届中国高等财经教育校长论坛，这是中国高等财经教育的一件盛事，也是广西高等教育界的一件喜事。在此，我谨代表广西壮族自治区教育工委、教育厅对本次论坛的召开表示热烈的祝贺，并向来自全国各地高等教育的领导、同仁、嘉宾朋友们表示诚挚的欢迎，向多年来支持广西教育事业发展的各位领导、专家表示衷心的感谢。

党的十九届五中全会明确提出建设教育强国，建设高质量教育体系，为新时代高等教育改革发展指明了方向。办好人民满意的高等教育意义重大，尤其是当今世界正处于百年未有之大变局，新科技革命奔腾而至，我国正处于实现中华民族伟大复兴的关键时期，国际国内新格局正在推动高等教育发生深刻变革。在这样的背景下，本次论坛以中国高等财经教育大变革为主题，对探索高等财经教育的创新发展思路、贯彻新发展理念，推动高等教育发展具有深远而现实的意义。

当前广西正在深入贯彻党的十九届五中全会精神，贯彻习总书记对广西提出的构建东盟大通道，打造西南中南地区开放发展新的战略支点，形成丝绸之路经济带和 21 世纪海上丝绸之路有机衔接重要门户的三大定位，以及扎实推动经济持续健康发展，扎实推进生态农业建设，扎实推进民生建设和脱贫攻坚，扎实推进生态环境保护建设，扎实建设坚强有力的领导班子的"五个扎实"要求。广西坚持稳中求进的工作总基调，全面对接粤港澳大湾区，加快西部陆海新通道的建设，打造面向东盟的金融开放门户，建设中国广西自由贸易试验区，构建南

---

① 黄宇，广西壮族自治区教育厅党组成员、一级巡视员。

向、北连、东融、西合的开放发展新格局。特别是 2020 年 11 月 20 日广西最后的 8 个贫困县脱贫摘帽，54 个贫困县全部退出贫困县序列，广西也与全国一道开启了建设现代化国家的新征程。

今天恰逢第 17 届中国—东盟博览会开幕。中国—东盟博览会是中国和东盟十国政府经贸主管部门与东盟秘书处共同举办，广西承办的国际经贸盛会。广西作为该项盛会的永久举办地，推动并见证了中国—东盟战略伙伴关系内涵的不断丰富，经贸合作水平的迅速提升，人文交往的日益密切，为服务"一带一路"建设发挥了重要作用。目前广西共有高校 86 所，毛入学率达到 44%，高等教育的水平不断提高，实施高水平本科教育计划；建设了一批与广西九大创新发展领域等重大领域发展战略紧密结合的专业，高校布局结构不断优化，办学水平不断提升；举办中国—东盟职业教育展和论坛，常态推动广西与东盟国家、港澳台地区教育合作发展。广西是全国招收东盟国家留学生最多的省区之一，广西财经学院是广西独立设置的财经类本科高校，长期以来学校注重内涵式发展，立足广西辐射东盟，面向基层，服务社会，在学科建设和专业建设等方面取得了可喜的成绩，培养了大批优秀的财经管理类人才，为广西经济社会发展乃至与东盟的合作交流做出了突出贡献。感谢中国高等教育学会高等财经教育分会对广西财经学院的信任，让我校承办本次论坛，这是对广西财经学院办学的认可和肯定，也是对广西高等教育改革发展的关心和支持。我们将认真学习和借鉴本次会议的精神，将全面贯彻落实中共中央、国务院印发的《深化新时代教育评价改革总体方案》，瞄准国家重大战略发展的需要，继续支持财经类院校的改革，助推财经学科专业转型发展，搭建多学科、多专业交流沟通的桥梁，构建引领新财经发展的学科专业体系，提高财经人才的培养水平和质量，全面提升高等学校服务经济社会发展的能力，为推进教育现代化、建设教育强国，办人民满意的教育做出应有的贡献。广西教育厅将与广西财经学院一道为大家做好服务工作，也希望大家对广西教育发展多提宝贵意见。最后预祝本次论坛取得圆满成功，祝大家在南宁期间身体健康、工作愉快。

谢谢大家！

# 在第十一届中国高等财经教育校长论坛
# 开幕式上的致辞

*施建军*①

尊敬的各位领导，各位嘉宾，尊敬的各位校长、书记，老师们、同学们，今天非常高兴在这里参加第十一届中国高等财经教育校长论坛。这是在教育部高教司中国高等教育学会的关心指导下，在广西财经学院广大师生的努力下，在兄弟院校的大力支持下举办的一次盛会。今天，有来自全国各地 65 所高等院校和单位，包括出版单位和新闻媒体，近 50 位校长、书记、副校长、副书记，共计近 200 位代表出席此次会议。该论坛秉承搭建财经高校交流合作平台，提高财经教育办学质量，促进各校特色发展，推动中国财经教育事业高质量发展的目标和宗旨。

首先在这里表达我们的感恩和感谢。

第一个感谢，感谢各位领导、书记、校长能够花时间来参加这一盛会。这个盛会已经召开了十一届。2010 年开始举办校长论坛，轮流在各个高校举办。因为大家的工作比较忙，而且这也不是行政布置的会议，大家能够踊跃参加，是对我们会长工作的支持，所以我发自内心地表示感谢和热烈的欢迎。

第二个感谢，感谢大会的主办单位广西财经学院的各位老师、同志的辛苦劳动，为大会的顺利召开提供了良好温馨的服务。

第三个感谢，感谢张国才秘书长和团队，他们不辞辛劳地为我们提供服务。

我建议以掌声感谢大家。我简单地给大家汇报一下学会的工作。在疫情严重的时期，大家能够共克时艰在这里积极探索高等财经教育的新发展、新机遇、新挑战，全面贯彻落实党的十九届五中全会精神，努力构建财经领域的高质量教育体系，贯彻落实新文科建设会议精神，落实新文科建设宣言，推动教育教学改

---

① 施建军，中国高等教育学会高等财经教育分会理事长、对外经贸大学前校长。

革，坚持不懈探索服务当前形势的财经高等院校的新发展路径，克服高等教育的瓶颈，增加本科教育的维度，提高本科生的质量，将人工智能、大数据、数据科学与财经课程深度融合，打造新时代的财经人才培养体系，培养高质量的创新人才。在今年新冠疫情的影响下，在教育部停课不停教的号召下，中国高教学会高等财经教育分会开通了一些免费在线资源，涉及财经高校的教务处、图书馆、实验中心等公共部门，举办了 60 多场线上公益大讲堂，得到了高等教育学会的表扬。特别是在高等财经教育分会的指导下，我们构建了中国高校财经联盟，推出了财经数据科学理念，开展了线上财经数据科学实战演练。这项工作刚刚开始，融合线上数据和财经数据库，这对传统图书馆的建设影响深远，将来可能要颠覆传统图书馆的概念。因为我们不是在融合一个学校，我们融合的是全中国财经学校的图书资源和数据资源。这两个资源将来要成为我们平台的物质基础，一个是基于大数据建立的电子存书量的系统，一个是课程体系。建设工作刚刚起步，但是已经有近 600 所高校积极参与。中国高校财经联盟受到了有关方面的高度关注。我们还通过线上会议室同步授课，平台支持视频回放、课程提交等方式支持了武汉大学在线公开课。

中国高校财经教育校长论坛是高等财经教育分会举办的一个重要盛会，自 2010 年创办以来，已经有十一届，今年议题定为"中国财经教育大变革：新机育、新挑战、新使命"。我们当初拟定了五个议题："双循环大背景下我国高等财经教育发展的态势和改革""'十四五'期间我国高等财经教育的重点、热点与难点问题""新财经拔尖创新人才培养模式的优化与再造""5A 背景下'双一流'建设质量与成效综合评价""后疫情时代财经高校变革与创新"，这些题目都能促使我们进行深入的思考。当前正面临百年未有之大变局，对财经教育也有一定的冲击。昨天我在会上讲了，在国际化大背景发生重大变革的情况下，财经科学或者财经高校的国际化怎么搞，值得我们具体研究和思考。我们大张旗鼓地宣传国际化，财经学校以国际化办学为特色，这样的新形势下我们应思考下一步的战略如何取向。在"十四五"规划中，我们需要结合当前的形势（这个形势跟上一个五年大不相同），技术手段、线上线下、新科技特征、5G 以及现在的大数据、云计算、云存储，这些概念对我们的教育具有巨大的冲击和挑战。在这样的条件下，大家迫切需要共同解决财经教育面临的难题。我们每年均要出版与此会议议题相关的论文集，已经坚持了十多年，每年一本，这都是由西南财经大学教育研究中心负责的。今年我们还想把各校"十四五"规划的简本结集出版，让其成为中国高等财经教育的一个思想库、智囊库，因为"十四五"规划一定集结了很多财经高校的思想、很多专家的智慧，所以它一定是一个有价值的作品，将会推动中国高等财经教育的发展。在大变革时代，我们必须有国际化思维。现在大家很关注高校的整合能力和与外部世界的合作交流能力，这些需要资源，需要合作，需要联盟。尤其需要各校的校长和书记开放思考，进行创新性思考。在一个跨界交流和合作的时代，我们的学会就是一个交流的平台、联盟的平台，每个高校都有特色，都值得大家学习和借鉴。一定要跳出学校看学校，把今天的学术年会办成一个有所收获、有意义、有价值、有使命、符合社会发展方向的交流会，努力把高等财经教育分会办成一个有高度、有温度、有内涵、有底蕴的学会。大家一定要充分利用这个平台，再学习、再交流、再合作，给高校带来更多的价值和资源。高校新文科建设是高等教育的发展机遇，希望学会能够团结各财经高校并在教育部高教司的指导下开展改革试验，先行先试，改革创新。我们要建立新文科示范基地、新文科示范实验室，推动新文科优质教学资源库的建设和新文科研究与改革实际项目指南的实施，希望学会能够给大家带来一些新思想、启发和帮助，让大家有所收获，不虚此行。

我相信本届年会一定能办成有特色、有影响、有高度、有深度、有温度的学术盛会。最后，我衷心地祝愿本届年会圆满成功。

谢谢大家！

# 第二篇

## 主题发言

# 关于财经类高校学科和专业发展问题的若干思考①

付志峰②

## 一、首都经济贸易大学近年来教育教学改革与实践

首都经济贸易大学创建于 1956 年，是由原北京经济学院和原北京财贸学院于 1995 年 3 月合并、组建的北京市属重点大学。建校 60 余年来，秉承"崇德尚能，经世济民"的校训精神，首经贸人将思想和行动凝聚为"博纳敏行，知行合一"的骆驼精神，坚持"立足北京、服务首都、面向全国、走向世界"，先后为国家和北京市培养了 18 万优秀人才。首经贸校友遍布海内外，成为服务国家和北京市经济社会发展的重要力量。经过 60 余年的发展，学校已成为一所以经济学、管理学为主干优势学科，拥有法学、文学、理学和工学等 6 大学科，各学科相互支撑、协调发展的现代化、多科性财经类大学。学校共设有 18 个教学单位，拥有 4 个一级学科博士学位授权点及相应的博士后科研流动站，11 个一级学科硕士学位授权点，做到一级硕士学位授权点全覆盖。

近年来，在国家"双一流"建设和一流专业建设、北京市属公办本科高校分类办学改革的指引下，在经历了第四轮学科评估、本科教学工作审核评估等系列检验后，首都经济贸易大学围绕着学校发展改革关键点，即学科建设和专业发展，开展了一系列的改革实践。

第一，明确学校发展方向。根据市属高水平研究型大学的办学定位，学校以"十四五"规划编制为契机，明确未来五年发展目标和重点工作，突出了学科建

① 基金项目：2020 年北京高等教育"本科教学改革创新项目"重大委托项目"'双万计划'背景下财经类高校专业结构调整及模式创新"的研究成果。

② 付志峰，首都经济贸易大学校长，教授，博士生导师。

设、专业建设和师资队伍建设工作的重要性。

第二，建设一流学科。根据"有所为，有所重点为"的学科发展理念，以"双一流"建设和学科评估精神为指导，突出主干学科优势，优化学科布局，打造经管类学科群，推动学科高水平发展。同时学校也期望在第五轮学科评估中检验学校学科建设成效。

第三，推进一流专业建设。学校启动了本科教学改革，坚持把人才培养质量作为衡量办学水平的最主要标准。根据"大类招生，大类培养，自主分流，交叉融合，自主发展"的改革思路，立足内涵建设、分类施策，充分发挥学校经济学、管理学的学科专业特色和优势，优化专业结构，建设一流专业，切实提升人才培养质量。近年来，学校不断动态合并调整本科专业，落实大类招生，招生门类减少到 29 个，分为 8 个招生大类。在缩减专业数量的同时，学校还积极打造特色专业，2019 年学校获批 8 个国家级一流建设本科专业，3 个北京市一流建设本科专业。学校校院两级达成共识，要把更多的学生纳入一流专业之中，真正让学生享受到专业建设发展所带来的成果红利。

在进行改革实践的过程中，人们对财经类高校未来发展进行了反思。前些年经管专业很热门，财经类高校招生录取分数普遍较高，生源质量也不错，财经类高校发展取得显著成效。近些年，办学大环境发生了变化，财经类高校进入了发展瓶颈期，如何在挑战和机遇并存的现实下赢得未来，是"十四五"时期发展规划编制之际需要重点考虑的问题。

## 二、财经类高校学科专业发展的问题

对财经类高校学科规划和专业设置进行重新审视，发现财经类高校的自身基因特点在某种程度上制约着学校发展。

### （一）学科建设发展空间受限

从第四轮学科评估的表现来看，与综合类高校相比，财经类高校的表现并不是很理想，主要体现在两方面：

第一，财经类高校主干优势学科相对集中。根据第四轮学科评估的结果来看，财经类高校的优势学科多来自社会学科，学科之间具有高同质性。超过 10 个学校上榜的学科仅有 8 个，分属于经济学、法学、理学、管理学 4 个大类，学科集中度过高。首经贸在第四轮学科评估中申报了 6 个学科，应用经济学、工商管理、统计学取得了 B+。

第二，综合类大学的经管学科评估结果总体上优于财经类高校学科。财经类高校 A 类学科集中于应用经济学、工商管理、统计学，为此财经类高校也多以经济、管理和统计作为优势学科来进行学科布局。理论经济学、应用经济学、统计学、管理科学与工程、工商管理、公共管理，再加上法学与外国语言文学，基本涵盖了财经类高校的全部重点学科。应用经济学、工商管理学是财经类高校最强学科，但从第四轮学科评估中这两个学科中的 A 类学科分布情况看，高水平综合类大学的成绩优于财经类大学。此外，这些综合类大学还有实力雄厚的人文、自然学科，能为经管类相关交叉学科发展提供财经类高校所没有的研究支持。

### （二）本科专业数量过多

在学科过于集中的情况下，财经高校的专业设置出现了划分过细、过于追求大而全的问题。专业细分容易引起学校教学优质资源无法充分发挥效用、人才培养方案雷同、课程重复建设等一系列问题。二级学院在本科人才培养过程中，为了能够彰显不同于其他学院的相似专业的人才培养方案，会尽力设置更具有专业特色的课程科目，以此来增强自身学院的专业壁垒，强调学院之间的差异性和排他性，但这对本科生的学习和成长而言是不利的，也不利于学生综合素养的形成。

同样，专业细分也影响了教师的职业发展。过细的专业划分意味着教师们要为不同专业的学生开设与专业相匹配的各种专业课程。大量相似而又需要有所差别的课程，将教师禁锢在讲台之中，去教授那些杂而不精的"专业课"。由于专业过细，每班上课学生数较少，使得教师要花更多的时间在上课之中，难以保证有足够时间和精力投入到教研和科研之中，甚至难以有时间去打磨课程，降低了教学效率。综合类大学的经管学院通常是在一个学院之中分成了"经济系""金融系""会计系"等，以二级学科设系来开展教学，在学院内统一调配教学资源，专业划分更为合理。

### （三）二级学院划分过细

由于学科专业设置的局限性，财经院校在学院设置中，常常以二级学科为基础设立学院，以研究方向设系，使得学科专业细分问题更加突出。

分别对综合类大学和财经类高校经管类学院设置进行分析可以发现，大部分综合类大学都设有经管类的学院，设立方式有涵盖经管学科门类的经济管理学院，也有按经济学、管理学门类分别设为经济学院、管理学院、商学院等，学院设置至少涵盖了 1 个及以上的一级学科。

财经类高校通常设有金融学院、财税学院、经济学院、会计学院、工商管理学院等，都是将一级学科分拆到若干个二级学院。首经贸应用经济学就分布在经济学院、财税学院、金融学院、劳动经济学院、国际经管学院和城市学院这六个学院中，一级学科建设职责不清，加大了学校对应用经济学一级学科建设的统筹和协调难度。

## 三、对财经类高校"十四五"期间发展的几点思考

### （一）坚持以人才培养为中心

大学的中心任务是人才培养，在当前世界大变局、国家大发展的背景下，财经高校要坚持立德树人的根本任务，培养合格的经管类人才。在新时代的高等教育发展趋势影响下，更要主动对接国家、社会、经济对人才的需求，确定人才培养的新目标、新方向。

高等教育已经从大众化走向了普及化，适龄人群中已经有超过一半的学生能够上大学。20 世纪末的高等教育强调学以致用，更多是追求精细地分专业方向学习，学生毕业后走入工作岗位中成为学有专长的劳动者。但在当今时代，本科教育在很大程度上已经不是个人学习的终点，首经贸本科生的升学率已经接近了40%，甚至很多学生在工作一段时间后又会重新回到课堂进行深造，这就意味着我们的本科教学目标要调整，不应完全以细分的专业教育作为培养目标，而是应当在培养方案的制定过程中提供给学生所必备的基本素养和专业知识，满足学生深造、就业和终身学习的多重需求，培养能够适应社会未来发展的人才。

与此同时，财经高校的人才培养改革还要关注于新时代教育实践的改革。最重要的是要制订适当的教育目标，去解答"培养什么人"的问题。在具体教育实践改革过程中，学校要关注教育和科技的发展对经管类专业的影响。例如清华大学今年取消了会计学专业本科招生，增设了金融+计算机的双学士学位项目，这也为财经类大学的发展方向提供了借鉴。在新时代的教育背景下，线上教学、计算机、互联网等元素可能是财经高校在教学科研与学科建设发展的新方向。

### （二）转变学科专业发展思路

在学科建设方面，要转变以往追求"大而全"的观念，注重学科的高质量发展，注重优质资源的最佳配置，集中力量办大事、办关键事。学科建设思路可以逐渐从以往二级学科建设向一级学科建设过渡，可以结合学校历史积累和优势特色建设相关学科群、交叉学科。

专业建设改革的关键是大类招生、大类培养工作，要让更多的学生在改革中受益。继续深化学科及专业结构调整，通过持续推进大类招生、专业分流、特色专业、质量提升等渐进式改革实践，促进专业定位、建设与学校人才培养目标、

经济社会发展的契合度不断提升，促进本科教学管理效能提高和优质教学资源有效分配。提高专业基础必修课的比例，帮助学生打好基础，开放专业课的选择面，培养学生成为复合型人才。下一步，首经贸将通过制定 2021 年新一轮本科人才培养方案，全面推进学校大类招生与大类培养工作。

**（三）促进优质资源共享和合理配置**

学校的可持续发展需要有足够的资源支撑和保障，可以从对外推进资源共享、校内实行资源优化配置两个方向来推进学校改革。外部优质资源共享可以为学校提供学习借鉴、发展提升的机会，帮助学校更加顺利地跨过发展的瓶颈期。例如，北京市推进的中央部属高校与市属高校的学科共建工作，部属高校在一流学科、创新人才、高水平师资和国际化办学方面都有着更为先进的资源和经验，我校在与中国人民大学开展应用经济学、工商管理等学科共建工作中，就人才培养、科研创新、教学改革等方面开展全方位的合作，提高了学校的人才培养质量，推动了学校办学水平实现新突破。

学校内部资源要围绕教学科研核心业务来配置和优化。例如，为了让学生在校期间能够接受更好的学习资源，我们鼓励本科生跨专业跨学院交流、提供多渠道的第二课堂学习、加强网上优质教学资源平台建设、为教师创造更多的学术交流和进修机会。在现有办学资源条件下，我们坚持以人为本，资源配置和经费划拨优先保障教师工作、学生学习和生活的需要。

# 新时代推动高等财经院校本科教育
# 高质量发展的对策研究
## ——以兰州财经大学为例

蔡文浩①

**摘要：** 中国特色社会主义进入了新时代，新时代下如何推动高等院校本科教育高质量发展已经成为高等教育界需要深入研究的时代命题。本文从本科教育政策改革叠加效应、经济结构再平衡和新技术赋能高等教育三个方面，分析了新时代高等财经院校本科教育高质量发展面临的主要机遇与挑战；以兰州财经大学为例，阐述了学校面对新时代的机遇与挑战时，要准确把握推动本科教育发展的特殊形势，制定和实施一系列推动本科教育高质量发展的改革措施；基于兰州财经大学推动本科教育高质量发展的探索与实践，从行动计划制定和实施、师资建设、专业建设、课程建设以及教学模式和教学手段创新五个方面，针对性地提出了推动高等财经院校本科教育高质量发展的对策与建议。

**关键词：** 新时代　高等财经院校　兰州财经大学　本科教育　高质量发展

## 引言

党的十九大指出"中国特色社会主义进入新时代"。新时代要全面建设社会主义现代化强国，实现经济高质量发展，迫切需要高等教育培育卓越人才，提供人才和知识的有力支撑。2018 年新时代全国高等学校本科教育工作会议提出坚持"以本为本"和推进"四个回归"，引导高等教育事业的发展重心转移到本科教育上。高等财经教育是高等教育的重要组成部分，在社会主义接班人和建设者的人才培养中发挥着极其重要的作用。新时代迎来了新思想、新使命、新机遇、

---

① 蔡文浩，兰州财经大学校长，教授，硕士生导师。

新挑战、新发展。新时代如何推动高等院校本科教育高质量发展，已经成为高等教育界需要深入研究的时代命题。

本文分析新时代下高等教育发展面临的机遇与挑战，以兰州财经大学推动本科教育高质量发展的探索与实践为例，提出推动高等财经院校本科教育高质量发展的对策与建议。

## 一、新时代高等财经院校本科教育高质量发展面临的机遇与挑战

新时代下，高等教育发展处在一个新的历史方位，为高等财经院校本科教育高质量发展带来机遇和挑战。高等财经院校必须抓住时代赋予的发展机遇，积极应对新时代的挑战，有效推动本科教育高质量发展。

### （一）新时代高等财经院校本科教育高质量发展面临的机遇

1. 本科教育改革政策叠加释放新效应

新时代全国高等学校本科教育工作会议和《新时代高教40条》，均提出坚持"立德树人""以本为本"和推进"四个回归"，全面振兴本科教育。为此，教育部相继推出一系列改革措施，启动"四新建设"，发布"六卓越一拔尖"计划2.0，实施一流本科专业"双万计划"和一流本科课程"双万计划"。高等教育改革措施体现出了从宏观到微观、从综合到具体的转变，从"一流大学""一流学科"到"一流本科专业"和"一流本科课程"的转变。本科教育改革政策正向叠加的新效应正集中释放出来，高等财经院校借此机遇减小改革阻力、确立本科教育中心地位、借机推动一流本科专业和一流本科课程建设，推动本科教育高质量发展。为响应教育改革政策，全国960多所本科高校召开了本科教育工作会议，强化本科教育中心地位。2019年共有1 059所高校申报的9 483个专业竞争国家级一流本科专业建设点，覆盖了85%的本科高校，直接参与的教师有20多万人①。

2. 经济结构再平衡对本科人才提出新需求

新时代我国经济结构实现再平衡，经济增长动力从要素驱动、投资驱动转向创新驱动。伴随着结构再平衡，新兴产业崛起，过剩产业收缩，落后产业淘汰。经济结构再平衡的过程就是人才需求结构变化的过程。高等财经院校坚持需求导向优化调整专业结构，主动布局能培养国家亟须紧缺领域人才的专业，淘汰不能适应社会需求变化的专业，有了科学依据。2019年，全国新增设数据科学与大

---

① 教育部. 三个层面打好全面振兴本科教育攻坚战. 新华网. 2019 年 10 月 31 日。

数据技术专业点 196 个、大数据管理与应用专业点 25 个、智能科学与技术专业点 96 个、物联网工程专业点 14 个等共计 1 831 个，撤销网络工程专业点 8 个、工业设计专业点 7 个、信息管理与信息系统专业点 7 个、电子科学与技术专业点 6 个等共计 416 个①。

3. 新技术赋能高等教育提供人才培养新手段

新时代下，人工智能、大数据、云计算、区块链等新技术正深刻改变着人类思维、生产和生活方式，全世界孕育兴起新一轮科技革命和产业变革。以人工智能为代表的新技术可以赋能高等教育，提供新手段使得创新人才培养模式和方法的可行集愈发宽泛。通过新技术，智慧型教学、个性化培养、仿真式交互、跨时空沟通和超精细管理等应用场景的一一实现，将彻底改变传统的高等教育模式，使得提高本科教育人才培养质量的可选路径愈发丰富。

**（二）新时代高等财经院校本科教育高质量发展面临的挑战**

1. 本科教育改革要求高等财经院校具备较强大的新政策适应能力

高等教育改革政策引导本科教育回归，振兴本科教育一系列改革措施密集出台，要求高等财经院校在及时调整工作重心、把握新政策形势以及紧跟改革步伐方面具备强大的适应能力。高等财经院校若能力不济，出现思想意识转变不彻底、资源投入不到位、教育理念相对滞后和体制改革不配套等问题，启动实施改革措施态度不积极、行动不迅速，则不能及时把握机遇，错失借助本科教育改革政策叠加效应推动本科教育高质量发展的良机。

2. 经济结构再平衡要求高等财经院校具备较强大的资源调配能力

专业结构调整的难度不在目标结构是否符合需求导向上，而是在办学条件和师资力量是否满足基本要求上。专业结构调整意味着，高等财经院校办学资源要重新配置，师资要在专业间流动，必然会产生阻力和摩擦。若不能有效应对阻力和摩擦带来的压力，有可能会影响到高等财经院校办学局面的稳定，对本科教育高质量发展局面带来不利影响。

3. 财经类高校师生知识结构的偏向性增添了新技术赋能本科教育的难度

以人工智能为代表的新技术迅猛发展，使得科技与教育的融合成为一种必然趋势，同时也给高等财经院校本科教育传统模式带来了强大的替代压力。考虑到财经类高等院校教师、学生及管理干部知识结构的偏向性与高科技知识领域较为背离，能否妥善利用新技术有效赋能本科教育，对于财经类高等院校师生及管理干部讲是一个全新的课题。

---

① 教育部. 三个层面打好全面振兴本科教育攻坚战. 新华网. 2019 年 10 月 31 日。

## 二、兰州财经大学推动本科教育高质量发展的探索与实践

兰州财经大学作为黄河上游甘青宁三省（区）唯一一所财经类普通高等学校，建校近 70 年来，为国家特别是西北地区培养和输送了 10 万余名经济管理类专门人才。学校的毕业生深受社会和用人单位的青睐，毕业生就业率连续多年位居甘肃省高校前列。步入新时代，学校面临全面提高人才培养质量，为地方及全国经济高质量发展培育卓越人才的迫切要求。面对新时代的机遇与挑战，学校准确把握自身推动本科教育发展的特殊形势，探索实施多项改革措施，为全面提高人才培养质量，推动本科教育高质量发展奠定了基础。

### （一）兰州财经大学推动本科教育发展的特殊形势

#### 1. 处于农耕与游牧文明交汇地域的区位

西汉张衡的《西京赋》里提到"右有陇坻之隘，隔阂华戎"。横亘于宁夏西南部和甘肃省东部的陇山，自古以来是农耕文明与游牧文明的分界线。兰州财经大学所处的西北地区，正是两个文明冲突与融合的交汇地域，这一大学区位决定了学校发展本科教育，应有别于东南地区的财经院校。西北地区商品经济观念不够浓厚，工商文化相对衰弱，作为定位于"西部一流、全国知名的有特色、高水平、开放型"的财经类高等院校，兰州财经大学同时担当着区域"工商文化宣传队"的重要角色。学校在推动本科教育高质量发展过程中，要首先明确自身的定位和担当的角色，提出适合的发展目标，高质量标准也不能完全照搬东南地区财经类高等院校的标准，应体现出差异。

#### 2. 甘肃地方经济发展相对落后的制约

甘肃省土地虽然广袤，但资源比较贫乏，全省总人口仅为 2 637 万[①]，经济发展相对落后。2019 年三季度甘肃省地区生产总值 6 426.0 亿元，同比增长 6.1%[②]，GDP 总量排名全国第 26 位，人均 GDP 排名全国末位。甘肃地方经济发展相对落后，对于省属高校的兰州财经大学发展高质量本科教育是极大的制约。地方经济发展水平较低，一方面导致学校经费来源渠道单一，对政府财政资金投入的依赖大，学校资产经营运作增加收入的空间小，校友、企业和社会捐赠获得资金的数量少；另一方面导致对学校培养高质量本科财经人才的有效需求相对不足，需求端压力的缺乏，使得学校本科教育高质量发展的动力略显不足。

---

① 甘肃省统计局. 2018 年甘肃省国民经济和社会发展统计公报. 甘肃政务服务网. 2019 年 3 月 19 日。
② 甘肃省统计局. 2019 年前三季度全省经济运行情况. 甘肃省统计局外网. 2019 年 10 月 18 日。

3. 高等教育经费配置不平衡下的劣势

2019 年，教育部直属 75 所高校获得财政拨款总计约为 1 163 亿元，平均约为 15.5 亿元。国内不同区位的几所财经类高等院校——中央财经大学、上海财经大学、中南财经政法大学、西南财经大学和山西财经大学，在信息公开平台上公布的 2019 年财政拨款，与兰州财经大学同期经费比较，显示出了高等教育经费配置存在较大的不平衡，西部与东部、北部与南部有较大的差距，见表 1 所示。

**表 1　2019 年财经类高校财政拨款①**

| 学校 | 中央财经大学 | 上海财经大学 | 中南财经政法大学 | 西南财经大学 | 山西财经大学 | 兰州财经大学 |
|---|---|---|---|---|---|---|
| 财政拨款/亿元 | 7.8 | 7.3 | 10.9 | 9.1 | 3.7 | 3.2 |

在高等教育经费配置不平衡的现实情况下，兰州财经大学是处于劣势地位的。教育经费短缺，导致学校提高员工待遇的速度缓慢，对高端人才的吸引力不足，加剧人才向东南部流失的现象。同时经费短缺也导致专业建设、课程建设和基础设施建设方面的投入不足，学校的人才培养能力正受到侵蚀，与东南部同类高校的差距在扩大。

**（二）兰州财经大学推动本科教育高质量发展的改革措施**

1. 制定和实施"建设一流财经教育行动计划"，统领本科教育高质量发展行动措施

为响应高等教育政策改革动向，兰州财经大学召开教育工作大会，制定和实施贯穿"一条主线"、推进"十大工程"，建设一流财经教育行动计划，统领本科教育高质量发展行动措施。坚持"把党的领导和立德树人根本任务作为一条主线，始终贯穿于办学治校、人才培养的全过程和各方面"不动摇，并将其作为学校进入新时代、实现新发展的工作总基调。地处农耕与游牧文明交汇地域的特殊区位，学校农村生源多、少数民族生源多、西部生源多，故学校"一流财经教育"的建设发展目标就是要满足西北地区经济社会发展的需要，在农业区、牧业区传播工商文化，为振兴工商业引领地方经济发展输送必需的财经人才。学校紧盯这一建设发展目标，将工作重心转移到本科教育上来，充分体现本科教育中心地位，科学规划，确定了推进"十大工程"的主要任务。

---

① 中央财经大学、上海财经大学、中南财经政法大学、西南财经大学、山西财经大学的相应数据来自其官网信息公开平台。

2. 推进"名师汇聚工程"，鼓励教师潜心投身于本科教育

努力扩大省级"领军人才""飞天学者""教学名师""文化名家"和校级"兴隆学者"等高层次人才规模。强化"三类引进"（全职博士、项目博士、岗位博士）、"两项支持"（教职工定向攻博、优秀硕士生协议读博），实现高层次人才总量增长和师资队伍水平整体提升。加大培养青年创新人才力度，实施"青年学术英才"等人才计划，借助"对口支援计划""西部计划"等各类渠道，加快青年创新人才的培养步伐。制定考核激励办法，强化教学能力的评价，鼓励优秀教师潜心投身于本科教育。截至目前，学校拥有的省部级优秀专家等各类高层次人才共计 130 余人（次），引进的项目博士、岗位博士共计 290 余人。

3. 实施一流特色专业建设工程，全面提高专业建设水平

学校的人才培养主要瞄准西北地区经济社会发展对财经类人才的需求，实施一流特色专业建设工程，切实增强为地区经济社会发展培养合格专业人才的能力。目前，学校约 60% 的毕业生在西北地区就业，约 49% 的毕业生在甘肃省就业，多数毕业生成为行业内的业务骨干与精英，学校成了西北地区及甘肃省财经类人才培养的重要基地。同时，学校以教育部一流本科专业建设的"双万"计划为契机，以商科专业为主体，重点打造一批教育观念先进、改革成效显著、商科特色更加鲜明的一流专业。2019 年学校申报获批了 6 个国家级、7 个省级一流本科专业建设点，2020 年计划立项建设 30 个校级一流专业建设点，形成国家、省、校三个层次的一流本科专业建设体系。

4. 启动一流本科课程建设，全面加强课程建设力度

学校全面启动一流本科课程建设工程，对标教育部《关于一流本科课程建设的实施意见》，制定了《兰州财经大学关于一流本科课程建设的实施方案》和《兰州财经大学一流本科课程建设验收标准》。结合西北地域特色和"丝绸之路经济带"甘肃黄金段的区位优势，学校自主打造"国际经济学"等 3 门慕课为线上一流课程示范项目，并积极申报 2019 年国家精品在线开放课程的认定。学校立项建设"金融风险管理"等 17 门在线开放课程，并做线上线下混合式教学改造。以一流本科课程建设为切入点，参照国家一流本科课程建设标准，挖掘特色，推荐"金融学"等 27 门课程申报 2020 年省级一流本科课程，全面加强本科课程建设力度。

5. 创新教学模式和教学手段，深度提升教学质量效果

推进信息化改造，加强智慧校园建设，积极引入智慧教学工具。引进国内 2 家知名慕课教学平台，在全校范围内开设慕课选修课程 50 门。借助在线平台和智慧教学工具，把在线课程与课堂教学结合起来，改进教学方法，积极尝试多

场景的、线上线下结合的、微课式的教学模式，实现良好的多模式应用效果。借助新技术赋能本科教育，辅助增强教师的教学能力，激发学生的自主学习动力，提升本科教学质量效果。

6. 以新文科建设为引领，推进商科教育创新发展

为实现商科教育创新发展，构建以育人育才为中心的商科发展新格局，学校十分重视人才培养体系改革。一是紧跟新一轮科技革命和产业变革新趋势，积极推动人工智能、区块链等现代信息技术与商科专业的深入融合，推进金融学、会计学等传统商科专业升级改造，鼓励商文、商工、商法、商艺深度交叉融合。2018 年以来，学校增设了"互联网金融""数据科学与大数据技术""智能科学与技术""地理信息科学"等四个新兴专业。二是围绕"一带一路"、新一轮西部大开发和国家生态安全屏障综合试验区建设等，创新人才培养模式。近年来，学校先后遴选和建设了 5 个校级人才创新试验区，5 个校级卓越人才培养计划项目，初步构建了财经类人才培养的新机制。

## 三、推动高等财经院校本科教育高质量发展的对策与建议

新时代为高等财经院校本科教育指明了新方向，提供了新思路。根据对新时代高等财经院校本科教育高质量发展面临的机遇与挑战的分析，结合兰州财经大学推动本科教育高质量发展的探索与实践，提出了推动高等财经院校本科教育高质量发展的几点对策与建议。

### （一）贯彻落实高等教育改革政策，制定和实施本科教育高质量发展行动计划

行动计划是推动本科教育高质量发展各项措施的纲领，纲举则目张。高等财经院校应积极响应高等教育政策改革，坚持"把党的领导和立德树人根本任务作为一条主线，始终贯穿于办学治校、人才培养的全过程和各方面"不动摇，把握本科教育高质量发展的时代机遇，结合自身办学实际，制定和实施本科教育高质量发展行动计划。行动计划要充分体现本科教育的中心地位，规划将办学资源和工作重心聚焦于本科教育，为各项高质量发展改革措施的推出和落实创造有利条件。

### （二）加强师资队伍建设，着力解决本科教育办学能力不强的问题

本科教育高质量发展就是本科教育办学能力的高水平提升，而本科教育办学能力则主要体现在本科教育师资力量上。许多高等财经院校师资力量薄弱，往往有历史的、客观的原因。但是要推动本科教育高质量发展，不能仅归咎于历史原因和客观原因，而不采取积极行动。高等财经院校应积极作为，根据自身办学实

际，探索各种途径和办法推进本科教育师资建设，着力解决本科教育办学能力不强的问题。

### （三）借机一流本科专业"双万计划"，全面推动本科专业建设水平提高

本科专业强则本科教育质量高，本科教育高质量发展要求建设一流本科专业。高等财经院校要借教育部实施一流本科专业"双万计划"的机会，同步启动自身的一流本科专业建设计划。参照国家级一流本科专业建设实施方案和标准，采取切实有效的建设措施，并积极申报国家级、省级和校级一流专业建设点，同时根据社会经济结构再平衡需求，优化调整专业结构，全面推动本科专业建设水平的提高。

### （四）借机一流本科课程"双万计划"，全面推动本科课程建设水平提高

本科教育高质量发展就是要培育高质量本科人才，而培育高质量本科人才必须的支撑条件是优质的本科课程。高等财经院校要借教育部实施一流本科课程"双万计划"的机会，同步启动自身的一流本科课程建设计划。参照国家级一流本科课程建设实施方案和标准，激励和引导教师发挥主观能动性专注于课程建设，积极申报国家级、省级或校级一流本科课程建设项目，并发挥各级一流本科课程的引领示范作用，全面推动本科课程建设水平的提高。

### （五）利用新技术赋能财经本科教育，积极创新本科教学模式和教学手段

新时代本科教育高质量发展必定要顺应时代发展潮流，充分利用以人工智能为代表的新技术赋能本科教育，增强本科教育能力的科技含量。高等财经院校要积极跟踪新技术与行业融合的发展趋势，认真研究和挖掘新技术与高等财经教育的结合点，积极引入成熟的教育新技术产品，比如智慧教学工具、智慧教室、智慧校园、优质慕课平台、虚拟仿真设备等，利用新技术赋能财经本科教育，创新本科教学模式和教学手段，全面提升本科教学质量。

### 参考文献

［1］刘尧，傅宝英. 新时代大学何以开启高质量发展之道［J］. 高校教育管理，2019（1）.

［2］吕红军，崔丽英. 新时代我国高等教育现代化的新走向［G］//杜玉波. "2019高等教育国际论坛年会"论文集：高等教育现代化的国际视野与中国经验. 郑州：郑州大学出版社，2020.

［3］刘海玉. 新时代下国家战略行动方案与高校优势学科发展：机遇与挑战——基于江西 14 所省属高校一流学科建设方案的政策文本分析［J］. 教育观察，2019（1）.

［4］唐景莉. 坚持"以本为本"推进"四个回归"——新时代全国高等学校本科教育工作会议述评［J］. 中国高等教育，2018（13）.

［5］马廷奇. 高等教育如何适应新常态［J］. 高等教育研究，2015（3）.

# 持续深化教育综合改革
# 凸显新经管建设先发优势
## ——东北财经大学"新经管"建设方案

王维国[①]

## 一、背景与目标

"新经管"是教育部新文科的重要组成部分。东北财经大学聚集全校力量及社会各界资源，全力建设具有东北财经大学特色的"新经管"。"新经管"建设是指为适应新技术革命所带来的新经济业态、新生活方式、新运营模式的需要，综合运用大数据、互联网、云计算、人工智能等信息技术对传统经管学科或专业在人才培养理念、模式、内容及手段所进行的升级改造。

为正确引导"新经管"建设，我校制定了《东北财经大学一流本科教育行动计划（2018—2022）》，包括八大方面的40项建设举措，成为我校"新经管"建设的行动纲领和指南。2019年7月，成立了东北财经大学"新经管"创新中心，由党委书记和校长担任领导小组组长，成员包括发展规划与学科建设处、人事处、教务处、科研处、研究生院、财务处、学生工作部、校园建设管理处、资产管理与经营处、招生就业处、创新创业与实验教学中心、教学学院的主要负责人。

东北财经大学"新经管"建设的目标是着力培养具有创新能力和素质的卓越财经人才，建设的内容包括以学生为中心的人才培养模式的创立和新培养方案的制定，以师资为核心的新教学模式和教学内容的改革，以资源为基础的人才培养环境和条件的建设等。目前，东北财经大学的"新经管"建设正按照既定方案顺利有序开展，并已初见成效。

---

① 王维国，东北财经大学副校长，博士生导师。

## 二、行动计划

### (一) 以学生为中心的"新经管"人才培养模式改革创新

(1) 通过"1+X+2"递阶式教育分类培育新时代创新人才。新经管的"新"寓意"创新"，其内涵是以立德树人为引领，以应对变化、塑造未来为建设理念，以创新性产业知识构架为教学手段，在现有经管类学科专业的基础上升级重塑，培养未来多元化、创新型卓越财经人才。教学体系中，"1"为包括由自然科学、人文艺术、数据科学、体育与健康教育等6个模块所组成的通识教育课程；"X"为由跨学科融合课和专业课组成的交叉复合型专业课程；"2"为以"科研创新型卓越人才"和"应用创新型卓越人才"为导向的个性化教学体系。一方面，以一流学科引领一流专业发展，培养具有国际视野、前沿知识的本硕博一体化拔尖人才；另一方面，产教融合开放办学，培养具有创新思维、实践应用能力的行业人才。

(2) 以"三全育人"为引领，落实德智体美劳"五育并举"的教育体系新格局。将立德树人、思政领航落实到教学全体系中，通过品牌化的项目带动教学平台建设，提升学生政治认同、国家意识、文化自信与公民人格；实施卓越人才培养计划，国际化专业综合改革计划，推动学科交叉融合和跨界整合；第一课堂与第二课堂并重，强化实践教学和创新创业能力的培养；采取开放式办学模式，充分发挥各个人才培养主体的作用，通过加强校企合作，打造共商、共建、共享的经济管理学人才培养责任共同体，深入推进产学合作、产教融合、科教协同，鼓励行业企业参与到教育教学各个环节中，促进精英型拔尖人才和创新型应用人才的协同培育。

(3) 铸新革旧，以"三创教育"为抓手，促进新科技革命与经管专业融合化的新发展。打造新专业、新课程，改革旧专业、旧课程，推陈出新，双管齐下。以创新作为高等教育发展的生命线和原动力，打造具有财经高校特色的创新、创业、创富（社会价值）教育。学校顺应新时代发展需要，增设了金融科技、大数据管理与应用等前沿专业；与科大讯飞集团共建数据科学与人工智能学院，预计用3年左右时间推动大数据与人工智能等新技术与现有专业全面融合，实现老专业的升级改造。依托一流专业建设，以国家级和省级一流课程为切入点，进行课程改革，培育一批跨学科课程群、课组师资，配套新形态优秀教材、新经管教改教研项目，打造一批标志性教学成果，进一步完善"新经管"教育体系。

**（二）以一流师资为核心的教学队伍建设与教学模式改革创新**

（1）坚持"大人才观"，加强学校人才制度和政策创新，推动师资队伍焕发新活力，适应"新经管"战略工程的一流师资队伍需求。其一，推动人才引进模式改革。下放人才引进考核权限到一流学科建设二级单位，推进"学院办大学"进程；推进人才分类发展评价，实现教师与科研人员有序岗位转换。其二，用好各类人才培养平台。实施杰出学者奖励计划，修订"星海学者支持计划"实施办法，加快构建中国特色的学科体系、学术体系、话语体系，凝练研究新方向、新范畴，体现师资队伍培养的传承与创新。其三，持续推进人事管理体制机制改革。优化绩效管理考核办法和工作体系；实行目标责任制，完善以增加知识价值为导向的收入分配机制；加强教师发展中心建设，凝练追求卓越教学质量的文化，以师风师德建设为引领，全面提升教师的教学能力、科研能力，打造高水平教学、科研创新团队，为"新经管"战略下创新人才的培养提供各类人才队伍的有力支撑。

（2）探索与创新教师和行业人才双向交流的机制，提升符合"新经管"建设特点的全方位协同育人师资队伍建设效果。遵循"三维融合"理念，充分利用学校建设丰富的实习实训实践基地与"新经管"体验示范中心和创新应用平台，将教师实践经验或实务经验培养纳入教师队伍建设规划，完善聘请行业（或企业）专家作为兼职教师共同承担教学任务、参与人才培养方案修订和教学计划适时调整的校企对接机制，为"新经管"模块课程的建设提供优秀师资保障，助推创新型人才培养质量和教育教学综合改革。

（3）引导和推动教师创新教学理念，改革教学模式，彰显新经管战略育人育才成效，助力学校发展质量和优良口碑。主动适应经济模式变革、产业和技术的最新发展、高等教育改革与发展对财经管理人才的新要求，以现代信息技术与教学深度融合为突破口，推动教学团队投身于中文和英文 MOOC、SPOC 的建设与应用，大力深化小班化、探究性教学模式，广泛推行线上线下混合式教学模式，完善立体化培养机制，切实提高人才培养的目标达成度、社会适应度和结果满意度，持续彰显新经管战略育人育才成效。

**（三）以资源为保障的人才培养环境与条件建设**

（1）加速优质教育教学资源建设。占地1万平方米的实践教学中心大楼正在建设之中，包括实践教学数据中心、大学生专业技能培训中心、创新创业平台、教师教学发展中心、综合实验室等5大功能，有力改善实验实训实践条件。

（2）加快推进多项跨学科创新俱乐部、创客中心的项目建设，加强经济管理综合实验教学室和虚拟仿真实验室建设，以大学生创新创业孵化基地为平台，大力开展大学生创意创新创业实践活动。以新的思维改造和完善基础设施，让它们更加适合思想交流、更加适合学生能力提升的要求。在现有智慧教室、研讨型教室的基础上，进一步加强教学信息化的软硬件和平台建设，通过信息化改变课堂的面貌。

（3）加快建设智慧化、智能化公共教室和学习空间。加强传统公共教室和公共学习空间改造，建设一批有利于师生互动的案例室、研讨室、远程视频互动室等新型智慧教室，充分发挥新冠疫情期间我校自主研发的"白果云"在线教学平台对教学新模式的支撑作用，用先进教学手段促进教学观念、教学模式的转变，营造良好的师生创新互动环境。

## 三、取得成效

近年来，学校在"新经管"人才培养方面取得了一些初步的成果，并将持续探索。

### （一）专业建设彰显成效

学校 13 个专业入选首批国家一流本科专业建设点，获批专业数占比学校专业总数近 1/3。

### （二）产教融合深化推进

学校与科大讯飞股份有限公司、浪潮集团有限公司、中联企业管理集团有限公司、深圳希施玛数据科技有限公司、新道科技股份有限公司等深度合作，建设了数据科学与人工智能学院、"新经管"综合实验实训平台，创新创业实训实践基地等多元人才培养平台，持续构建"教育+创新+实践+孵化"创新生态，初步实现了开放办学与资源共享、共建、共创。

### （三）建立数据科学与人工智能学院，为升级改造传统专业提供保障

学校打破学科专业壁垒，提取"新经管"建设的公因子，整合计算机科学与技术、数学、数理统计等人工智能、大数据主要支撑专业，组建数据科学与人工智能学院。学院致力于人工智能、数据科学与经济管理交叉学科领域的人才培养与科学研究，建设面向财经领域的人工智能、大数据相关的通识教育模块课，推进人工智能、大数据与全校各学科专业的深度融合，服务学校专业的结构优化与改造升级。

### （四）教育创新成果纷呈

2019 年学校获教育部"全国创新创业典型经验高校"，2 项"三全育人"成果（课程育人、实践育人项目）获教育部高校思想政治工作精品项目，1 个学院入选全国首批院级"三全育人"综合改革试点单位。2019 年 4 月 29 日，学校"新经管"人才培养工作经验入选教育部"六卓越一拔尖"计划 2.0 启动大会成果展。

# 坚持多元竞合　构建职业教育跨界融合新生态

山东商业职业技术学院　亓俊忠

职业教育作为与经济社会发展联系最为紧密的教育类型，多元化、跨界性是其基本属性。职业院校办学由一元结构转向多元结构，办学主体、人才培养、专业建设、教师队伍、质量评价等都呈现多元化特征。职业院校要适应产业链和产业领域跨界融合对人才的需求，主动开放创新，构建跨界融合的新生态，走产教深度融合、建设校企合作命运共同体的发展之路。坚持政府统筹，市场引导，推进学校与社会和行业企业在资金、技术、知识、设施、设备和管理等要素的全方位整合，共建共享创新发展平台，构建"融合办学、融合育人、融合就业、融合发展"的体制机制，使职业教育发展与产业发展同频共振。

一是创新办学模式，形成多元竞合的治理体系。创建多元化办学格局是深化新时代职业教育办学体制改革的重大改革性举措。职业教育的跨界属性决定了必须坚持多元化办学方向，坚定走产教深度融合、共建校企命运共同体的发展之路。在办学主体上多元化，行业企业、社会组织、科研机构等都可以举办或参与职业教育；在办学形式上多元化，发展股份制、混合所有制，实行公办和社会力量举办的职业院校相互委托管理和购买服务；在投资机制上多元化，探索引入市场机制，发挥市场在资源配置中决定性作用，健全支持和规范社会力量举办或参与职业教育的激励政策，坚持政府投资、企业投资、社会捐赠、民间资本投资等相结合，拓宽资金筹措渠道。政府部门着眼于多元治理体系的整体规划、制度建设、条件保障等，通过完善办学标准，推动各方形成职业教育发展合力；各职业学校吸引社会和企业以独资、合资、合作等形式参与院校治理和人才培养；以章程为统领，构建现代职业学校制度体系，健全学校、行业、企业、社区等共同参与的学校理事会，发挥咨询、协商、议事和监督作用，形成学校治理责任共同体，实现多元共治。

二是创新培养模式，形成"双元"育人新格局。与产教融合型企业共建大型开放性育训基地，作为职业院校人才培养培训的"教学工场"和学生劳动教育的主阵地，同时也是教师技术研发、成果转化重要基地。赋予企业人才培养主体，企业师傅是学校教师，学生是企业准员工的角色，实施职业教育企业育训证书，创新中国特色现代学徒制。学校将校企共建产业学院上升为全校战略，以产业学院作为转型升级高质量发展的重要着力点，与行业知名企业共建共享，在人才培养、技术技能积累、社会服务、文化传承等方面开展深度合作，建立过程共管、责任共担、成果共享、利益共赢的机制，及时将新技术、新工艺、新规范纳入教学标准和教学内容，注重技术技能传承，实现人才供给侧与产业需求侧要素全方位融合。

三是创新专业建设体系，促进专业布局与产业需求对接。职业教育跨界性的特征决定了专业（群）布局和建设受多方面因素影响。政府要建立专业与产业人才需求对接机制，健全专业布局动态调整机制，分行业制定专业布局规划，建立产业数据发布平台，及时准确发布人才需求报告，引导职业学校专业设置、招生规模与人才培养目标定位，促进职业教育与产业人才需求更为精准对接与融合。学校要以专业建设为龙头，适应产业链和科技发展对人才的需求，完善学校、行业企业参与的专业建设机构，形成人才链、产业链、技术链、创新链、就业链深度融合，形成专业（群）建设新范式，突出学校优势，办出学校特色。专业群建立协同开发课程、教材、学习资源的长效机制，面向新技术、新行业、新业态，重构专业群核心课程，实现课程教学与岗位要求一致、学历证书与职业资格证书融通；建立教材选用机制和随产业升级动态更新机制，大力推广校企"双元"合作开发新型活页式和工作手册式教材，完善以学生为中心的教材建设质量观；开展信息化环境下教学模式创新，生产现场同步课堂教学，线上线下混合，教室车间结合，推动教室革命性变化，创建教师主导—学生主体的教学新生态，推动"课堂革命"，打造新时代职业教育"金课"。

四是创新教师团队培养培训体系，打造"双聘双融"的结构化工匠之师。建立健全教师编制动态管理机制，推动教师来源多元化，学校与企业互聘，将能工巧匠、技能大师聘为学校教师，"双师型"教师聘为企业员工，教师是企业骨干，打造"双聘双融"结构化团队。构建职前职后一体化、校企双主体的职业院校教师培养培训体系，聚焦不同发展方向，优化"双师"队伍结构，形成错位发展、各有所长，实现教学团队优势互补。健全校企共同提升技术技能积累创新能力机制，坚持技术技能创新与人才培养相结合，"企业出题目、人才进企业、科研做文章、成果进产品、市场做评价"，教师与企业共同开展新技术研发，并把研究成果引入教学内容，引领产业发展。建立教师技术技能积累和技术服务激励长效机制，将教师对外开展技术开发、技术转让、技术咨询、技术服务取得的收入用于教师的劳动报酬。加大力度培养产业大师，从专业建设、社会服务、技术应用与创新等方面进行系统培训，重点关注科技攻关、生产工艺改进、产品开发、技术服务能力的提升，打造产业领军人物。

五是创新质量评价体系，建立多元参与的评价体系。质量是职业教育的生命线，没有高质量的职业教育，就没有职业教育的现代化，也就没有教育的现代化。《国家职业教育改革实施方案》对职业教育办学质量的督导评价提出了明确要求，建立健全职业教育质量评价体系被放到了越来越重要的位置上。职业教育的质量评价要注重发挥行业、企业、用人单位的作用，提高人才培养质量和结构与用人需求的匹配度。注重内外评价相结合，完善外适质量标准，建立政府、行业、企业、家长多元主体参与的质量评价，评估学生的就业质量和满意度；完善内适质量标准，以产教融合、校企合作水平为核心，评价职业教育的基础条件、专业课程建设质量、学生学习成绩、技术技能水平。建立健全内部质量整改机制，完善自主自觉、自动自发的自我质量保证机制，促进形成各质量主体自我约束、自我评价、自我改进、自我发展的质量上升螺旋，更好地服务职业教育高质量发展。

# 地方财经类高校学科生态体系的演化与构建

刘维奇①

**摘要：** 国家"双一流"建设的推进，为高校学科发展指明了方向，但对于地方财经类高校来说，学科发展路径并不明晰。本文从经管类学科专业的发展、经管类学科的演变入手，深入挖掘经管类学科的发展规律，探索构建地方财经类高校学科生态系统，完善经管类学科群落建设。通过对学科生态系统和学科群落的功能和运行分析，积极探寻经管类学校发展方向和发展道路。

**关键词：** 地方财经类高校　学科生态　学科群落

党的十九届五中全会明确提出：建设高质量教育体系，提高高等教育质量，分类建设一流大学和一流学科。陈宝生部长在中央财经大学调研时指出："学科建设是高校立命之本，一个学校是否能够立得起来、有没有特色，有没有生存和发展的基因，关键看学科。要把学科建设牢牢抓在手里，统筹学校整体发展和学科建设工作，突出特色优势，构建并完善切合办学定位、互相支撑发展的学科体系。"学科是大学发展最根本的动力，也是最根本的特征，学科发展已经成为判断高等教育发展水平的重要指标。

当前，在"双一流"建设战略的推动下，坚持以"学科"为基础的办学理念被众多高校奉若圭臬并有效落实[1]。然而，部分办学者在推动学科建设的过程中出现了"实体思维"缺陷——往往只观照学科组织个体而忽视了学科之间及其与环境的关系[2]，这在一定程度上与"双一流"建设的初衷相背离。在此背景下，探寻可持续的学科生态体系成为各高校普遍关注的热点话题[3]。

由于学科具有生命现象，存在着和有机生命体组成的生态系统类似的地方[4]，因此"学科生态"成为学科建设中一项重要的研究内容。从当前的研究状况来看，有关"学科生态"的研究主要包括以下几个方面：其一，是对学科

---

① 刘维奇，山西财经大学校长，教授，博士生导师。

生态相关概念的辨析，如学科高峰、学科高原与学科生态三者的概念及其相互关系研究[5]；其二，是通过借鉴生态学的种群、群落、生态位、承载力等话语体系隐喻学科组织的协同共生、竞争演化现象[6]；其三，是借助生态系统的演化机理进行学科生态系统研究，此类研究是"学科生态"研究领域的核心，主要包括学科生态系统模型的构建[4,7]、学科生态特征[8]、学科生态系统运行机制[2]、学科生态系统演化路径及制度保障[9]等方面。在此基础上，部分学者还探究了学科生态治理与重构[10-11]、学科生态系统评价[12]，学科生态系统的方法论意义[1]等内容，进一步拓宽"学科生态"的研究框架。

总的来说，学科生态的理念框架为分析学科建设路径与政策体系提供了独特的研究视角，但目前学界对学科生态的研究尚处于起步阶段，尤其对于研究尺度的选取上较为单一，大多数研究仍然停留在世界一流高校、世界一流学科层面的学科生态发展，仅有部分学者将研究对象进一步细分至理工科层面[13]，而针对经济学、管理学等学科生态的研究成果却鲜有见到，这同时意味着以"经管"为主的财经类院校在学科生态的发展中相对滞后。为此，本研究将基于生态学视角构建财经类高校的学科生态体系，并以"山西财经大学"为例，进一步探明其学科调整的实践意义，以期能够准确认识经管类学科生态体系的演化进程，并为财经类高校建设一流学科提供借鉴。

# 一、经管类学科演变

## （一）经管类专业的前期发展[14]

我国大学的经济学教育最早出现在清末，经济学系一般设置在法学院之下，课程以日本和西方的法律、政治、经济学以及晚清时期新修订的法典法规为主，在共同课程设置之外，针对经济学人才培养，设置有专门的教学内容，如通商、理财等。

1912 年，国民政府颁布《专门学校令》，其中法政专门学校分为三科，即法律科、政治科、经济科，经济科的科目设有经济史、货币论、银行论、财政法、财政史、农业政策、工业政策、商业政策、交通政策、殖民政策、统计学、保险学等。

1948 年，全国共计 207 所高校，设置有财经系科的高校 80 所、系科 21 种，以经济系、工商管理系、银行系、会计系居多。

1949 年 10 月新中国成立后，先后进行了两次大规模的院校调整。第一次是从 1952 年下半年至 1953 年，高校由 1949 年的 205 所减少为 1953 年的 181 所。第二次是 1955—1960 年，高校数量急剧增长，1960 年达到 1 289 所；1961—

1963 年，高校进行了裁并，剩下 407 所。院校调整中，在东北、华东、中南和西南率先设置 4 所财经院校，分别是东北财经学院、上海财经学院、中南财经学院和四川财经学院，随后，各个省份和中央部委先后设置了一批财经类院校，山西财经大学也于 1958 年由五所干校合并成立。到了"文革"期间，财经院校纷纷被迫下马，1978 年全国财经院校仅为 21 所。

专业调整是与院校调整同步进行的。调整中，财经专业教育取代法政商科教育。1953—1957 年，高校设置专业 215 种，其中财经专业 13 种。1958—1962年，专业设置由地方决定，专业种类与专业点数急剧膨胀，到了 1962 年，财经高校专业增加到 25 种。1963 年，我国第一次由国家统一制定专业目录，通用专业目录分为 11 类，其中财经部分包括国民经济计划、工业经济、农业经济、贸易经济、财政金融、统计学、会计学、对外贸易经济、世界经济、经济地理 10个专业。

### （二）经管类学科的发展与繁荣

20 世纪 80 年代，为突破计划经济管理模式的僵化束缚，以南京大学校长曲钦岳和华中工学院院长朱九思为代表，率先对学科建设进行实践探索。在内部治理上，逐渐从"校—系—教研室"的计划管理模式向"校—院—系"现代治理模式转变[14]。至此，学科建设理念正式提出。随后的 40 年里，国家对学科专业进行了 4 次调整。

第一次是 1983 年。教育部首次对学科专业目录进行了确定，形成并公布了《高等学校和科研机构授予博士和硕士学位的学科专业目录（试行草案）》，将学科专业分为 10 个学科门类，63 个一级学科，638 个二级学科。其中，经济学门类设 1 个一级学科，设置了学科专业 24 个：政治经济学、马克思主义经济思想史、中国经济思想史、外国经济思想史、中国经济史、外国经济史、西方经济学、世界经济、国民经济计划与管理（含国民经济系统分析）、财政学、货币银行学（含保险学）、国际金融、工业经济、农业经济（含林业经济、畜牧业经济、渔业经济）、商业经济（含物资经济）、国际贸易、运输经济（含邮电经济）、投资经济、劳动经济学、人口经济学、会计学（含审计学）、统计学、企业管理（含工商管理、企业财务管理）、国防经济。

第二次是 1990 年。因原目录中部分专业口径宽窄不一，有些划分过细、过窄，部分大致相同的专业分设于不同的一级学科下，国务院学位委员会对《试行草案》进行了修订，制定了新的《学科专业目录》，设置了 11 个学科门类，72个一级学科，620 个二级学科。其中，经济学门类仍然设置了 1 个一级学科，学科专业从 24 个增加到 27 个，增加了技术经济、数量经济学和经济地理 3 个学科专业。

第三次是 1997 年。因原目录一级学科设置不规范、二级学科划分过细，国务院学位委员会对原《学科专业目录》进行了修订，增加了管理学学科门类，学科门类增加到 12 个，89 个一级学科，386 个二级学科。

经济学门类下设理论经济学和应用经济学 2 个一级学科。理论经济学下设政治经济学、经济思想史、经济史、西方经济学、世界经济和人口、资源与环境经济学 6 个二级学科；应用经济学下设了国民经济学、区域经济学、财政学（含税收学）、金融学（含保险学）、产业经济学、国际贸易学、劳动经济学、统计学、数量经济学和国防经济 10 个二级学科。

管理学门类下设管理科学与工程、工商管理、农林经济管理、公共管理、图书馆、情报与档案管理 5 个一级学科。管理科学与工程不分设二级学科；工商管理下设会计学、企业管理（含财务管理、市场营销、人力资源管理）、旅游管理、技术经济及管理 4 个二级学科；农林经济管理下设农业经济管理和林业经济管理 2 个二级学科；公共管理下设行政管理、社会医学与卫生事业管理、教育经济与管理、社会保障、土地资源管理 5 个二级学科；图书馆、情报与档案管理下设图书馆学、情报学、档案学 3 个二级学科。

第四次是 2011 年。因为新兴学科、交叉学科的不断涌现，对外交流的进一步扩大，国务院学位委员会再次对《学科专业目录》进行了修订，学科门类增加到 13 个，一级学科数量从原来的 89 个增加到 110 个。经济学门类下设一级学科没有变化，二级学科中统计学调整为理学门类的一级学科，应用经济学的二级学科由 10 个调整为 9 个；管理学门类下设一级学科的唯一变化是将图书馆、情报与档案管理更名为图书情报与档案管理。

从学科目录的变化可以明显看出，学科门类和一级学科在逐步增加，二级学科的数量在显著下降。其中管理学门类从无到有，经济学一级学科从 1 变成 2，二级学科从 24 增加至 27，又大幅减少至 16。再进一步研究可以发现学科的演变规律：

一是学科在不断适应经济社会的发展。社会的变革和经济结构的调整，要求增加学科门类解决其内在矛盾，助推了新的学科门类和一级学科的产生，规范和丰富了学科体系。可以预见，随着科技的不断进步，新的学科门类还将不断增加。正如管理学学科的发展，管理学门类在计划经济时期并不存在，但随着我国的改革开放，管理在经济社会发展中的重要作用逐渐得到认可，成了经济学门类下的二级学科，随着中国市场经济不断深化，到 1997 年管理学脱离经济学门类，另立门户。管理学的发展可以说是新中国成立后经济社会发展在学科体系演变中的一个具体体现。

二是学科在不断地交叉融合。同样是随着经济社会结构的不断调整变化，新业态、新科技、新领域的出现，迫切要求打破传统学科之间的壁垒，实现学科之间的交叉渗透，建立更加协调可持续发展的学科体系。二级学科的减少正源于此，经济发展要求拓宽和调整专业口径，优化资源配置，适应经济社会发展对人才的需求。同时，重大科研创新项目攻关，需要多学科的整合、联合才能解决，学科之间的交叉融合、新学科的产生成为必然趋势。

总之，从清朝末期中国现代大学教育的出现，到 20 世纪 80 年代学科体系的建立，再到今天学科的发展和繁荣，可以说学科的发展经历了一个从无到有、从弱到强、从无序到规范的过程。而经管学科同样历经了法商教育、专业教育和经济学与管理学的传承与创新，直接服务于金融、会计、工商、贸易、财政等事关国计民生的主要行业和关键领域[14]，与国家民族命运息息相关，与经济社会建设深度融合。

## 二、学科生态体系的探索与实践

当前，世界新一轮科技革命和产业变革正在如火如荼地进行，全球科技竞争日趋激烈，以数字化、网络化、智能化为主要特征的技术发展与应用正在加速经济和科技发展方式的转变。我国科技事业也取得了长足进步，重大创新成果竞相涌现。作为与经济社会发展密切相关的学科体系，其发展也同样进入了一个全新的时代，演变的速度和变革的力度在不断升级，原有的学科划分体系已不能满足时代需要，尤其是"双一流"的深入推进，为全国高校学科的发展指明了方向，那么对于我们财经类高校而言，如何朝着这个方向加速前进呢？那就是必须寻找到一条符合财经高校实际的可持续的学科发展之路。

### （一）经管类学科生态体系的探索

在"双一流"高校评选中，一流大学建设高校 42 所，一流学科建设高校 95 所，其中财经类高校仅有 5 所，且均为一流学科建设高校。财经类高校传统优势学科一般为经济学、管理学、法学等学科，主要包括应用经济学、工商管理、理论经济学、统计学、法学。如表 1 所示。

表1 "双一流"财经类学科相关高校名单

| 建设学科 | 建设高校数 | 财经类高校数 | 其他高校数 | 具体名单 |
|---|---|---|---|---|
| 应用经济学 | 7 | 3 | 4 | 北京大学、中国人民大学、清华大学、辽宁大学、中央财经大学、对外经济贸易大学、西南财经大学 |
| 理论经济学 | 3 | 0 | 3 | 北京大学、中国人民大学、武汉大学 |
| 工商管理 | 6 | 0 | 6 | 北京大学、中国人民大学、清华大学、中山大学、西安交通大学、上海交通大学 |
| 统计学 | 8 | 1 | 7 | 北京大学、中国人民大学、清华大学、南开大学、华东师范大学、东北师范大学、厦门大学、上海财经大学 |
| 法学 | 5 | 1 | 4 | 北京大学、中国人民大学、武汉大学、中国政法大学、中南财经政法大学 |

从表1中可以看出，在"双一流"学科评选中，应用经济学入选7所高校，财经类高校仅有3所入围（中央财大、对外经贸、西南财大），统计学和法学各有1所入围，作为财经类高校优势学科工商管理和理论经济学无一上榜。在"双一流"建设背景下，经管类学科在国内一流综合类高校中的优势甚至比财经类高校更为显著，在综合类高校中的发展更好。

我们为什么会丢失自己的阵地？财经类高校与其他一流高校区别在哪里？一是综合类高校丰富的学科门类为经管类学科的发展提供了源源不断的知识能，无论从学术研究氛围、理工思维方式还是学术研究渠道，都为经管学科的发展起到了强有力的助推作用。二是综合类高校深厚的数学和计算机技术为经管学科的发展提供了重要的算法和计算工具，同时随着新一轮科技革命突飞猛进的发展，人工智能、云计算、大数据、区块链、互联网技术与经管类学科的交叉为新经管学科的发展提供了必备的学科基础。财经类入选双一流学科的五所部属高校均设有计算机信息相关专业，除对外经贸大学外其余四所均设有数学相关学院，近年来发展迅猛的浙江工商大学也同样设有数学和计算机相关学院，成为经管学科生态体系的重要组成部分。三是地方财经高校体现出的地方特色不够充分，学科发展对地方经济社会发展起到的助推作用与综合类院校相比不显著。四是地方财经类高校的办学活力未能有效激发，学院的办学自主权未能有效下放。

英国著名高等教育学家纽曼曾指出："学科作为大学教育内容的知识分支，各分支之间并非相互独立、相互孤立。相反，它们之间是相互渗透、相互补充的，它们将合起来形成一个系统或整体，且唯有将其看作一个整体时，各分支传递的知识才会有价值。"[15]

经过我国学科专业目录的多次调整，学科体系逐渐规范，对于学科发展的研究也逐渐兴起，因为学科发展和生态学的相似性，学科生态也就成为其中一项重要的研究内容。在生态学的理论下构建学科生态系统内部结构与功能、分析学科生态系统的运行机理，对财经类学科建设有一定的借鉴意义。

根据生态学理论，可以建构出学科生态系统的概念模型。学科生态系统主要由学科个体、学科种群、学科群落、学科与社会环境生态系统相互交织的关系网络等组成。学科生态系统与社会环境生态系统相互作用、相互影响，通过吸收社会中的各类资源维持自身的生存与发展，并输出学科人才、科研成果、学科声誉等系统绩效，利用学科生态系统理论，在分析学科问题时具有独特的优势[7]。

**（二）山西财经大学学科调整的实践**

为适应学科发展规律，完善学科生态环境，构建规范的学科生态体系，山西财经大学在近几年进行了两次重要改革实践。

一是以学科建学院。为了理顺学科体系，建立良好的经管学科发展生态，山西财经大学在 2019 年初实施了学科学院和专业的全面调整工作。学校以学科建设为主线，坚持"以学科建学院、依托学科办专业"，按照"一个学院主建一个学科"的原则，全面梳理调整学科专业，专业按学科归位，教师按照学科专业布局合理流动。通过一系列的优化调整，解决了四大难题：同一学院内学科专业跨度过大、相关度不高，同一个一级学科相关专业分设不同学院，部分学院学科专业单一，少数学院专业无学科基础。学校学科、学院、专业、教师和学生均实现了协调统一，原有学科建设中的很多矛盾被化解，为学科发展营造了良好的生态环境。

二是校院两级管理体制改革。2018—2019 年，山西财经大学以构建"学校目标管理、部门协调服务、学院实体化自主运行"的校院两级管理体制、打造"以院为基、因院施策、部门协同、全员发力"的治理体系为目标，实施了合校以来规模最大、力度最强、涉及氛围最广的改革举措，推动学校发展动力从"火车模式"向"动车模式"的根本性转变。通过规范规则，构建了学院科学决策体系；通过下放绩效，扩大了学院人事管理自主权；通过财务统筹，扩大了学院财务管理自主权；通过自定举措，扩大了学院科研自主权。一系列的改革措施，进一步增强了学科的自身发展活力，激发了师资队伍推进学科建设的积极性和主动性。

## 三、新财经的发展

### (一) 财经类高校学科生态系统的构建

经过两年学科调整和建设的实践，在对全国高校学科生态研究和财经高校学科建设现状分析的基础上，基于自然生态系统概念，初步构建了地方财经类高校学科生态系统理论框架（见图1）。

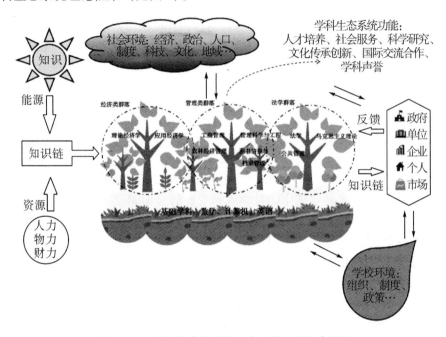

**图1　地方财经类高校学科生态系统理论概念框架**

学科生态系统组成：在自然生态系统中，生物群落主要由生产者、消费者和分解者组成，自然环境包括光、水和物质等。参照自然生态系统，在学科生态系统理论框架中，生产者是经济学、管理学、法学等学科群，消费者是政府、单位、个人及市场等知识和人才的需求方，分解者是数学、计算机、英语等基础学科，而社会环境、学校环境、人财物等资源共同组成了学科生态环境。

学科生态系统过程：在整个学科生态系统过程中，学科群、基础学科和需求方主要以知识链的形式相互联系，社会环境、学校环境对学科生态系统的组成、结构和发展发挥着重要的外力作用。

第一阶段：知识吸收。这一过程类似于自然生态系统中的光合过程。学科群作为生产者吸收知识能和人财物等资源，并进行知识加工、整合和转化。

第二阶段：知识传递。这一过程类似于自然生态系统中的捕食过程。学科群通过对知识的加工、整合和转化，以新知识和人才的形式提供给政府、单位、企业、个人和市场等需求方，并获得需求方对学科发展的认可及反馈。

第三阶段：知识重吸收。这一过程类似于自然生态系统中的分解和吸收过程。基础学科（数学、计算机、英语）作为分解者，将难以分解的知识链进行分解、转化，被学科群重新吸收，为学科群提供新思路、新方法和新技术。

学科生态系统功能：这一系统对影响学科建设的关键要素进行分析，通过各要素的变化，分析学科发展方向，优化学科发展环境，提高学科发展质量。作为地方财经类高校，经济学、管理学、法学等主要学科与理工类学科相比，更加依赖经济社会环境的变化，不同的社会环境会产生不同的经管类学科结构。在各项影响要素中，数学、计算机、外语等基础学科，成为学科发展土壤中必不可少的关键要素，将知识进行分解、转化、重构，为经管类学科的发展源源不断地注入养分。同时，地方财经类高校的组织、制度和政策环境对学科的发展也产生着重要影响。

### （二）学科群落建设构想

根据学科发展规律和我国"双一流"建设思维，我国学科的发展模式在不断改变、不断完善，以往单兵作战、单科突进的方式已经不适应学科新的发展形势，学科之间的依存度、融合度不断提高，协同共生、交叉融合已经成为新时代学科发展最大的特征。根据生态学理论，这种协同共生的学科发展形成了学科群落，学科群落的发展方式打破了原有的组织体系障碍和学科之间的壁垒，实现资源的最有效配置和学科发展的可持续性。

以学科群落建设为出发点，对国内外部分财经高校学科和学院设置进行了分析。

作为社科领域排名欧洲第一、社会科学及管理学领域排名世界第二的伦敦政治经济学院，其经管类科系仅有 5 个，分别为经济学系、财经会计系、统计学系、法律系和管理系，每一个学科门类仅建立了一个科系，结构非常紧凑，同时也拥有数学和信息科系，为经管类学科生态的发展奠定基础。

作为俄罗斯最好的财经类高校，圣彼得堡国立经济大学仅设立了 10 个学院：经济与金融学院、管理学院、工程经济学院、海关贸易学院、法律学院、信息学与应用数学学院、公共和人事管理学院、旅游与服务学院、人文学院、艺术学院，组织框架同样紧凑，最大限度地减少资源的无谓消耗。

随后，对国内 5 所部属财经类高校和 5 所地方财经类高校的学科学院设置进行了对比（见表 2）。

表2　学科学院设置对比

| 学校 | 中央财大 | 中南财大 | 西南财大 | 上海财大 | 对外经贸 | 东北财大 | 江西财大 | 浙江工商 | 山东财大 | 首都经贸 |
|---|---|---|---|---|---|---|---|---|---|---|
| 学科门类 | 8 | 9 | 6 | 8 | 6 | 6 | 7 | 9 | 7 | 6 |
| 一级学科 | 15 | 17 | 13 | 17 | 10 | 10 | 13 | 16 | 10 | 11 |
| 学院 | 20 | 18 | 23 | 19 | 18 | 24 | 16 | 26 | 24 | 19 |

可以看出，10所院校中，学院设置和一级学科设置相差5个（含）以内的有4所，5~10个有2所，其余4所均在10个或10个以上。5所地方财经高校，学院设置与一级学科设置差距较大，除江西财大，其余相差均在10个左右。部属财经高校学院设置与一级学科设置差距相对较小。

地方财经高校的这种设置方式会造成人力资源、学术资源、资金、设施等严重分散，且行政化严重，加重学科与学院之间矛盾，降低学科建设效率和质量。山西财经大学也同样如此，现有学科门类7个，一级学科8个，学院19个，相差11个，下一步，山西财经大学将以学科建设为龙头，再次对学院进行整合，坚持"有所为有所不为"，能合并的合并，该砍掉的坚决砍掉，努力缩减到10个左右，通过集中力量、优化资源配置建设学科群落，为优势学科和特色学科发展营造良好的生态环境。

基于植物群落构建理论，构建了山西财经大学学科群落生态体系如图2所示。

从图2中可以看出，未来山西财经大学将形成六大学科群落，分别是经济学学科群落、管理学学科群落、统计学学科群落、法学学科群落、文旅学科群落和人文学科群落。以经济学、管理学和统计学学科群落为核心，三者之间互相交叉融合，统计学学科群落包含了统计学、计算机科学与技术、数学，为经济学和管理学学科群落提供了信息技术、理工思维、研究方法、计算工具等知识能，直接支撑经济学和管理学学科群落的发展和繁荣；人文学科群落虽然不是核心学科，但却是财经类学科不可或缺的组成部分，为其他学科群落的发展提供人文素养、综合能力、国际视野，提供文化支撑、外语提升和思维拓展，这些是核心学科群落繁盛的必备养分。文旅学科群落以服务社会为使命，在人文学科群落的支持下，与核心学科及法学学科交叉融合，紧跟山西旅游强省战略，将山西深厚的历史文化作为营养来源，具有较强的成长潜力。法学学科群落虽然近年来的发展步伐放缓，但作为学校传统优势学科，师资力量不弱，而且随着学科外围生态环境的改变，尤其是社会的变革和新科技革命的冲击，为社会治理研究提供了新的土壤，法学学科群落进入核心学科生态圈的概率依然很大。

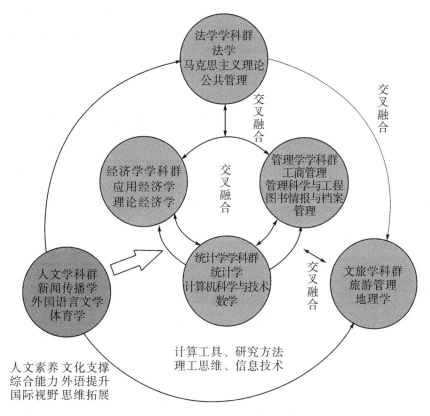

图2　山西财经大学学科群落生态体系

山西财经大学建校70年来，各学科经历了社会环境、组织环境、历史环境的无数次筛选，适者生存，优胜劣汰，符合山西特色和适宜山西财经大学发展的学科被保留了下来。这些学科间彼此不是孤立的，而是相互作用的，在学科间协同和竞争作用下，经济学、管理学、统计学学科逐渐发展壮大，并逐步适应了区域和学校的学科发展环境，形成了互相交叉融合、互相支撑依存的学科群落。

**（三）新财经体系下的学科发展方向**

新财经与新工科、新农科、新医科、新文科等一样，是基于国家战略新需求、国际竞争新形势、立德树人新要求而提出的改革新方向，具有理念新、要求新、途径新的时代内涵和战略型、创新性、系统化与开放式的重要特征。通过对财经类高校学科生态系统各要素的分析，可以总结出新财经体系下学科发展的三个方向：

一是重点建设服务区域经济发展的优势学科。以服务社会为出发点，以人才培养、科学研究为重点，以社会需求为导向，紧密围绕地方经济社会发展战略，调整学科结构，建立与国家和地方发展战略相一致的学科发展方向，最大限度地为经济社会发展服务，以价值和贡献打造学科优势。

二是深入探索与新科技革命相融合的交叉学科。与大数据、云计算、互联网、人工智能的交叉融合，培育新的学科方向，服务第四次科技革命。新的科技革命将对学科生态体系进行重塑，不论是知识链的输入还是输出，不论是社会环境还是数学、计算机等基础学科，都会出现显著变革，这也必然导致学科与学科之间、学科与新科技之间深层次的交叉融合，从而演变出新的学科类别。这类新学科是未来发展的必然趋势，地方财经类高校应该提前做好充分的应对准备，甚至可以主动去探索和挖掘。

三是全面打造体现地方特色的品牌学科。将地方经济、社会、人文、生态环境等特色，融入学科建设中，旗帜鲜明彰显地域优势。这种学科是历史环境、自然环境、经济社会环境在学科建设中的展现，这样的学科具有明显的区域优势和不竭的知识源，是财经类高校学科差异化发展的一条重要路径。

## 参考文献

[1] 武建鑫. 学科生态系统：从理论到方法的可能——兼论世界一流学科的成长机理 [J]. 中国高教研究，2020（2）：16-22.

[2] 武建鑫. 学科生态系统：核心主张、演化路径与制度保障——兼论世界一流学科的生成机理 [J]. 高校教育管理，2017，11（5）：22-29.

[3] 赵渊. 我国世界一流学科建设的路径依赖及其破解 [J]. 中国高教研究，2019（6）：27-32.

[4] 秦明，赵伯飞，龙建成. 学科生态系统模型的建构和解读 [J]. 西安电子科技大学学报（社会科学版），2007（4）：153-158.

[5] 张德祥. 高校一流学科建设的关系审视 [J]. 教育研究，2016，37（8）：33-39.

[6] 胡春蕾，黄文龙. 生态承载力视角下的大学学科发展战略初探 [J]. 学术论坛，2013，36（12）：228-230.

[7] 宋亚峰，王世斌，潘海生. 一流大学建设高校的学科生态与治理逻辑 [J]. 高等教育研究，2019，40（12）：26-34.

［8］崔建华.北京高等教育的学科生态特征分析［J］.北京工业大学学报（社会科学版），2009，9（6）：75-80.

［9］武建鑫.学科生态系统：论世界一流学科的生长基质——基于组织生态学的理论建构［J］.江苏高教，2017（4）：7-14.

［10］曾亦斌，王钊.“双一流”建设背景下行业性院校的学科生态治理研究［J］.江苏高教，2018（3）：25-28.

［11］张梅珍.行业特色大学综合改革进程中的学科生态重构［J］.中国高教研究，2015（12）：88-91.

［12］徐贤春，朱嘉赞，吴伟.一流学科生态系统的概念框架与评价模型——基于浙江大学的实证研究［J］.江苏高教，2018（9）：16-20.

［13］马永红，刘润泽.我国高校学科布局生态研究——以理工类学科为例［J］.中国高教研究，2020（2）：9-15.

［14］陈益刚，白宇，陈信朋.中国财经高等教育百年历程回顾与一流之路展望［J］.高等教育评论，2019（2）：57-77.

［15］纽曼.大学的理想［M］.徐辉，顾建新，何曙荣，译.杭州：浙江教育出版社，2001：21，28.

# 新财经一流人才培养模式创新的探索与实践

于海峰①　梁宏中　张　军

**摘要：** 新财经一流人才培养是建设社会主义现代化国家、构建新发展格局、适应新一轮科技革命和产业变革、加快推进新文科建设的客观要求。新财经教育要紧扣内涵式发展一条主线，围绕"强特色、高质量"两大主题，坚持"重点突破、协同发展、综合改革"三大策略，遵循"中国逻辑、高教逻辑、科技逻辑、区域逻辑"四大逻辑，实施德智体美劳"五育"融合、跨学科交叉融合、"通专创"多种培养机制融合、因材施教多种培养方式融合、校政行企多主体融合等5大路径，着力培养适应引领经济社会发展，担当民族复兴大任的新时代财经人才。近年来，广东财经大学落实立德树人、推进"商技融合""商法融合"、深化"一主体三示范"分类培养改革、政产学研用协同育人，深入推进新财经一流人才培养模式改革。

**关键词：** 新财经　一流人才　培养模式

新财经一流人才培养是我国高校财经教育"十四五"时期面临的一项重要课题和迫切任务。新财经教育是传统财经教育的继承发展、守正创新和积极扬弃，有着新时代的显著特征。因此，理清新财经教育模式的理念、模式、路径和实施对策，对推进高等财经教育高质量发展具有重要的理论和实践意义。

## 一、新财经教育建设的时代背景

### （一）建设社会主义现代化国家的新征程全面开启

"十四五"时期是开启全面建设社会主义现代化国家新征程、向第二个百年奋斗目标进军的第一个五年。国民经济高质量发展需要高等教育提供大量的高素

---

①　于海峰，广东财经大学校长，教授。

质人才，同时，人民群众对"上好学"、接受优质教育的需求不断增强。扎根中国大地，培养德智体美劳全面发展的社会主义建设者和接班人已成为我国高校的紧迫任务。

### （二）构建新发展格局工作全面推进

推动形成以国内大循环为主体、国内国际双循环相互促进的新发展格局是根据我国发展阶段、环境、条件变化提出来的新战略，高等教育要主动服务于构建新发展格局的新任务。高校要大力培育复合型、创新型人才，提升国家自主创新能力；同时也要大力培养具有全球视野和竞争力、治理能力，通晓国际规则和法律的国际化人才，适应国家参与国际交流合作、推动"一带一路"建设需要。

### （三）新一轮科技革命和产业变革蓬勃发展

人工智能、大数据、云计算、物联网等信息技术方兴未艾，深刻改变人类生产方式、生活方式以及思想观念，并对财经领域和现代服务业产生显著影响，推动形成大量新产业、新业态、新模式。传统财经教育需要插上现代信息技术的翅膀，教学内容和方式要与大数据、云计算、人工智能等技术全面融合，才能适应、引领和支撑未来经济社会发展。

### （四）新文科建设方兴未艾

"四新"建设是近年来全面振兴本科教育的重要内容。2020 年 11 月 3 日，新文科建设工作会议隆重举行，发布了《新文科建设宣言》，对新文科建设做出了全面部署，开启了新文科建设的新征程。新财经是新文科的重要组成部分。如何坚持尊重规律、立足国情、守正创新、分类推进等新文科建设理念，结合财经学科的特点，创新财经人才培养模式，已成为我国高校亟待解决的问题。

## 二、传统财经教育主要存在的问题

### （一）重专业教育，轻思想道德和人文素养培养

社会主义市场经济既是法治经济，也是道德经济。经世济民、义利兼顾、诚实劳动、合法经营，自古以来就是经营管理者的道德要求和准则。但是，当前我国财经教育对思想道德培养和价值观念塑造重视不足。同时，经济管理活动需要在社会交往中完成，对从业者的人际交往、沟通协调、团队协作等方面的要求较高。财经人才需要有较强的"情商""职商""财商"。但是，当前我国财经教育对人文素养的培育重视不足，教育成效不明显，影响了学生的健全人格养成、身心和谐发展和社会适应能力提高。

## （二）重理论教学，轻实践能力培养

学生实践应用能力不足，不能有效满足用人单位需要，这是我国财经人才培养一直存在的问题。尽管近年来各高校深化实践教学改革并取得了不少成绩，但这一问题仍未完全解决。不少教师行业背景和社会实践经历欠缺，企业参与学校人才培养的覆盖面不够广，深度也不足。

## （三）重单向灌输，轻创新创业能力培养

我国传统财经教育的教学方式习惯于照本宣科、单向灌输，学生习惯于被动接受，死记硬背，融会贯通和批判性思维能力较差，创新创业意识和素养不强。

## （四）重单科教育，轻融合跨界培养

传统的财经人才培养注重本学科、本专业知识技能培养，但人才培养体制机制和培养方案的开放性、融合性和灵活性不足，缺乏跨领域、跨学科、跨文化、跨时空、跨主体交叉融合的有效途径。学生缺乏多元视野、综合素质和复合能力。尤其是在新一轮科技革命和产业变革纵身推进的今天，信息技术发展促使产业模式和生活方式快速变化，社会发展对具备复合化、多样化的知识素质能力结构人才的需求急剧增加，对财经专业学生的信息素养和科学精神要求也不断提高。如果只是注重财经学科和专业教育，不把跨学科融合培养摆在突出位置，人才培养将无法跟上科技进步和社会发展。

## 三、新财经一流人才培养模式创新的理念

### （一）中国特色社会主义进入新时代，要求坚持"中国逻辑"

中国特色社会主义进入新时代，全面建成小康社会的奋斗目标即将实现，全面建设社会主义现代化国家的新征程即将开启，高等教育进入普及化阶段，广大人民群众对"上好学"，享受优质教育的要求日益强烈。习近平总书记指出，教育是"国之大计、党之大计"；党和国家事业发展对高等教育的需要，对科学知识和优秀人才的需要，比以往任何时候都更为迫切；培养德智体美劳全面发展的社会主义建设者和接班人是学校的根本任务，立德树人的成效是检验学校一切工作的根本标准；高等教育要为人民服务，为中国共产党治国理政服务，为巩固和发展中国特色社会主义制度服务，为改革开放和社会主义现代化建设服务，高等教育改革发展要做到"坚持党对教育事业的全面领导……"等九个坚持。这"两个根本""四个服务"和"九个坚持"是我们新财经教育的根本遵循，必须牢牢把握立德树人、为党育人、为国育才的"中国逻辑"。

### （二）全面振兴本科教育的攻坚战深入推进，要求坚持"高教逻辑"

全国教育大会和新时代全国高等学校本科教育工作会议，揭开了全面振兴本科教育的序幕。贯彻"以本为本""四个回归"，把本科教育放在人才培养的核心地位、教育教学的基础地位、新时代教育发展的前沿地位，是高等教育事业发展的基本要求。党和国家出台了一流专业"双万计划"、一流课程"双万计划""六卓越一拔尖"计划 2.0、新文科、新工科建设等重要政策，全面振兴本科教育。新财经教育应当遵循"以本为本""四个回归""四新建设"的"高教逻辑"，紧紧抓牢这些政策机遇，争创一流，打造更多标志性教学成果，推动新财经教育迈上更高台阶。

### （三）新一轮科技革命和产业变革发展迅猛，要求坚持"科技逻辑"

当今世界，以信息科技革命为先导，以新材料科技为基础，以新能源科技为动力，以空间科技为外延，以生命科技为战略重点，以互联网、大数据、人工智能、5G 通信等为代表的全方位科技革命，催生了大量战略新兴产业，也使产业业态和模式发生深刻变革。未来已来，新财经教育应当坚持识变应变求变，面向"智能+"时代，实现科技赋能的"科技逻辑"，促进教学内容、教学模式和学习方式的升级换代。

### （四）主动融入地方经济社会发展大局，要求坚持"区域逻辑"

高校，尤其是地方高校，要在服务地方、为区域经济社会发展提供高水平人才支撑和智力支持中谋求生存发展。因此，新财经教育需要注重"区域逻辑"，要紧密对接区域经济社会发展、产业转型升级优化专业布局、调整课程体系和教学体系，使专业链、培养链和区域产业链、创新链有机衔接，在融入和服务区域发展中创造特色和优势。

在大湾区建设规划中，将大力发展数字经济，建设国家数字经济创新发展试验区；大力发展软件与信息服务产业、数字创意产业；大力发展现代金融；支持发展供应链管理、电子商务、科技服务等现代服务业；发展数字出版、动漫、网络视听新媒体等新业态；强化法治政府、智慧城市建设。学校要对接战略、匹配湾区、创新发展，优化专业布局、改造传统专业。同时，粤港澳大湾区是一个国家、两种制度、三个关税区，粤、港、澳三地在相关法律法规、管理制度、行业标准等方面相差很大。因此，在学校专业、课程建设内涵中必须纳入相关内容，并加快推进与港澳高校合作办学，进而培养适应和引领大湾区建设与发展的卓越人才，努力建设大湾区一流财经大学。

## 四、新财经一流人才培养模式创新的主要路径

### （一）德智体美劳"五育"融合

培养德智体美劳全面发展的社会主义建设者和接班人，是新财经一流人才培养的根本目标。德智体美劳五种教育类型是相互融合、相互支撑的有机统一整体，只有同向同行、协同促进，才能发挥对学生全面发展的强大合力。在德育上，大力推动习近平新时代中国特色社会主义思想、社会主义核心价值观、中华优秀传统文化进教材、进课堂、进头脑。要注重持续创新思想政治理论课教学模式，不断提高思政课程的亲和力、针对性和实效性；要全面推进课程思政建设，充分挖掘、发挥专业课程的德育元素和功能，提升教师对课程思政重要意义的认识和课程思政教学能力。新财经建设相关的大量财经类课程，尤其要注重培育学生经世济民、诚信服务、德法兼修的职业素养。在体育上，要优化课程设置，完善课外体育锻炼体系，将身体锻炼和意志磨炼相融合。在美育上，建立健全以公共艺术课程和第二课堂艺术活动为主体，"双轮驱动、双线贯通"的公共艺术教育体系，加强师资队伍建设，优化管理机制，不断提高学生审美能力。在劳动教育上，要以学生实践应用能力和创新创业能力培养为核心，构建生产劳动、日常生活劳动和服务性劳动"三位一体"，涵盖课程、活动、文化、基地、保障等要素的立体多维的劳动教育体系。

### （二）跨学科交叉融合

跨学科交叉融合是新财经教育的重要特征。要根据经济社会发展和科技进步趋势，结合人才培养目标定位，构建"1+N"跨学科融合教育体系。首先，要实现"财经+信息技术"融合，将大数据、人工智能、云计算等现代信息技术全面融入专业体系、课程体系和教学体系，适应信息技术对现代商业引致的产业变革要求。其次，要结合高校内部学科专业布局，根据人才培养目标定位，实现"财经+人文""财经+语言""财经+法学""财经+艺术""财经+理科"等各种形式的跨学科交叉融合，培养复合型、创新型人才。高校要着力打破学科、学院和专业之间的分割，健全体制机制，整合学科资源，促进各学科融合发展，为复合型人才培养提供学科支撑。

### （三）通识教育、专业教育和创新创业教育融合

通识教育体系有利于培养学生的通用技能和人文素养、科学精神等综合素质。专业教育体系有利于促进学生专业能力和提升就业针对性。通专结合是实现德智体美劳全面培养的重要路径。但是，在新财经教育体系中，更加需要适应

"大众创新、万众创业"的时代要求,建立健全创新创业教育体系,培养具有良好的创新创业能力的人才。要将创新创业教育体系全面融入通识教育和专业教育中,尤其是要注重专创结合,促进学生结合自身专业开展创新创业活动。

### (四) 因材施教多种培养方式融合

学生禀赋、兴趣爱好、发展目标均不相同,因此,在新财经教育中要根据学生实际情况,坚持共性教育与个性教育相统一的原则,因材施教,促进学生个性化发展。高校应当根据学生在国内升学、海外求学、就业创业等不同发展方向,结合学生学习水平高低,创设不同的人才培养模式,让不同学生在不同领域、不同层面追求卓越、创造一流。

### (五) 校政行企多主体融合

高校和政府部门、事业单位、行业组织、科研院所、企业等育人主体在人才培养上各有优势和不足。高校在学科知识、理论知识的系统教育上具有明显优势,但各种社会部门、用人单位在了解社会需求、知识技术应用和实务能力培养上则具有更加有利的条件,因此,校内外多主体协同育人、发挥各种主体在育人上的集成优势是新财经教育的必备条件。高校要积极健全协同育人机制,在专业建设、课程建设、人才培养方案编制、教学改革、实践基地建设、师资培养、学生就业创业等方面与用人单位双向衔接、深度融合,提升人才培养对经济社会发展的支撑能力。

## 五、新财经一流人才培养模式创新的主要举措:以广东财经大学为例

### (一) 落实立德树人根本任务,夯实新财经人才的社会主义底色

一是促进思政课程提质增效。构建党委统一领导、党政齐抓共管、各部门协同参与的思政课建设工作机制,校党委常委会会议、校长办公会议每学期至少召开1次专题会议研究思政课建设工作,学校党委书记、校长和学院党组织书记、院长每学期为学生上思政第一课。以"八个相统一"推进思政课教学改革,突出"一课一精品",将信息技术融入思政课堂,形成"互联网+思政教育"新形态。坚持中小班教学,思政课课堂规模不超过100人。以"六要"为标准加强思政课教师培养,打造思政课"名师工作室""名师示范课",建设一支专职思政课教师为骨干、思政工作队伍为主体、专兼结合的高素质思政课教师队伍。

二是加强课程思政建设。将课程思政建设纳入各教学院(部)工作职责范围,发挥各教学院(部)教师党支部的作用,将其作为教师党支部组织生活的重要主题。推进"四个一"(一个学院、一个专业、一门课程、一个课堂)试点

部署，打造课程思政示范体系。开展课程思政专项建设活动，邀请专家学者进行专题辅导讲座，召开主题研讨会，修订体现课程思政要求的教学大纲，举行公开课活动，组织开展全校经验交流会议。

三是推进"五育"并举协同育人。完善"1+4+N"（即1门体质健康教育必修课、4门必修选项项目+自主选择选修项目）体育课程体系，俱乐部化教学改革，培养学生健康体魄。依托学校人文、艺术设计、影视、地理等相关学科专业资源，建设公共美育课程体系，在第二课堂学分中设置了文体艺术模块，使学生具备良好的审美情趣、艺术欣赏能力和发现美、创造美、实践美的能力。制定劳动教育实施方案，明确课程体系、教学模式、活动项目、教师队伍、平台体系，全面推进劳动教育。

**（二）推进"商技融合""商法融合"，彰显新财经人才跨学科融合培养特色**

首先，适应信息技术全面推动现代经济管理领域变革的时代趋势，大力促进"商技融合"，利用现代信息技术优化专业体系、课程体系和教学体系。近年来，学校通过新办、置换等方式，开设了大数据管理与应用、数据科学与大数据技术、数字媒体艺术、审计学（信息系统审计方向）等新设专业。今后，将进一步根据产业转型升级需要，结合实际开设数字经济、金融科技、数字营销、跨境电子商务、数字出版、商务智能、网络与新媒体等相关专业或设置专业方向。将信息素养教育全面融入课程体系。在通识选修课程中，增设Python大数据分析入门等互联网、大数据相关的课程。在专业课中，结合专业特点，增设数字营销、区块链、数字经济、数字贸易、Python程序设计、大数据分析、人工智能与量化金融等相关课程，根据产业发展新趋向及时更新课程设置和教学内容。深入推进混合式教学体系建设，在课程上以"自建+引进"双轮驱动，在平台上以自建平台为主、社会平台相结合，建设一批线上线下混合式教学示范课程，健全信息化教学工具体系，创新课堂教学与学习模式。

其次，适应社会主义市场经济法治化建设需要，大力推进"商法融合"。学校根据以经管法三大学科为主体学科、以商法融合为办学特色的实际，顺应市场经济法治建设要求，大力推进商法融合跨学科教育。在专业层面，将国际经济与贸易、会展经济与管理2个专业立项为商法融合试点专业，在国家级卓越法律人才培养基地开设了企业法务专业方向。在课程层面，编制了《商法融合课程设置方案》，分两批次共立项建设了商法融合课程30门。在人才培养方案中设置了法治与社会的通识选修课程模块，面向全体学生开设了宪法学（慕课）、劳动合同法、知识产权法、法庭科学概论等多门通识选修课程。在经管类专业中，以专业类为基础，分别开设了经济法学、商法、行政法与行政诉讼法等课程作为学科基础课，并结合专业特点，开设了法经济学、税法、国际商法、房地产法学、信息安全法学等专业课程和案例课程。在法学专业中，将经济学、管理学基础课程融入学科基础课和专业课程中。在教材层面，立项建设了经济法学等9部商法融合教材，并统一由经济科学出版社出版。

最后，探索打造"商技""商法"融合复合型人才培养平台。开展"商技""商法"融合专业大类招生大类培养新模式。一是面向现代科技革命和产业变革，设置数字经济大类。该大类包含数字经济、大数据管理与应用、数据科学与大数据技术和金融科技4个本科专业。二是设置商法融合大类。该大类包含法学、工商管理、财务管理、城市管理4个本科专业。招生时，以数字经济类和商法融合类为名称进行大类招生。新生入学后不分专业，设置专门的二级教学单位组织一、二年级通识教育和大类学科基础教育。两年后，由学生自主在大类中选择专业，并在三、四年级转入相关专业学院，进行专业学习。

### （三）深化"一主体三示范"分类培养改革，涂抹新财经人才人人出彩的亮色

学校根据学生禀赋和发展方向差异，构建了"一主体三示范"分类培养体系，实现因材施教，促进学生个性化发展，人人出彩。"一主体"是指所有专业均培养应用型高级专门人才，这是学校人才培养的主体形式。在此基础上进行"三示范"，即卓越应用型人才示范、国际化应用型人才示范和拔尖创新型人才示范。

#### 1. 主体应用型人才培养模式改革

主体应用型人才培养着重增强学生的实践应用能力和创新创业能力。

首先，探索以新商科智慧学习工场建设为引领，深化跨专业虚拟仿真实验教学改革。按照"认知+实训+互动+体验+创新"的设计原则，建设商科文化馆、新商科产教融合生产性实训实践中心、商科体验馆、商科智慧教室、大数据研究体验中心、商科研究院与鉴定中心等功能区，集实验实训、实习、学术研究、学科竞赛、社会服务、创新创业、师资培训等功能于一体。该项目是基于商科类学科专业集成和全要素资源的场景化、智能化、数字化，将传统商科类学科专业内整外跨，在多场景下的实训课程供应链的"真实"实验室中，在导师和专家的辅助下，以商科学习者能力本位为成长主线，使其不断提高能力和素养。

其次，健全创新创业教育体系。与广东省人力资源协会创新创业人才孵化学院共同举办创新创业竞赛训练营，知识传授、能力训练、素质拓展"三位一体"，培养"敢闯会创"创新创业型人才。制定创新创业导师管理办法，建立优秀创新创业导师库，强化创新创业师资培训，把创新创业教育能力培训作为岗前培训、课程轮训、骨干研修的重要内容。建设好创新创业服务中心，加强创业团

队的"一对一"教练型创业辅导，优化大学生创业引导基金运行机制，推进创业项目的成果转化和产业化。开设工商管理（创业管理方向），并在此基础上嵌入式开设投资学（创业投资方向）辅修教育，结合中美创客交流中心建设，开设工商管理（国际创业方向），培养精英型、专业型创新创业人才。

2. 卓越应用型人才培养模式改革

学校建成1个国家级人才培养模式创新实验区、1个国家级卓越法律人才教育培养基地、4个省级人才培养模式创新实验区，并依托实验区深入推进卓越应用型人才培养体系化。对接国家"六卓越一拔尖"计划2.0，深化卓越应用型人才培养模式改革。促进国家级实验区面向粤港澳大湾区人才需要，在商法融合、协同育人和产教融合方面深化改革，尤其是加强与粤港澳地区高校、企业深度合作，培育一批精商通法的高端复合型人才，建设成为商法融合特色的示范区。促进省级实验区对接卓越人才培养计划标准，进一步加强人才培养理念、培养方案、运行管理和质量监控机制改革创新，重在提升学生创新精神和实践能力。对实验区开展定期检查和评估，建立动态调整机制，切实提高人才培养特色和质量。

3. 国际化应用型人才培养模式改革

学校在金融学、国际商务、财务管理等专业开设了4个中外联合培养项目，在会计学等6个专业开设了中外人才培养实验班，本科实验班，采取学分互认、学位联授等国际化协同培养方式，借助国外优质教育资源，引入国际化教育理念和课程体系，制定符合国际标准和规范的人才培养方案，并针对课程教学、学生管理、师资建设、质量监控、招生与就业、改革与研究等维度开展全方位、系统性的实验班建设工作，推动国际化应用型高端人才培养体制与机制的创新。

4. 拔尖创新人才培养模式改革

学校针对部分优秀学生国内外升学深造的学习需求，创办了经济学、工商管理2个拔尖创新人才培养模式实验区。实验区按照研究型人才培养规格进行分类培养、专门培养、系统培养，使学生具备扎实的知识基础、广博的知识结构、融会贯通的学习能力、缜密的逻辑思辨能力、杰出的创新能力和良好的学术研究基础，力争在校期间能发表较高质量的学术论文。实验区根据学生学习能力，针对数学、英语和思政等公共基础课程和部分经济学、管理学专业核心课程开设高阶教学班，夯实理论基础；同时大力推动科教融合和导师制，引导学生在教师指导下研读专业文献，参加教师科研项目，提升科研能力。

**（四）政产学研用协同育人，凸显新财经人才实践创新本色**

1. 加强境内外高校合作

探索与境内财经类高校协同合作，共同开设"微专业"。通过社会慕课平台，集聚参与高校的若干门优质课程，形成"微专业"培养方案（约 15~20 学分），学生修读完成后即可获得相关证书。各高校共同开办"微专业"，有助于学生以自由灵活的方式拓展知识结构。加强与港澳地区高校合作，重点选择 1~2 所高校，通过访学研修、实习实践、交流学习、中外合作人才培养实验班、合作办学等形式，建立稳定深入密切的协同合作关系，强化粤港澳大湾区办学特色。

2. 打造四大产教融合平台

在现有经济与管理实验教学中心、广州市税务局实践教学基地、中美创客交流中心、"财大创谷"等国家级、省级协同育人平台基础上，进一步推进产教融合，积极构建"两学院一基地一园区"四大平台，与社会用人单位紧密对接、共建共享，强化学生实践应用和创新创业能力培养。

一是建设人工智能与大数据产业学院。与亚太地区知名的智能语音和人工智能上市企业——科大讯飞公司，共建产业学院，培养大数据和人工智能产业人才。

共建人工智能与大数据实践教学中心。将金融、财税、电子商务、计算机科学与技术等专业改造升级为 AI+原有专业，打造人工智能与数字经济专业群。企业负责 AI+专业方向课、专业实训课教学工作，考核合格的学生将获得科大讯飞人工智能产业人才认定证书。

共建人工智能与大数据师资培训中心。针对教师人工智能应用技术和教学方法提供技能提升培训，形式包括线上线下授课、现场交流沙龙、技术展示与研究成果交流、在线模拟测试等。

共建人工智能与大数据学科竞赛指导中心。围绕国家级、省级主流学科赛事，满足学校人工智能领域相关学科赛事的课外辅导与团队项目实践。

共建人工智能创新创业中心。学生可以在双创中心根据自主设计的创新概念，形成人工智能领域的应用型产品创意，并能够在老师的指导下对创意进行动手实践和探索，进而形成轻量级人工智能产品孵化。

二是建设湾区影视产业学院。与佛山市委宣传部合作，共建湾区影视产业学院，培养影视策划设计、制作、表演和产业经营管理人才。

在课程设置上加大实践创作类课程的比重，设置了行业调研、社会调研、专业实训展示、文创产品开发等实践课程，强化学生的实践能力和对产业的理解。加强校企合作，真正做到校企之间功能对接、人才共用、设施共享、信息互通、协同育人。教师进影视企业，学习行业新知识及新技术，企业的导演、编剧、剪辑师等进校园讲授行业知识。联合相关机构举办"粤港澳大湾区大学生影视节"和建设"粤港澳大湾区青年影视产业孵化中心"支持有潜力的学生更好地发展。

三是建设银行—广东财经大学产学合作基地。与建设银行广东省分行签订合作协议，在"数字银行"人才培养、科学研究、社会服务等方面开展战略合作。

协同创设数字银行"金融科技"创新班。共同培养本科、研究生专业人才。共建金融科技实验室，为优秀毕业生提供就业支持。

打造数字银行人才培训体系。整合校内外师资力量，提供数字银行方向等定制化培训服务；共同打造产教研实训基地，批量安排学生实习。

打造大学生数字经济创新创业品牌。协同设计开发大学生数字经济创新创业大赛；依托建行"金蜜蜂"创客空间体制机制，为学生创业项目提供孵化场地，配套相应的财务资源、创新辅导。

打造数字银行发展国际论坛。论坛可每一年或两年举办一次，逐步将其打造为具有较大国际影响的数字银行交流分享高端平台。

四是完善广东财经大学科技园建设。以现有创新创业孵化基地——财大创谷为基础，并联合位于广州市海珠区"创投小镇"的粤港澳大湾区科技金融与数字经济研究院共同运营，建设大学科技园。

科技园以数字经济、人工智能为核心，围绕国家重点支持高新技术领域的企业和项目进行孵化和产业化，推动技术资本和金融资本、研究开发和实际生产、开发队伍和经营队伍的有效结合，为科技企业成长、学生创新创业营造良好发展环境。科技园完善创业孵化培育体系，打造以职业经理人为主的市场化运营团队，成立相关的孵化基金，构建投融资服务体系，根据不同发展阶段企业的特点研究制定相应的孵化培育方案，助推企业快速成长。

# 基于核心素养的"新财经"人才培养模式再造

刘金兰[①]

## 一、"新财经"建设是财经人才培养的一场自我革命

中华民族正处在实现"两个一百年"奋斗目标的历史交汇点和实现中华民族伟大复兴中国梦的重要时间节点。世界也正面临百年未有之大变局，引领增长的新旧动能快速转换，人工智能、大数据、量子信息、生物技术等新一轮科技革命和产业变革正在积聚力量，将催生出大量新产业、新业态、新模式。习近平总书记结合新时代中国高等教育事业所面临的新形势、新任务，在全国教育大会上做出了"抓住机遇、超前布局，以更高远的历史站位、更宽广的国际视野、更深邃的战略眼光，加快推进教育现代化，建设教育强国"的总体部署和战略设计。新工科、新医科、新农科、新文科建设就是中国高等教育落实总书记讲话精神，超前识变、积极应变、主动求变的一项重要举措。

习近平总书记指出，哲学社会科学是人们认识世界、改造世界的重要工具，是推动历史发展和社会进步的重要力量，其发展水平反映了一个民族的思维能力、精神品格、文明素质，体现了一个国家的综合国力和国际竞争力。总书记的讲话不仅为哲学社会科学发展指明了方向，也为新文科建设提供了根本遵循——新文科建设的核心就是推进哲学社会科学与新一轮科技革命和产业变革交叉融合，新文科建设的目标就是培养具有新时代中国特色、中国风格、中国气派的先进文化和优秀的社会科学家，创造光耀时代、光耀世界的中华文化。

财经类专业直面中国经济建设主战场，直接服务国民经济发展所需各类型、各层次人才培养。"新财经"既是新文科建设的关键一环，也是财经人才培养的一场自我革命。"新财经"需要对建设的战略方位进行重新部署，对传授的知识

---

① 刘金兰，天津财经大学校长，教授，博士生导师。

体系进行重新建构，对学生的能力要求进行重新认识，具体可概括为"三新""两融""一提升"。

### （一）"新财经"建设需要在战略方位实现"三新"

吴岩司长在参加新文科建设工作会议时明确，新文科建设的价值引领是立足中国国情、扎根中国大地，用习近平新时代中国特色社会主义思想铸魂育人；时代使命是提升国家文化软实力，塑造国家的硬形象；基本抓手是专业优化、课程提质、模式创新。吴岩司长的讲话为"新财经"建设提供新的方位：

（1）"新财经"建设需要新定位。中国特色社会主义已经进入新时代，经济发展成就举世瞩目，走出了一条适合国情的"中国道路"，形成了一套行之有效的"中国经验"。"新财经"建设亟须扎根中国经济管理实践，形成中国经济管理理论体系，发出中国声音，讲好中国故事。将时代性、原创性、系统性的中国理论、中国故事提炼总结，植入财经人才培养过程，培养既具有宽广的国际视野，又具有浓厚的本土情怀，能够解决中国经济运行和企业发展现实问题的高素质经济管理人才，这就是"新财经"建设的新定位。

（2）"新财经"建设需要新结构。当前，经济社会发展过程所面临的现实问题愈发复杂多元，企业实际用人需求愈发强调问题导向和任务导向。原有财经人才培养模式所供给的专业体系、课程体系及其对应的知识体系、能力结构已经不适应新时代经济发展需要和社会人才需求。"新财经"建设就是要根治"条块分割，分而治之，各自为战"的痼疾，通过供给侧结构性改革打造一批适应时代发展需要的"财文"互通、"财理"融合的新专业和新课程，这样才能造就和培养一批适应社会经济发展需要的复合型经济管理人才。

（3）"新财经"建设需要新模式。"新财经"建设要求将过去以教师"教"为中心的教学模式转变为以学生"学"为中心的教学模式，在充分发挥学生主体作用的基础上发挥好教师的主导作用。一是要将教学过程与"互联网+""大数据+""人工智能+"等新技术紧密结合，通过MOOC、SPOC等教学模式创新打破传统课堂的时空边界，加强教学过程的师生互动、生生互动，实现教师"教"与学生"学"的翻转，将教学的重心由单纯知识的传授过渡到综合能力的培养。二是要将教学过程与实践环节紧密结合，通过突出项目化课程建设与实践环节建设，形成学生企业实训、企业家进课堂、校企课程共建、校企项目共研多位一体、多方参与的实践教学育人新模式。三是要打破校内院系边界和校际壁垒，通过资源共享、学分互认、专业共建等多种形式的管理模式创新，实现"新财经"建设目标。教育部正在实施的"双万计划"使财经类专业教学理念、教学内容、教学手段、教学方法等都发生了一系列的显著变化，其本身就是破局"新财经"

育人模式的创新尝试。

### （二）"新财经"建设需要在知识体系上实现"两融"

一是与哲学社会科学内部其他专业进行融合。如与语言文学类专业交叉融合，培养学生扎实的语言文字功底和较高的文学修养；又如与法学、社会学、伦理学专业进行交叉融合，树立学生从事经济管理活动的法制意识，培养人文素质和人文情怀。其中，尤其注重从中国传统文化中汲取知识和精神力量，树牢文化自信，实现文化传承，创新文化发展，培养高素质的中华文化传承者、中国声音传播者、中国理论创新者、中国未来开创者。

二是突破原有哲学社会科学专业边界，主动与大数据、云计算、人工智能等现代信息技术相关专业实现融合。根据波士顿咨询公司发布的《数字经济下就业与人才研究报告》预测，2035年中国数字经济总就业容量将达到4.15亿。这意味着新兴产业和新兴岗位人才需求的激增，但同时也意味着传统财经类工作中大量低端、重复性工作岗位将被人工智能替代。如不能主动应变，有效进行知识体系的供给侧改革，必然因供需结构性错位引致财经人才供给的结构性过剩。因此，通过"新财经"建设实现与相关学科专业的横向融合就显得尤为重要。

### （三）"新财经"建设需要在能力要求上实现"一提升"

"新财经"专业建设特别强调通过"浅层学习"向"深度学习"的转换实现学生能力结构上的综合提升。研究认为，"浅层学习"的信息单元是零散割裂的，学习方式是机械缺乏批判的，评价方式是单纯分数导向的，是与自身先验经验和生活实际缺乏联系的。"深度学习"则要求学生对所学内容进行深入思考，包括了综合分析、评价、创新、反思和整合等一系列高阶思维过程。

显而易见，传统财经人才培养过程长期受制于"浅层学习"的桎梏。因此，"新财经"的知识体系更应强调交叉融合，并非零散割裂；学习方式更应强调通过师生互动和生生互动自我发现解决方案，并非仅就书本知识的死记硬背；学生评价更应多元，并非"唯分数"而论；最终目标更应基于问题导向和任务导向解决经济运行或企业运作的现实问题，并非故步自封式的"坐而论道"。从这个意义上讲，只有通过"深度学习"实现学生能力结构纵向维度上的综合提升，才能将"新财经"理念真正转化为人才培养的实际成果，学生才能真正体会到获得感。

## 二、"新财经"建设与财经人才核心素养重构

### （一）"新财经"人才的核心素养

核心素养是学生发展自我、融入社会、胜任工作所必需的一系列知识和能力的集合，是能够适应终身发展和社会需要的必备品格，是高等教育人才培养的重中之重。其中，知识是核心素养的表层，是显性的，取决于高等教育的专业供给和课程供给，或者说，特定的专业设置和课程设置对应特定的知识体系；能力是核心素养的内核，是隐性的，是学生经过专业培养和课程训练所获得的结果。高等教育人才培养的主要目标之一就是能够使学生在从入校到毕业这段时间内实现核心素养内核的最大化增值。

"新财经"建设客观上要求在把握新定位、调整新结构、形成新模式的基础上，对财经人才应具备什么样的核心素养以及如何打造核心素养进行重新定位和解构。在方向上，"新财经"人才的核心素养需要与新时代优秀社会科学家的培养目标相结合，需要与运用现代信息技术解决多元复杂现实问题的能力相结合，需要与可持续的知识迭代和自我发展相结合，并由此具化为专业知识、辩证思维、信息收集、量化分析、解决现实问题、书面表达、口头表达、沟通能力、团队合作、时间管理、自我认知11大关键要素。

### （二）当前财经人才核心素养培养过程存在的问题

长期以来，财经人才培养过程的知识体系"窄、单、旧"，学生的内核能力"低、慢、差"，导致核心素养与国家所需、企业所用产生错位偏差。

知识体系层面的问题集中在：一是专业设置过细导致学生知识面过窄，难以有效解决现实中的多元复杂问题；二是课程设置相互割裂导致学生知识结构单一，难以顺利实现知识点的相互迁移和综合运用；三是授课内容更新速度偏慢导致学生知识结构陈旧，难以将大数据、云计算、人工智能等现代信息技术知识融入原有学科专业知识体系。

内核能力层面的问题集中在：一是能力起点较低，较难完成复杂性、创新性、合作性的工作任务；二是能力提升较慢，较难通过自我管理和自主学习实现能力水平的纵向跃升；三是实践能力不强，难以满足社会实际用人单位对高素质财经人才的迫切需求。

### （三）基于学情调查数据的反馈

在高等教育学会财经教育分会的支持下，2017年发起"学情研究与教学发展"调查，每年对全国财经院校学情状况进行调查。截至目前，参与调查的大学

三年级学生累计超过 24 万人，收集有效数据超过 1 700 万条。

调查过程中我们专门设置了"核心素养与能力提升"模块，从专业知识、辩证思维等 11 大关键要素维度对学生核心素养变化情况进行跟踪。图 1 显示了 2017 年首次进行学情调查时，全部参与院校关于学生核心素养相关要素的调查结果。

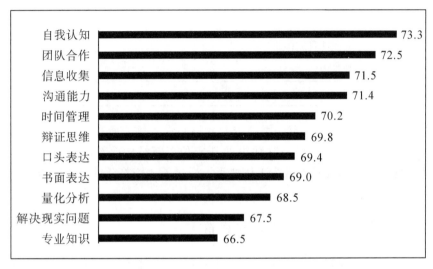

**图 1  2017 年全部参与学情调查财经院校核心素养**

表 1 显示了核心素养影响因素的调查分析结果。被访学生对所学课程整体认可度平均为 61.7 分，生生互动和师生互动水平的认可度为 59.6 分和 46.3 分。

**表 1  课程、师生互动、生生互动**

| 调查维度 | 分数 |
| --- | --- |
| 课程 | 61.7 |
| 强调运用所学知识分析或解决现实经济管理问题 | 62.4 |
| 强调综合不同信息形成新的想法或认知 | 62.3 |
| 强调对不同观点、方案或信息进行评价 | 61.5 |
| 强调对概念、经验或推理过程进行深度分析 | 60.5 |
| 师生互动 | 46.3 |
| 课上主动向老师提问或参与讨论 | 51.6 |
| 课下与老师交流讨论学习问题 | 47.9 |

表1(续)

| 调查维度 | 分数 |
|---|---|
| 参与学校或老师组织的竞赛或科研活动 | 45.4 |
| 与任课教师交流个人职业发展规划 | 43.6 |
| 与老师讨论自身学业表现 | 43.2 |
| 生生互动 | 59.6 |
| 与其他同学一起完成项目或作业 | 65.6 |
| 向其他同学请教教学内容 | 59.2 |
| 为其他同学讲解课程内容 | 54 |

"新财经"建设为解决财经类高校人才核心素养培养所存问题提供了新的契机。我们亟须在坚持"新财经"建设的新定位、新结构、新模式的基础上，以知识体系融合和能力要求提升为工作抓手，通过人才培养全过程的再造实现对财经人才核心素养的重构。

## 三、"新财经"人才培养模式再造

近年来，天津财经大学在培养面向未来的"新财经"人才核心素养和可持续发展能力方面，着力构建学校导、专业谋、教师引、学生动的高水平人才协同培养体系。下面，就学校"导"这个层面开展的一些工作进行简单介绍：

一是通过开设全校核心素养必修课完善"新财经"人才所需知识体系。基于与哲学社会科学内部其他专业实现交叉融合和与大数据、云计算、人工智能实现跨学科专业交叉融合两个维度，在新修订的2019版人才培养方案中将信息素养、量化分析、学术写作、应用文写作、商业伦理道德5门课程作为全校核心素养必修课。其中，量化分析课程主要在二年级或三年级开设，提供了MATLAB、PYTHON、STATA、SPSS、R语言、数据库应用、数据可视化7个可选课程菜单供不同专业学生进行选择，并按教学内容实行模块化教学。我们的基本出发点是通过全校核心素养必修课的开设，引导再造与"新财经"人才培养知识体系相适应的课程体系。

二是通过设立数据工程卓越人才实验班、大数据管理决策实验班推进以"新财经"人才核心素养为重点的专业综合改革。除在全校层面开设核心素养课，我们还尝试在专业设置层面进行"重点突破"，通过设立"新财经"人才实验班形式推进专业综合改革。例如，工商管理专业大类根据"志愿优先、择优选拔"

的原则，开设了大数据管理决策实验班。实验班以大数据管理决策卓越人才培养为主要方向，重点突出数字经济背景下学生分析、解决现实管理问题并做出科学管理决策能力的养成。人才培养过程基于"管理决策工具+管理决策能力"双驱动理念，对课程体系、师资队伍、教学方式、实践环节进行重新再造，并在实践中取得了初步效果。

三是通过跨专业仿真实训助力"新财经"人才核心素养的综合提升。为解决传统财经人才培养过程知识点分离割裂，理论教学与实践教学环节相互脱节等问题，在全部的经济学、管理学大类专业开设 VBSE 综合仿真实训课程，为学生提供高仿真工作环境、业务流程和业务数据，让学生通过任务驱动、角色扮演等方式的演练，理解企业生产经营业务之间的逻辑关系，基于信息化手段使学生感知企业实际业务处理流程，对学生认知能力、分析能力、协作能力等"新财经"人才所需核心素养进行综合训练。相关专业还开设 DBE 区块链综合仿真实训课程，进一步提升学生基于现代区块链技术的经济运作能力和技术创新能力。

四是坚持以学情调查为抓手对"新财经"人才核心素养培养效果进行动态跟踪评价。通过 2020 年与 2017 年天津财经大学本校的调查比对结果，我们检验了"新财经"建设条件下核心素养培养模式再造的初步效果。如表 2 所示，核心素养 11 大关键要素几乎均有所提升。学生们的专业知识、信息收集、书面表达、量化分析、辩证思维能力提升尤其明显。这些动态一手数据为我们进一步精准把握"新财经"人才改革效果，优化"新财经"人才培养模式，持续推进学生核心素养养成都奠定了坚实基础。

表 2　学情调查结果反馈

| 调查维度 | 2017 年结果 | 2020 年结果 | 变化值 |
|---|---|---|---|
| 调查对象 | 2014 级学生 | 2017 级学生 | — |
| 专业认知 | 66.5 | 71.0 | 4.5 |
| 辩证思维 | 69.8 | 72.7 | 2.9 |
| 信息收集 | 71.5 | 75.4 | 3.9 |
| 量化分析 | 67.0 | 69.9 | 2.9 |
| 解决现实问题 | 67.5 | 69.9 | 2.4 |
| 书面表达 | 69.0 | 72.3 | 3.3 |
| 口头表达 | 69.4 | 71.6 | 2.2 |
| 沟通能力 | 71.4 | 71.7 | 0.3 |

表2（续）

| 调查维度 | 2017 年结果 | 2020 年结果 | 变化值 |
|---|---|---|---|
| 团队合作 | 72.5 | 75.3 | 2.8 |
| 时间管理 | 70.2 | 71.7 | 1.5 |
| 自我认知 | 73.3 | 74.0 | 0.7 |

推进"新财经"建设是摆在全体财经类院校面前的历史使命，需要我们每一所财经高校的每一位财经教育工作者勇于担当、团结协作，探索出一条实现财经人才培养自我革命的新路径。

# 打造地方高水平智库，促进区域一流学科建设

夏　飞[①]

尊敬的施理事长、各位领导、嘉宾、同志们：

热烈欢迎和衷心感谢莅临第十一届中国高等财经教育校长论坛，以及我校办学 60 周年庆祝活动的各位领导和嘉宾，感谢财经教育分会对我们的信任和支持，感谢各位远道而来的领导和嘉宾，给我们的 60 周年大庆增光添彩。

今天我发言的主题是"打造地方高水平智库，促进区域一流学科建设"，我将从以下三个方面分享我对于智库和一流学科建设的思考。

## 一、打造地方高水平智库是促进区域一流学科建设的有效路径

### （一）"双一流"建设中地方财经院校的使命

《国务院关于印发统筹推进世界一流大学和一流学科建设总体方案的通知》要求：坚持以中国特色、世界一流为核心，以立德树人为根本，以支撑创新驱动发展战略、服务经济社会发展为导向。这要求我校坚持区域特色：立足广西、辐射东盟，主动服务好广西经济社会发展。

### （二）智库是地方财经院校服务经济社会发展的重要载体

作为文科财经，学科专业要为政府的公共决策服务做咨询服务，地方财经院校的学科专业特征，决定其在服务地方经济社会发展过程中要牢牢把握"新型财经智库"这一重要载体。

### （三）地方财经院校拥有国家和区域发展战略密集的先天优势

地方财经类院校拥有国家和区域发展战略密集的优势，这为打造地方高水平财经特色智库提供了良好条件。以广西为例，广西早已实现国家战略全覆盖：习近平总书记赋予广西"三大定位"新使命以及西部陆海新通道、面向东盟的金

---

①　夏飞，广西财经学院校长，教授，博士生导师。

融开放门户、中国（广西）自由贸易试验区等国家战略；拥有北部湾经济区开放开发、珠江—西江经济带、左右江革命老区、桂林国际旅游胜地等优势资源；其他国家政策还包括建设中国—东盟信息港、综合保税区（南宁、钦州、北海、凭祥）、重点开发开放试验区（东兴、凭祥、百色）、发展向海经济等。党中央国务院对广西非常厚爱，国家战略和政策非常多，这为地方智库发展提供了很好的机遇。

## 二、打造地方高水平智库，促进区域一流学科建设举措

一是以组织为依托，不断深化校地合作、校企合作、校所合作与校际合作，科研机构实现从无到有。截至 2020 年，我校校级科研机构数量共 35 所，其中独立建制的科研机构占 7 所，为培育地方高水平智库打下牢固基础。

二是以激励为导向，制定有效的科研智库成果奖励办法。经过学校党委会和学术委员会讨论通过《广西财经学院科研奖励管理办法》，科研成果和智库成果的奖励每年将近 2 千万元。

三是以协同为杠杆，注重与国内知名高校、智库平台及政府部门的协同合作，撬动智库影响力。如：与人民日报社人民智库合作，成立"广西向海经济研究院"；与中国财经素养教育协同创新中心合作，成立中国财经素养教育协同创新中心广西分中心；与复旦大学合作，成立海上丝绸之路与广西区域发展研究院；与中南财经政法大学合作，成立中国收入分配研究中心广西基地；与广西财政厅合作，成立广西（东盟）财经研究中心；与广西知识产权局合作，成立中国—东盟创新治理与知识产权研究院，等等，通过大手拉小手扩大智库的影响。

四是以团队为抓手，整合资源，形成了"向海经济与南海战略""养老与大健康""财经素养""中国—东盟区域经贸合作"等多支在区域内比较有影响力的智库团队。

## 三、打造地方高水平智库，促进区域一流学科建设成效

一是建成一批有重要影响的学科平台。目前，学校拥有 4 个广西高校人文社会科学重点研究基地——陆海经济一体化协同创新中心、海上丝绸之路与广西区域发展研究院、广西教育绩效评价研究协同创新中心、广西金融与经济研究院；1 个自治区级重点实验室——广西跨境电商智能信息处理重点实验室；2 个广西高校人文社会科学重点研究基地——广西金融与经济研究院、海上丝绸之路与广西区域发展研究院；1 个广西大数据人才培养基地——广西跨境电商智能信息处

理重点实验室等。学校智库聚焦全面服务党和国家的重大战略需求，结合广西区域特色、产业定位和发展目标，充分发挥哲学社会科学在治国理政中的重要作用。

二是获得一批国家和自治区主要领导批示。聚焦国家"一带一路"倡议、"西部陆海新通道"、向海经济、中国—东盟自贸区建设等重大战略，向各级政府提供咨政建议，64项高质量研究成果获得中央及自治区主要领导重要批示。其中，《中越产业"越顶转移"将对国家产业链安全构成严重挑战》于2019年11月被中共中央办公厅专报采用并呈送中央领导和中央政治局常委批阅；《广西深化与东盟合作难点与重点对策研究》于2020年1月经中共中央政治局常委、书记处书记签批，报党中央，供中央领导参阅；《广西经济绿色化的金融支持问题研究及对策建议》于2018年10月获自治区党委书记鹿心社、主席陈武、副主席丁向群重要批示；《西部陆海新通道合作与我区现代产业竞争力提升研究》于2019年3月获自治区党委书记鹿心社和自治区政府常务副主席秦如培重要批示。

三是获得了一批重要奖项。获得省部级以上奖励80多项，著作《中国南海海陆经济一体化研究》、著作《中国陆海经济一体化评价与发展战略研究》等4项成果获广西社会科学优秀成果奖一等奖。

四是一批成果纳入政府决策文件。部分智库成果直接转化为广西经济社会发展战略，如广西的"强首府"战略、西部陆海新通道、加快发展向海经济推动海洋强区建设、百色重点开发开放支持意见等。

五是获得一批高水平成果。由我本人负责的《未来十年中国—东盟经贸格局演变与我国南海安全战略构建研究》获2012年国家社科基金重大项目，《陆海经济一体化与我国南海权益维护研究》获2018年国家社科基金重大研究专项项目；由我校教师负责的《南海通道对中国经济安全的影响与对策研究》《西南民族地区农村精准脱贫的内生动力与长效机制研究》《跨太平洋伙伴关系协定对中国—东盟自由贸易区的影响测度及我国应对策略研究》分别获2014年、2016年国家社科基金重点项目，另外还有50多项国家级项目，每年省级社科基金的立项10余项，在全区高校排名前列；在《经济研究》《管理世界》《中国工业经济》《中国软科学》等权威刊物发表论文30多篇。应用经济学的大部分指标超过了博士点申报的要求。

六是打造了一支高水平人才队伍。拥有国家"万人计划"哲学社会科学领军人才、全国文化名家暨"四个一批"人才、"新世纪百千万人才工程"国家级人选、教育部"新世纪优秀人才支持计划"人选、享受国务院政府特殊津贴专家、广西特聘专家、广西优秀专家、广西"百人计划"人选、广西"十百千"

人才工程人选、广西高校卓越学者、广西八桂青年学者等一批高层人才。

七是促进了对外交流与合作。与复旦大学合作打造"澜湄青年学者计划"、与广西财政学会联合主办"中国—东盟财税论坛"、与中国税务杂志社联合主办"中国—东盟经贸合作与税收论坛"、与泰国暹罗大学联合主办"中泰合作论坛"等高水平论坛，并与国内外一百多所高校、科研机构建立了学术交流和合作关系。

各位领导、各位专家、各位同仁，广西财经学院始终坚持"立足广西、辐射东盟、面向基层、服务社会"，积极发挥地方高水平智库作用，通过"政产学研"协同合作，着力培养特色鲜明的财经类一流本科人才，促进地方财经院校一流学科建设，不断深化学科专业建设改革；坚持对接国家和区域发展战略，打造特色智库；坚持与国内知名高校、智库平台及政府部门多方协同，提升水平和影响力；坚持带头人引领和团队合作，构建高水平智库队伍。未来我校将继续联合全国财经类高校，促进校间交流与合作，共谋财经一流学科发展之路，为推进财经高等教育事业的快速发展做出积极贡献。

再次感谢出席本次论坛的各位校长、各位嘉宾！感谢出席本次论坛的全体单位！

谢谢大家！

# 第三篇

## 书面发言

# 新文科建设：瓶颈问题与破解之策

马　骁　李　雪　孙晓东①

**摘要：** 新文科是发展社会主义先进文化、提升中国文化软实力的重要载体。建设新文科，应着眼实现中华民族伟大复兴战略全局和世界百年未有之大变局"两个大局"，从构建中国特色哲学社会科学和培养全面发展时代新人的战略高度加以把握，遵循知识生产和人才培养基本规律，着力破解制约新文科建设的瓶颈性问题。本文认为，当下语境中的新文科应致力于反映客观现实本身、促进人的全面发展和引领中国现实实践，并具有"大文科""跨学科"和"超学科"等基本特点，是跨越了传统学科壁垒并能为解释和解决当前人类生活中重大问题提供新的思想源头、分析框架和逻辑路径的文科。基于对新文科内涵和特点的这种认识，本文分析了影响和制约新文科建设的主要问题，认为现有学科分类体系难以适应知识创新的现实要求及未来趋势、基层学术组织形态制约了学科的交叉融合创新、人才培养体系难以有效实现新文科要求的人才培养目标、评价体系对建设新文科发挥的支撑引领作用明显不够等是阻碍新文科建设的瓶颈性问题。针对这些问题，本文提出了把准文科发展的客观规律，重塑基层学术组织形态，完善学科协同创新机制，深化文科人才培养改革，构建与新文科建设相适应的评价体系等推进新文科建设的思路举措。

**关键词：** 新文科　知识生产　学科视野　建设思路

一般认为，"新文科"的提法源自美国希拉姆学院（Hiram College）于2017年开启的文科教育改革。希拉姆学院主张的"新文科"强调学科重组文理交叉，不同专业的学生打破专业课程界限，进行综合性的跨学科学习，本质上是一种基于自身教育实践问题的反思及其改进，直面了传统文科教育中存在的普遍性、深

---

①　马骁，西南财经大学党委副书记，教授，博士生导师；李雪，西南财经大学高等财经教育研究中心；孙晓东，西南财经大学校长办公室。

层次问题。与之不同的是，新文科在中国一经提出，就承载着浓郁的战略色彩并具有十分鲜明的时代特征，也被赋予了更为宏阔和丰富的精神意蕴。

习近平总书记指出，"哲学社会科学是人们认识世界、改造世界的重要工具，是推动历史发展和社会进步的重要力量，其发展水平反映了一个民族的思维能力、精神品格、文明素质，体现了一个国家的综合国力和国际竞争力。"2017年2月以来，教育部相继提出建设新工科、新医科、新农科、新文科的主张，并于2019年将这"四新"纳入本科教育教育改革及"'六卓越一拔尖'计划2.0"，体现了加快推进新文科建设的战略意图及实践要求。因此，如何在更加宏大的视野和纵深的历史中把握新文科的内涵特点、找准制约新文科建设的瓶颈问题及其破解之策是当前文科教育必须直面的时代课题。

## 一、新文科：内涵及特征

对事物内涵的认识与理解，往往构成并决定着我们思考和讨论该事物相关问题的逻辑起点。自提出建设新文科以来，许多学者围绕新文科的研究对象、学科属性、基本特征等展开了一系列充满思辨的研究与阐释，其中以"创新论""融通论"最具有代表性。"创新论"认为"新文科是发展社会主义先进文化的重要载体"，主张"新文科的核心是创新的新，而不是新旧的新、新老的新"，强调新文科的时代性，把新文科置于构建中国特色哲学社会科学的大逻辑中去审视和把握。"融通论"着重强调新文科的融通性，其中徐显明认为"新文科将是文理打通、人文与社科打通、中与西打通、知与行打通的'四通文科'"。马费成认为，移动互联网彻底改变了人类的生产生活方式，出现了前所未有的法律、伦理和道德问题，要解决这些问题，显然不能依靠单一学科，必须多学科协同。于是，在多学科交叉边缘上出现了新兴的文科研究领域和研究方式。在他看来，新文科的提出，正是寄希望于文科的内部融通、文理交叉来研究、认识和解决学科本身、人和社会中的复杂问题。樊丽明从"新科技革命与文科融合化，进入新时代与文科中国化，历史新节点与文科新使命，全球新格局和文科国际化"四个维度阐释了新文科之"新"的内涵。此外，王铭玉、夏泉、王德胜、李石勇、邓绍根、周毅等学者基于不同视角拓展了新文科研究的视界和维度。上述学者关于新文科内涵和特点的研究阐释，都不同程度上强调了新文科的融通性、创新性和时代性特征，有助于我们深化对新文科的内涵及特点的认识和理解。

"学科"是一个教育科学的概念，有其自身独有的内涵，也有其不同语境中的特殊涵义，但本质上与人类的知识生产和知识分类实践紧密相关。首先，从知识生产的角度而言，著名物理学家马克斯·普朗克（Max Planck）认为，科学是内在的整体，被分解为单独的部门不是取决于事物的本质，而是取决于人类认识能力的局限性。基于传统知识分类方法分类的经济学、管理学、哲学等学科概念本身不可避免地在一定程度上割裂了客观现实的整体性和复杂性。其次，从教育的角度而言，教育的目的在于促进人的全面发展，传统的便于操作的分科教育难以达到促进人的自由全面发展的目标，需要恢复教育尤其是高等教育在重建人的本身的全面性、深刻性和丰富性中的重要作用。再次，从我国文科教育发展轨迹来看，我们曾先后移植欧美经验、效法苏联模式、与西方主流接轨等过程，以西方经典概念、理论和方法为核心的一套学科体系、学术体系和话语体系构成了我们观察、思考、讲述问题的主要方式，导致缺乏基于自身文化传统和社会实践的哲学社会科学，不能反映并引领中国的现实社会实践。因此，在我们看来，当下语境的新文科应该是致力于恢复客观现实本真联系，促进人的全面自由发展，充分体现民族自身优秀文化传统又能更好解释和引领中国现实社会实践的文科，需要体现对世界本源的综合性和一体化以及对人的全面性、深刻性和复杂性的深刻认识，简单的"文科+理工""文科+新技术""新技术+文科"等纯技术路线或者机械地搬用"文科的新要求和新的文科建设并举"的思路并不能解决文科发展的根本问题。

据此，我们认为，新文科应至少有三个特征：首先，新文科是大文科概念，应该打破哲学、经济学、历史学、政治学、文学、法学等传统文科学科之间"人为"的壁垒，提倡文科学科之间内在交融。其次，新文科是跨学科概念，应突破文科与理工农医学科之间的界限，从文理工农医等不同学科视角研究人的行为及其相互影响以及社会运行和变迁规律。再次，新文科是超学科概念，旨在为创造人类现实生活和未来生活以及解释问题提供新的思想源头、分析框架和逻辑路径。现实世界和实践问题的复杂性已经超越了学科之间的局限，综合性范畴中的问题往往受到实际使用、社会政策、文化传统等因素的影响，其解释框架要求科学家与社会利益相关者的对话与交流。换句话说，新文科建设不能局限在"科学共同体"内部，而是必须向包括政策制定者、相关利益方开放，把新文科变成能真正解决现实经济、政治、社会、文化、生态、国际交流与合作等人类生活中重大问题和促进人类知识生产文化繁荣的人文社会科学。

## 二、新文科建设：瓶颈及原因

不同的学者基于对新文科内涵及其特征的不同认识理解提出了相应建设路径选择。吴岩认为新文科建设应"加快理论体系创新""深化专业改革""开展课堂革命"。樊丽明认为建设新文科关键在于"建设新专业或新方向、探索新模式、建设新课程、构建新理论"。邵培仁提出从本土化、交叉化和国际化三个维度入手，其中，本土化是新文科建设的土壤和根基，交叉化是新文科建设的策略和方法，国际化是新文科建设的准星和坐标。曹胜高认为新文科建设的关键问题是要明确新文科的定位，不是组织形式的变化，而是教育内容的变革，旨在培养超越现有专业局限与学科局限，专业素养高、学术能力精、综合实力强、有创造视野的新人才。无论从人才培养还是学科建设视角，上述研究都强调了学科交叉、融合、创新对新文科建设的重要意义。问题在于，尽管早在 1985 年教育部就召开了首届交叉科学学术讨论会，又在 2008 年将中国高校哲学社会科学发展论坛的主题确定为"跨学科研究与哲学社会科学发展"，但三十多年来并没有诞生令人信服的基于学科交叉融合创新的"新文科"。深入分析影响新文科建设尤其是制约学科交叉融合创新的瓶颈性问题及其背后的根本性原因是推进新文科建设的重要前提。

### （一）学科分类体系难以适应知识创新的现实要求及未来趋势

不同国家基于自身文化传统和对知识分类的不同理解形成了不同的学科分类体系。中国古代传统学术迥异于西方，不主张将学术分而治之。中国现代高等教育诞生以来先后借鉴过欧美、苏联等高等教育学科分类体系。现行的学科分类体系是在新中国成立尤其是改革开放后逐渐形成的，体现的是近几十年来知识生产、学术创新和高等教育发展的实际需要。而早在 10 年前，就有研究者指出"专业分化的日益加剧造成学科分类的问题日渐突出，特别是在人文学科和社会科学领域甚至出现阻碍学科发展的端倪"。近年来，应用经济学一级学科下的金融学、财政学，工商管理一级学科下的会计学，文学一级学科下的语言学等相继提出要升级为现有学科分类体系中的一级学科，同时国家公布的"双一流"建设学科的名称与现行学科分类体系也出入甚大。这种论争、差异体现了现行学科分类体系已经难以适应知识创新的现实要求及未来发展趋势。实际上，无论是从逻辑演绎还是从社会发展来看，现行学科分类体系更多体现的是第三次工业革命中社会实践、知识创造和知识分类的要求，尤其是随着人类生活的日趋复杂和现代科学技术进步对人类生产、生活、思维模式的改变，已难以胜任对大量新产生的知识的分类需求，更阻碍了更好解释和回应现实世界许多重大问题的能力的发展。

### （二）基层学术组织形态制约了学科的交叉融合创新

基层学术组织是以学者为核心、以知识生产为目标、以协同创新为途径的基本学术单元。我国高校院系、研究所、教研室或课程组等文科类基层学术组织基本上是由同一学科、同一专业的学者或是由讲授同一门课程或同类课程的学者组成，在学科交叉融合创新上难以产生"化学反应"。目前组成高等学校基层学术组织的学者们大多是专门化教育的产物和受益者，习惯于专门化教育形塑的知识结构和"深井式"的研究视野，比如文科学者之间、文科学者与理工农医学者之间因教育背景、学科训练、研究对象以及所使用的方法和工具等方面的差异，无法有效地利用技术工具或其他学科的理论和研究方法来解决所在学科、专业领域的前沿问题和重大问题。尽管高等教育已认识到问题所在，并试图通过建设协同创新中心坚持以解决重大现实问题为导向的知识生产逻辑和学科建设方向，但现有协同创新中心没有在根本上超越传统的"科学共同体"局限，文科类协同创新中心往往是由使用相同"语言"、范式或方法的志趣相投的专家学者组成，无法实现文科内部应参与的不同学科学者间的合作交流，更谈不上与理工农医等学科领域学者的跨界合作，最终导致知识创新缺乏多学科、跨学科或是超学科的视野，解决重大现实问题的路径缺乏符合客观现实复杂性的综合视角和应用价值。

### （三）人才培养体系难以有效实现新文科要求的人才培养目标

新文科是对传统文科教育的升华，或者说是对教育理念、培养模式、课程设计、教学范式等方面的全面重构。从教育理念来看，在我国强调社会转型、产业升级、提倡创新的大背景下，长期以来占据主导地位的专门化教育理念已经不能适应新文科对培养"复合型""创新型"以及全面发展人才的时代需要。从培养模式来看，传统的依托单一学科传授专业知识为主的文科人才培养模式，由于专业划分过细、课程过专过窄、人文教育缺失等导致学生知识结构不宽广、人格发展不健全、思维方式相对单一、创新创造能力不强，难以充分适应现代社会问题复杂化、知识应用综合化及知识创新常态化的新要求。从课程设计来看，既存在"国标"要求的基础性课程以及有利于促进学生全面发展的人文、艺术和自然科学方面的课程和社会调查与研究方法之类的工具性课程开设不完整的情形，又存在课程内容更新不及时、知识容量狭小、课程挑战度低等缺陷，更谈不上构建有效的跨学科复合课程群；有些高校文科专业的课程体系因受师资队伍的限制，往往是"各行其是"的学者间平衡的结果。从教学范式来看，以授课教师为中心、以知识传授为目标、以班级编制为组织载体的传统课程教学模式在大多数学校和专业的人才培养中仍占主导地位。总而言之，人才培养的狭窄化与现实问题综合化的矛盾还比较突出，对符合新文科要求的人才培养目标的支撑力度亟需加强。

### （四）评价体系对建设新文科发挥的支撑引领作用明显不够

评价体系具有指挥棒的导向作用。在学科评价、学术评价、学生评价、学者评价等方面，我们都还在坚守传统学科、传统专业的价值追求，对高等学校探索学科交叉融合创新以及新文科转型发展缺乏实实在在的激励。学科评价方面，目前学科评价体系按照既有学科分类标准重在对某一学科领域的纵向发展成效的评估，尚未对一个学科的横向拓展及其交叉创新能力予以足够的关注，无法从"指挥棒"的角度引领新文科走向综合化。学术评价方面，把成果质量等同于期刊影响因子的评价方式还广泛存在，对成果质量尤其是原创性要求和激励不足，对人文社会科学学科的学术成果需要长期积累的重视不够，追求论文数量、期刊等级和揠苗助长式的学术氛围还没有根本性扭转，以能力和贡献为导向的科研评价和激励机制还未建立起来。学生评价方面，在本科教学工作审核评估过程中要考核毕业生就业的专业对口情况，有悖于新文科建设的目标与价值追求；研究生学位论文评价指标体系中还有对论文选题是否符合专业培养要求的内容，一旦毕业论文是跨学科研究成果，便可能因论文评阅者认为不是本学科或本专业的研究成果而放弃评阅或投否决票，最终导致"理性"的研究生和研究生导师尽量回避跨学科研究。学者评价方面，"五唯"评价体系尚未得到根本扭转，高等学校对教师的科研考核、职称评聘往往看重学术论文与学术专著的数量，对教师科学研究成果的创新性以及是否是学科交叉融合创新成果关注不够，更缺乏实实在在的激励。

## 三、新文科建设：思路及举措

建设新文科须直面传统文科教育的瓶颈性问题，只有对传统的学科发展路径、知识生产机制、人才培养模式、综合评价体系等进行系统性变革，才有可能构建起适应时代需求和未来发展要求的新文科。

### （一）把准文科发展基本规律

基于知识生产的学科发展有其自身的规律和特点，文科也不例外。遵循学科演化规律，即从学科演化的规律来看，学科总是在高度分化与高度综合的辩证统一中向前发展的，应深入研究影响新文科发展的重要因素，特别是科技进步、产业变革、经济转型及其对人类社会生活的革命性影响，敏锐把握有效知识生产过程中的关键性问题，优化学科分类体系。坚持扎根中国大地，从知识生产实践基础来看，人类社会生活中遇到的问题是知识创造的基础和动力，而中国特色社会主义建设是前无古人的实践探索和理论创新，没有现成道路和现成理论可以借鉴参考，中国的新文科建设必须首先坚持扎根中国大地，研究和解决中国问题，尤其要聚焦党和国家、人民最关心、最需要解决的重大理论和现实问题，充分体现中国立场、中国智慧、中国价值。坚持正确方向，从学科建设方向来看，坚持马克思主义在我国哲学社会科学领域的指导地位，对哲学社会科学领域一些本源性的问题做出新的理论概括，提出具有原创性的概念、理论、方法，着力构建中国特色、中国风格、中国气派的哲学社会科学学科体系、学术体系、话语体系。

### （二）重塑基层学术组织形态

基层学术组织承担着知识创造和人才培养的主要职责。高等学校要以文科领域的某一学科门类为主，吸收文科内部的其他学科门类的学者和其他学科门类愿意参与主体学科横向拓展工作的学者共同组建基层学术组织，以打破受传统学科建设理念指引的以传统院系、教研室或课程组为单位的条块分割的学科壁垒。要鼓励高等学校不同学科的学者自愿地因应国家重大战略需求组建跨学科跨学校跨部门的学科交叉融合创新平台，推动文科内部、文科与其他学科交叉融合，以便构建文理交叉、文医交叉、文工交叉的新文科体系。要发挥我国集中力量办大事的制度优势，由政府主导成立若干学科交叉融合创新平台，推动政产学研用协同攻关。

### （三）完善学科协同创新机制

推进学科协同创新，需要不断优化共建共治共享的协同创新机制，促进各参与主体从分散、条块、各自为战向集中、有序、深度融合的方向转变。要构建有效的组织运行机制，各参与主体要建立健全有效的管理体系和良性互动循环的组织领导运行机制，同时在合作对象、合作模式、合作组织结构上优化选择，以形成自愿合作、目标统一、优势互补、权责明晰、共同发展的文科协同创新体系。要构建合理的权益分配机制，各参与主体要综合考虑创新性以及文科学术成果的延迟性，突出各参与者（个体）的核心能力和实际贡献，建立和完善协同创新的风险责任机制和利益分配机制。要建立科学的评价监管机制，在完善绩效评价制度的同时，逐步建立政府评价、第三方评价、独立机构评价、企业评价和社会评价相结合的评价机制，形成有利于创新、交叉、开放和共享的新文科建设与监管保障机制。

### （四）深化文科人才培养改革

人才培养涉及大学组织各个领域和方面，而课程是基础和关键所在。不同课程的有机组合本质上体现了我们的教育理念、办学水平。必须着眼学生更好适应当前社会发展和未来变革所需的知识结构、能力结构和素养结构构建适应学生全面自由可持续发展的课程体系，开设更多的多学科、跨学科课程，促进学生由知识层面向能力、素质层面的递进和辐射，打破院系之间、学科之间、专业之间、学校与社会之间森严的壁垒。要摒弃传统专业课程学科知识的碎片化，在整合传统专业课程知识体系的基础上，建立健全以问题为导向，以课题或项目为依托的跨学科的复合课程群，增大课程容量并与时俱进地更新课程内容，提高课程挑战度。要推进全要素"课堂革命"，鼓励现行的启发式、研讨式教学，探索打破由一名教师主讲一门课程的传统教学形式，把其他学科专业优秀学者引进来，让分属不同学科专业的学者在同一时空就某一个重大理论或实践问题进行讨论、沟通和交流，突破单个学科专业在认识论、方法论方面的局限，从而让学生体悟不同学科对同一个理论或实践问题的认知差异和融合创新的可能性，进而培养学生的创新意识、创新思维。

### （五）构建引领文科发展的评价体系

科学的评价体系是加快推进新文科建设的重要保障，要切实改变文科类的学科评估、学术评价、教师评价等综合评价体系。在学术评价上，从文科知识创新的逻辑来看，文科基础理论创新可能并不直接表现为线性的递进结果，衡量新文科建设效果不应简单套用理工农医学科的评价标准和评价体系，不应指望短期内就见成效，而应着力构建面向立德树人质量、面向理论和实践创新质量的评价标准和评价体系。在学科评价上，从学科发展规律来看，学科分类和学科设置是构建学科评价体系的基础，应适应新文科知识创新创造的现实逻辑和未来趋势，打破学科设置过细过窄的趋势，尤其是官方学科评估、专业评估和"双一流"建设绩效评估都要发挥引领作用，要从实质上建立有助于推动新文科交叉融合创新的评价标准。在学者评价上，从知识生产者的角度而言，对文科学者的评价尤其需要破除"唯论文、唯职称、唯学历、唯奖项、唯帽子"的顽瘴痼疾，"营造更加宽松的学术环境，让科研人员坐得住'冷板凳'，做更前沿更具挑战的基础研究，缩小在前沿科技领域与领先国家的差距，为中国未来的发展奠定更加坚实的基础"。

# 高等财经院校 SIQF 人才培养模式探索
## ——以河南财经政法大学为例

刘荣增[①] 张道庆[②] 马 勇[③]

**摘要：**学校以习近平新时代中国特色社会主义思想为指导，全面贯彻党的教育方针，落实"立德树人"根本任务。把人才培养水平和质量作为学校中心工作，结合学校发展历史、学科专业优势与特色，以新文科建设、课程思政建设、一流专业和一流课程的"双万工程"为抓手，凝练出符合自身特色发展的"SIQF"人才培养模式，全面提高了学校的人才培养能力。

**关键词：**高等财经院校 人才培养模式 人才培养质量

论文来源于 2019 年河南省高等教育教学改革研究与实践项目：基于新文科建设的河南特色骨干大学人才培养模式研究与实践（2109SJGLX013）；双一流背景下地方财经政法大学教学质量提升核心问题研究与实践（2019SJGLX102）；工商管理类专业"课赛创"一体化人才培养模式研究与实践（2019SJGLX098）。

在深入贯彻习近平总书记关于教育的重要论述和全国教育大会精神，落实教育部《关于加快建设高水平本科教育全面提高人才培养能力的意见》过程中，河南财经政法大学紧紧围绕提升人才培养水平和质量这个中心点，结合学校发展历史、学科专业优势与特色，逐渐探索出了一条 SIQF 人才培养模式，见图 1。

---

① 刘荣增，河南财经政法大学副校长。
② 张道庆，河南财经政法大学教务处处长。
③ 马勇，河南财经政法大学教务处副处长。

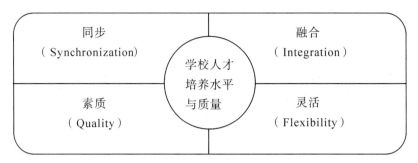

图 1　高等财经院校 SIQF 人才培养模式

## 一、同步 （synchronization）

为把学校建成国内有地位国际有影响、特色鲜明的高水平大学，我们与国内外知名高校开展多种形式合作，努力实现在办学理念、培养模式、教学范式、教学管理等方面与国内外知名高校同向同行。具体措施如下：

一是开展国际化办学。学校与美国、英国、俄罗斯、澳大利亚、新西兰、爱尔兰、印度等 18 个国家的 55 所大学及文化教育机构建立了合作交流关系，开展多模式、宽领域的国际合作交流。积极引入优质境外教育资源，开展了 15 个中外合作办学（含引进课程）本科项目，逐步建立与国际接轨的专业教学和课程体系，共同培养具有国际视野的高层次人才。近 3 年来，学校实施骨干教师海外培训计划，加大访问学者的派出力度，先后派出 225 人次进行国外访学研修，提升教师国际化水平。

二是加入"中国高校财经慕课联盟"（E-MOOC）。为大力推进我校新文科建设、一流本科专业和一流本科课程建设，助推"财经慕课"跨校选课与学分互认工作，我校于 2018 年加入"中国高校财经慕课联盟"，实现了我校与国内其他财经高校课程资源共建共享。加入该联盟大大加速了我校信息技术与教育教学深度融合，促进了在线开放课程建设与应用，拓展了课程选择范围，提高了课程建设质量，推进了课程教学范式改革。

三是加入立格（Legal）联盟。加入"立格联盟"不仅促进了我校法学教育教学的改革，而且还在学科专业、师资队伍、科学研究、图书文献和教学管理等方面定期开展校际互访与经验交流活动。2019 年 7 月，我校作为"立格联盟"成员单位，围绕新时代政法高校法学教育的高质量发展、"一带一路"与政法高校法学教育改革、自贸区法治建设与法治人才培养三个主题成功举办了第 10 届高峰会议。

四是参与发起"财经类高校课程思政联盟"。2020 年 12 月，我校作为副理事长单位，参加了由对外经济贸易大学牵头发起成立的"财经类高校课程思政联盟"。该联盟的加入将会进一步推进我校"课程思政"建设工作，有效落实"立德树人"根本任务，进而实现价值塑造、知识传授和能力培养三位一体，帮助学生塑造正确的世界观、人生观和价值观。

五是签订校际课程共享协议。2019 年 1 月，在河南省教育厅的大力支持和指导下，河南财经政法大学、华北水利水电大学、河南农业大学、郑州航空工业管理学院、河南中医药大学、河南理工大学为深化高等教育教学改革，实现优质课程资源共享，6 所学校共同签署了《校际课程互选与学分互认合作框架协议》。在此框架协议下，学生不仅可以选择其他学校的线上课程，而且由于地理距离较近可实现跨校选择线下课程，实现校与校之间课程资源的优势互补。

## 二、融合（integration）

我校以"四新"建设为抓手，紧紧围绕创新型、复合型、应用型人才培养目标，全面推动学科融合、专业融合、"学创"融合、产教融合、线上线下教学融合。具体措施是：

一是学科融合。依据学校学科设置特点，持续推动经、管、法三大学科之间以及经、管、法与其他学科之间的深度融合。不仅开设了经济学通论、管理学通论和法学通论等通识课程，而且还培育了类似商务英语、金融数学、能源经济、电子商务与法律等学科交叉性专业。特别是结合河南省特色骨干大学建设，打造了产业经济学和现代服务业两个特色学科，逐步探索出了一条符合自身实际的特色化发展路径。

二是专业融合。学校主动迎接大数据、人工智能、云计算、区块链等新技术对人才培养的新挑战，努力提升专业人才培养和社会当前需求的耦合度。2020年，及时组建了由数据科学与大数据技术、信息管理与信息系统、金融工程、市场营销（大数据方向）等专业组成的大数据跨学科融合教研室，打破了学科、专业和学院之间的壁垒，顺利实现了跨学科、跨专业、跨学院协同育人的新格局、新模式和新方法。

三是"学创"融合。学校以"敢闯会创"为核心，提升学生"敢闯"的素质、"会创"的能力。将创新创业教育贯穿人才培养全过程，持续推动创新创业教育和专业教育紧密结合，相互促进，协同发展。深化创新创业课程体系、教学方法、实践训练、教师队伍等关键领域改革。打造以课程为基础、项目为依托、竞赛为平台、创业孵化园为支撑的创新创业人才培养模式。目前，"众创空间"

入驻项目近 300 个，参与"创业"人数 1 800 多人，工商注册率达到 47%，形成了新的人才质量观和新的教学质量观。

四是产教融合。积极对接教育部产学合作协同育人项目，促进理论知识与实践经验相结合。大力推动学校实习基地建设（共计 235 个实习基地，其中 4 个被认定为河南省本科高校大学生校外实践教育基地），实施"干中学""事中研"人才培养方法。通过"财智大讲堂""商道论坛"等经管实务大讲堂，邀请知名学者、专家、企业家和学生开展面对面交流沟通。特别是我校与珠海世纪鼎利科技股份有限公司共建特色示范性软件学院，该项目已入选首批省级特色化示范性软件学院建设名单。

五是线上线下教学相结合。学校积极开展教学范式改革，推进教育观念革命、课堂革命、技术革命、方法革命，提高教学效率，激发教与学的活力。在新冠疫情的特殊时期，推动建立"互联网+教学""智能+教学"的新形态。以学生发展为中心，探索实施网络化、数字化、智能化、个性化的教育。"因课制宜"选择课程教学方式，积极推广混合式教学、翻转课堂，科学设计课程考核内容和方式，引导学生自我管理、主动学习，激发求知欲望，提高学习效率。

## 三、素质（quality）

我校非常重视发展素质教育，专门成立素质教育中心。通过素质教育不断提升学生政治素质、科学素养、美学素养、心理素质、安全素养，使学生得到更为全面的发展。具体措施有：

一是提升政治素质。为了提升学生的政治素质，学校除了开设"马克思基本原理概论""毛泽东思想和中国特色社会主义理论体系概论""中国近现代史纲要""思想道德修养与法律基础""形势与政策""军事理论"等课程外，还要求所有老师、所有课程、所有教学环节开展课程思政，并与思想政治课程同向同行，形成协同效应。实现教育教学的价值引领、知识传授和能力提升三者的有机统一。同时，通过领导干部上讲台，发挥他们在政治意识、生活阅历方面的优势，向学生宣讲党和国家的大政方针。

二是提升科学素养。学校以经济学、管理学、法学为主干，兼有文学、理学、工学、艺术学、哲学等学科门类。随着新一轮科技革命和产业变革深入发展，技术对我校现有学科专业的发展提出了非常大的挑战。学校以新文科建设为契机，准确识变、科学应变、主动求变。在"通识课"平台中，为学生提供了大量的涉及科学研究和技术发展前沿的课程，让学生崇尚科学精神，了解必要的科学知识、掌握基本的科学方法，努力提升学生的逻辑思维、系统思维、数据素养等。

三是提升美学素养。为了有效落实国务院办公厅《关于全面加强和改进学校美育工作的意见》和教育部《关于切实加强新时代高等学校美育工作的意见》。我校在各专业人才培养方案中，开设"大学美育"通识必修课。另开设艺术类选修课，要求非艺术类专业学生至少选修 2 学分。自 2017 年以来，每年开展"美丽人生·美丽大学"主题演讲比赛。特别是 2019 年 11 月，我校成功举办全国高校美育课程建设规范编制工作会议，会议就大学美育课程体系设置、课程教师准入制、课程建设管理机制三个方面进行讨论。

四是提升心理素质。大学生正处于青春期，就业压力也不断增大，为了帮助大学生化解常见的心理问题，掌握心理调节的方法，解决成长过程中遇到的自我认识、学习适应、人际交往、恋爱心理、情绪管理、危机预防等方面的问题，我校不仅在人才培养方案中专门开设了"大学生心理健康"必修课程，而且还建立了河南财经政法大学心理咨询中心，帮助大学生应对生活中的困扰、解除生活中的烦恼，克服生活中的挫折。

五是提升安全素养。学校十分重视安全教育，提升学生的安全意识和能力。通过"思想政治理论与法律课程""军事理论""形势与政策"等相关通识必修课程普及国家安全基础知识，帮助学生树立以人民安全为宗旨，以政治安全为根本，以经济安全为基础，以军事、科技、文化、社会安全为保障的国家安全系统观。充分利用国家安全各领域专业人才开设专题讲座。包括社会治安、社会舆情、公共卫生等方面。特别是面临重大疫情、群体性事件、暴力恐怖活动、新型违法犯罪等新威胁，组织专题讲座及时揭露事实真相。

## 四、灵活（flexibility）

学校遵循以学生中心，因材施教的教育规律，灵活对待学生学业和学习。即以完全学分制人才培养模式为抓手，努力把学习自主权交给学生。具体措施是：

一是入学资格和学籍保留。新生可以申请保留入学资格，但保留入学资格期间不具有学籍。取得入学资格的新生，因疾病等原因无法按时到校学习的，可申请保留入学资格 1 年；需要延长期限的，还可在保留入学资格到期前到校申请延长期限，但入学资格保留总计不得超过 2 年。学校对休学创业的学生，单独规定更长的学习年限，并简化休学批准程序。

二是转专业学习。根据因材施教的原则，在总量控制的前提下，学生对其他专业有兴趣和专长并符合学校转专业规定的，在入校一年以后，可在同录取批次重新选择专业。具体来说，凡是第一学年第一学期所学课程的平均学分绩点在3.8 以上，且在本专业全部学生排名前 3% 的学生，不超过转入专业的人数，无需参加考核，经转入院系和学校审核同意后，可转入申请专业学习；若申请人数超过转入专业备案的可接受人数的，按照转入院系转专业工作方案进行考核，经学校审核同意后，转入申请专业学习。

三是学业定制化。学校早在2013年就开始推进学分制改革，目前已完全实施了学分制。在学校完全学分制下，学生可自主选择专业（方向），自主选择课程，自主选择任课教师和学业指导老师。特别是学生可自主决定自己的学制，本科基本学制为4年，学生在校修读年限原则上3～6年。学生修满专业所需的学分，可提前获得毕业证书和学位证书，比标准学制提前一年毕业。2020年学校有3名学生提前一年毕业。

四是主辅修专业互换。为进一步扩大学生专业选择的自由度，学校在学分制框架下实施了主辅修专业互换制度（我校是河南省首个试行主辅修专业互换制的高校）。学生在辅修双学位过程中，如果对辅修专业非常感兴趣，可以通过选修辅修专业的课程。如果毕业时修完了辅修专业的所有课程，可以向学校申请主辅修互换，获得辅修专业的毕业证和学位证。近三年来，我校已有19名学生实现了主辅修专业互换。

五是学分认定制。在学校完全学分制下，学生不仅可以通过自己学校课堂获得学分，而且还可以通过网络学习、创新活动、素质拓展活动等途径获得学分。为了便利学生通过其他途径修读课程，学校及时引进了尔雅通识课、网易公开课等网络课程；通过和其他学校签订《校际课程互选与学分互认合作框架协议》，实现学生跨校选课。不仅如此，学生修读课程如果符合规定条件，还可申请免修、免听、重修等。

总之，学校以习近平新时代中国特色社会主义思想为指导，全面贯彻党的教育方针，落实"立德树人"根本任务。把人才培养水平和质量作为学校中心工作，以新文科建设、课程思政建设、一流专业和一流课程的"双万工程"为抓手，凝练出了符合自身特色发展的"SIQF"人才培养模式，全面提高了学校的人才培养能力。

# 新文科背景下地方高校经管实验教学中心转型发展探索

## ——以湖北经济学院为例

何慧刚①　陈新武　靳　洪　索凯峰

**摘要：**实验教学是本科教育中必不可少的环节，实验教学中心成为培养学生实践能力和双创能力的重要平台。面对新时代、新经济、新文科的机遇和挑战，湖北经济学院积极探索经管实验教学中心转型发展，通过加强实验教学顶层设计、重构实验教学体系、变革实验教学组织、创新跨专业实验、改变实验教学形式、健全实验教学改革保障机制等一系列措施，转型发展取得了阶段性成效。

**关键词：**新文科　地方高校　实验教学

我国高等教育进入内涵式发展新阶段，全面布局新文科建设为经管类人才培养提供重大机遇，同时对地方高校经管类实验教学中心发展提出严峻挑战。必须对经管类实验教学中心面临的机遇和挑战进行深入分析，重点在顶层设计、管理制度和实践教学体系等方面推动改革，加快实验教学中心转型发展，构建形成功能集约、资源共享、开放充分、运作高效的实验教学重要平台，为打通实践育人最后一公里提供坚强支撑。

## 一、面临的机遇与挑战

### （一）新时代对高校人才培养质量的挑战

当前，中国特色社会主义进入新时代。"我们对高等教育的需要比以往任何时候都更加迫切，对科学知识和卓越人才的渴求比以往任何时候都更加强烈"[1]。

---

① 何慧刚，湖北经济学院副校长，教授，硕士生导师。

中国高等教育也开始与国际高等教育最新发展潮流实现了同频共振，"学生中心、产出导向、持续改进"的理念成了共识[2]。新时代人才培养工作，就是围绕培养什么人、怎样培养人、为谁培养人这一根本问题，努力提高人才培养质量，实现新时代高等教育内涵式发展。

新时代高等教育进入了普及化阶段，办学规模持续扩大，人才培养质量却面临着下降的挑战，已不能满足市场对高质量人才的需求。按照"坚持以本为本，推进四个回归，建设一流本科教育"要求，高水平人才培养体系建设的新征程该如何开启？人才培养供给侧与社会经济需求侧如何对接？是新时代对高校人才培养质量的挑战。

**（二）新经济对高校人才培养质量的挑战**

新经济是建立在信息技术革命和制度创新基础上的经济持续增长。目前，产业竞争和要素转移呈现新趋势，新技术、新产业、新业态、新模式的"四新"经济形态不断涌现。特别是以互联网为代表的新技术带来了知识爆炸式更新，打破了原有的自上而下的层级式教育模式，改变了传统教与学的关系[3]。在新经济背景下，社会对财经类人才需求的"量"减少，但对"质"的要求更高，新经济对人才高质量的要求给财经类高校人才培养带来了巨大的挑战。面对新技术、新产业、新业态、新模式的新发展趋势，提升高校人才培养质量是必须面临的重要挑战。

**（三）新文科对财经类高校实验教学的挑战**

我国新文科建设始于 2018 年，2019 年 5 月"六卓越一拔尖"计划 2.0 正式启动后，新文科建设成为经管类专业人才培养模式改革创新的风向标。新文科建设重点在于引领学科方向，回应社会关切，坚持问题导向，打破学科壁垒，加快培养高质量应用复合型人才成为当务之急[4]。这强调的是以继承与创新、交叉与融合、协同与共享为主要途径的多学科深度融合[5]。新文科建设要求运用现代信息新技术融入人文社科学建设发展之中，而实验教学能通过新技术做到多学科、多专业融合协同学习，为新文科的建设和发展注入更多的活力。根据新文科建设要求，运用现代信息新技术改造传统的经济学、管理学专业，加强学科交叉融合，为学生提供智慧型、综合性实验教学，是财经类高校人才培养面临的巨大挑战。

## 二、经管实验教学改革与创新

### （一）改革目标与思路

面对新时代、新经济、新文科的挑战，经管实验教学需要在改革方向、改革目标、改革任务、改革内容、改革路径、改革举措、改革政策等方面进行深入思考，系统推进。推进实验教学转型改革是适应新时代对高质量人才培养需求的现实举措，是人才培养供给侧同市场需求侧的精准对接。实验教学作为理论教学的延伸，必须面对新经济的新挑战，创新教育组织形态和学习行为方式，主动迎接新一轮教育变革。同时，需要突破固有的实验教学体系，突出新文科实验教学的建设。

为深化学校教育教学改革，打造一流本科教育，培养"三有三实"（有思想、有能力、有担当，实践、实用、实干）人才，实现特色鲜明的高水平财经大学的战略目标，学校以三个突破口实施了经管实验教学改革：以实验教学系统改革为突破口，促进"三有三实"本科人才培养模式的创新；以实验教学组织方式创新为突破口，打造特色的高质量实验教学师资团队；以实验教学中心转型为突破口，确保实验教学示范中心建设高水平可持续发展。

通过完善实验教学体系，搭建完备的实验教学平台，建设高水平的实验教学团队，推出一批显性教研教改成果，推进实验教学系统化标准化，形成特色鲜明的实验教学文化，力争将实验教学中心打造成"五个基地"：教学改革成果孵化基地、实验实训创新创业教学基地、实验教学师资培养基地、社会咨询服务培训基地、实验教学资源共享基地。

### （二）重构实验教学体系

学校把握实验教学与人才培养模式改革创新的关系，明确实验教学体系，完善实验教学平台体系、师资队伍体系和管理服务体系，形成具有"经院"特色的实验教学体系，如图1所示。

（1）实验教学教学内容体系。通过实验课程、实验项目、实验资源、实验竞赛等方面从基础实验教学、专业实验教学、跨专业实验教学、创新创业实验教学四个维度构建实验教学教学内容体系。

（2）实验教学平台体系。通过建设立项、开发设计、采购验收、运行服务等流程从实验教学技术、实验教学软件、试验设备设施、实验室环境四个维度构建实验教学平台体系。

（3）实验教学队伍体系。通过打造专职型综合实验团队、双师型专业实验团队、兼职型辅助实验团队建立实验教学中心教师、院系专业教师、社会特聘教师、学生助教助工四个层次的实验教学队伍体系。

（4）实验教学管理服务体系。通过上级管理、学校管理、院系管理、中心管理四级管理方式建立实验教学管理、实验室管理、实验队伍管理、示范中心管理的实验教学管理服务体系。

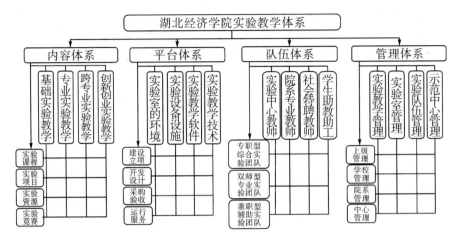

图 1 湖北经济学院实验教学体系

### （三）变革实验教学组织

从教的方面，实验教学中心着力打造三支队伍，即专职型"综合实验教学团队"、双师型"专业实验教学团队"、兼职型"辅助实验教学团队"。三支队伍来自实验教学中心教师、院系专业教师、社会特聘教师、高年级学生助教，充当实验开发人、实验教学实施人、实验教学管理人、实验技术支持人四种角色。三支队伍分别形成了三种教学组织机构，包括实体教研室（由实验教学中心教师组成）、虚拟教研室（院系专业教师和社会特聘教师组成）、项目工作室（社会特聘教师组成和高年级学生助教组成）。

从学的方面，打造三类课堂，即传统课堂组织、柔性课堂组织、虚拟学习组织。这三类课堂通过专业自然编班、跨专业编班组、跨学院编班组、跨学校编班组四类编班形式，组织学生分别参与基础、专业、综合、创新实验教学。湖北经济学院实验教学组织如图 2 所示。

### （四）创新跨专业实验教学

我校实验教学中心制定了提升学生实践能力的课程建设总体框架，面向全校开设四年不断线的跨专业实验教学课程。大学一年级开设企业经营沙盘实验课程，目的是让学生体验企业经营管理；大学二年级开设企业资源计划 ERP 课程，培养学生团队协作精神；大学三年级开设企业模拟创业竞赛课程，培养学生竞赛精神；大学四年级开设企业经营管理综合仿真实习课程，为学生提供虚拟仿真实习环境。湖北经济学院跨专业实验教学课程体系如图 3 所示。

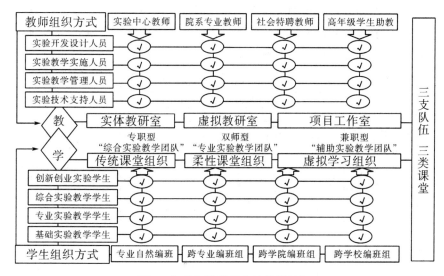

图 2　湖北经济学院实验教学组织

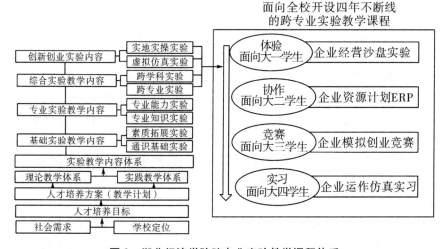

图 3　湖北经济学院跨专业实验教学课程体系

## （五）改变实验教学形式

为了开展创新创业实验教学，学校实施了"竞赛+课程+创业"教学方式。实验教学依托 ERP 俱乐部和电商创业实验室两个学生组织，组织学生参加各类学科竞赛项目。如中国"互联网+"大学生创新创业大赛、"挑战杯"中国大学生创业计划竞赛、全国大学生电子商务"创新、创意及创业"挑战赛、"学创杯"全国大学生创业综合模拟大赛等。实验教学中心承办了多项赛事的国赛和省赛，组织了百余人参加各类学科竞赛项目，提高了学生学科竞赛水平和创新创业能力。湖北经济学院创新创业实验教学形式如图4所示。

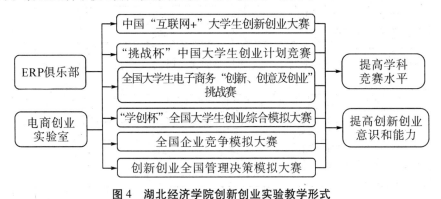

图4 湖北经济学院创新创业实验教学形式

### （六）健全实验教学改革保障机制

为了更好地实施经管实验教学改革，学校从思想、组织、政策、经费和责任上健全了保障机制。

（1）思想保障。充分认识实验实训教学对学校本科教育创一流和建设特色鲜明高水平财经大学的重大意义，增强使命感、责任感和紧迫感，真正把以学生发展为中心的要求体现到实验教学工作中，全面提高人才培养质量。

（2）组织保障。成立实验教学改革领导小组，学校主要领导为组长，副校长为副组长，发规处、组织部、人事处、教务处、财务处、学位办、实验中心等负责人为成员。

（3）政策保障。采取一系列有关实验教学教师资格认定、教师分类管理、定岗考核、教学工作量核算、职称评审制度、绩效工资等人事分配制度以及教学管理和评价改革等倾斜支持政策。

（4）经费保障。加大实验教学投入，实验教学所需经费实行统一筹划，纳入年度预算，分期分项投入。制定项目的经费需求与落实方案，实施项目绩效评价，确保经费落实到位、保障有力。

（5）责任保障。细化实化量化任务项目和落实指标，分解到年度，并纳入年度目标责任管理，加强过程管控和年度考核，实施责任追究制度。

## 三、实践与成效

经过三年多的探索，学校经管实验教学改革取得了一定的成效。

## （一）创新完善了实验教学内容体系

### 1. 梳理明确了内容体系

按照建设特色鲜明的高水平财经大学的战略目标，围绕"三有三实"人才培养目标定位，强化并明确基础实验、专业实验、学科实验以及创新创业实验教学的内容体系。

### 2. 落实了人才培养方案

各学院按照学校实验教学内容体系的要求，结合各个院系专业教学特点和建设要求，重新规划实验教学的内容建设，构建和完善与理论教学配套的专业实验教学内容体系，在专业人才培养方案中，系统规划明确落实各个专业的实验教学课程（课程中的实验教学环节），并通过实验教学大纲、实验教学指导书、实验教学教材讲义等基础建设，创建一批各具特色优势的专业实验教学精品课程。

### 3. 形成了全校统筹协同机制

各专业以实验教学项目建设为突破口，在实验教学内容体系的科学性、规范性、实用性方面率先垂范打造一批优质实验教学项目，重点突破跨专业实验教学的课程设置及教学计划实施，并组织协调全校的实验教学力量进行与之配套的专业实验和基础实验的教学设计、实施、推广，充分发挥实验教学中心在实验教学内容体系建设方面"系统设计、整合创新、引领示范"的协同作用。

## （二）加大了对实验教学重点项目倾斜支持

### 1. 倾斜支持培育实验教学特色项目成果

在现有基础上，全面总结和深入挖掘学校在实验教学中形成的优势和特色，采取学校规划选题与各单位自主申报相结合的形式，遴选部分基础扎实、特色鲜明的实验教学成果进行重点培育，通过系统梳理和持续改进，进一步完善内容体系，凝练项目特色，增强推广价值，力争形成一批高水平校级、省级、国家级实验教学成果，学校评审后予以重奖并宣传推广。

### 2. 倾斜支持大规模经管跨专业虚拟仿真实验教学

学校将跨专业实验课程设置进入专业人才培养方案，组织教师构建大规模财经类跨专业虚拟仿真实验教学项目内容、手段方法、组织形式、绩效考评。同时，将来自经济与管理类不同专业的学生配置到仿真企业、仿真管理和服务机构的不同工作岗位，按照实际业务流程和规则，在复杂动态的仿真社会市场环境中进行企业模拟运作，增强自身的创新创业能力，提升自身的综合素质。

### 3. 倾斜支持加快实验教学资源建设

按照学校学科建设和专业教学的需要加大用于实验教学二次开发设计应用的

社会经济技术资源数据库购置，加大投入自建实验教学区域案例、行业案例、企业案例等数据库，为开发设计具有学校特色的实验教学项目提供基础，为教学与科研结合创新人才培养模式探索新路。

4. 倾斜支持加强协同创新进一步发挥实验教学中心的示范辐射作用

进一步加强与校内外各个示范中心的紧密合作，协同创新，共享共赢；进一步加强产教融合，与行业企业建立紧密联系，学科专业与产业行业高度契合；加强与政府、行业、企业、科研院所深度合作，促进学科专业交叉融合、教学科研互促共融、深化实验教学的内涵建设。在此基础上与兄弟院校资源共享，积极推广，进一步发挥实验教学中心的示范辐射作用。

### （三）改善了实验教学的技术保障条件

1. 不断完善、更新、新建实验教学的软硬件设施

将跨专业实验课程设置进入专业人才培养方案，组织教师构建大规模经管类跨专业虚拟仿真实验教学项目内容、手段方法、组织形式、绩效考评，将来自经济与管理类不同专业的学生配置到仿真企业、仿真管理和服务机构的不同工作岗位，按照实际业务流程和规则，在复杂动态的仿真社会市场环境中进行企业模拟运作，增强自身的创新创业能力，提升自身的综合素质，从而拓展人才培养空间，提高人才培养效率，在财经类应用型人才培养模式创新方面取得新进展。

2. 搭建提升跨专业虚拟仿真实验教学大平台

按照学校学科建设和专业教学的需要，加大用于实验教学二次开发设计应用的社会经济技术资源数据库购置，加大投入自建实验教学区域案例、行业案例、企业案例等数据库，为开发设计具有学校特色的实验教学项目提供基础，为教学与科研结合创新人才培养模式探索新路。

3. 进行实验资源共享平台的开发设计

加快以大数据、云计算、VR、AI为代表的新一代信息技术在实验教学中的应用创新，考虑设立实验教学新技术应用示范实验室进行试点，加快研究跟踪互联网+在实验教学应用领域的最新动态，从教育战略层面探索设计互联网+在实验教学方面的应用，在建设具有鲜明特色和先进水平的实验教学新技术应用示范方面率先突破创新，并不断创新发展。

### （四）初步形成了实验教学的特色

学校不断深化实验实践教学改革，在财经类应用型本科人才培养模式创新方面进行了实践探索，提升人才培养质量，形成我校的实验教学特色：将实验教学中心定位为我校应用型人才培养实验实践教学的重要基地，使得实验教学体系

化、综合化、信息化、多样化和人文性。实验教学改革的深化提高了财经类应用型人才培养的质量，拓展了人才培养空间，缩短了人才培养周期，提高了人才培养效率。

## 四、结语

学校实验教学改革虽取得了一点成效，展望未来，任重道远。我们将以优势学科专业特色为基础，充分发挥国家级实验教学示范中心的作用，形成优质资源融合、教学科研协同、学校企业联合培养人才的实验教学新模式，探索满足新时期人才培养需要的实验室建设和教学改革方向，营造创新人才成长环境，支撑拔尖创新人才培养，服务国家科教兴国战略和人才强国战略，将实验教学中心打造成经济管理实验教学示范中心建设的先行者、排头兵。

### 参考文献

[1] 习近平. 习近平谈治国理政：第2卷［M］. 北京：外文出版社，2017.

[2] 吴岩. 新时代高等教育面临新形势［N］. 光明日报，2017-12-19（13）.

[3] 徐辉. 新时代的中国高等教育：成就、挑战和变革［J］. 教育研究，2018，39（8）：67-72.

[4] 樊丽明. "新文科"：时代需求与建设重点［J］. 中国大学教学，2020（5）：4-8.

[5] 王铭玉，张涛. 高校"新文科"建设：概念与行动［N］. 中国社会科学报，2019-03-21.

# "十四五"规划期间财经类高校图书馆学科服务的发展路径研究
## ——基于全国十所财经类高校图书馆学科服务的调研分析

曹艳峰[①]

**摘要：** 在"十四五"规划和国家"双一流"建设期间，高校图书馆学科服务的水平和质量对高校学科建设和发展起着重要的作用，越来越受到教学科研人员和教学科研管理人员的重视。财经类高校有着相同的学科专业背景，对比在全国范围内有学术影响力的十所兄弟院校图书馆学科服务的现状，可以学习优势之处补充不足之处，有利于财经类高校图书馆借鉴其他图书馆成熟的经验，发挥本馆优势，使得本校图书馆学科服务进一步发展升级，更好地为本校师生提供深层次的个性化的高效的学科智慧服务。

**关键词：** "十四五"规划　"双一流"建设　学科服务　财经类高校图书馆

## 一、导言

"十四五"规划期间，各高校图书馆根据《中华人民共和国国民经济和社会发展第十四个五年规划和 2035 年远景目标纲要》文件精神和本校"十四五"规划意见精神也纷纷征求馆员、读者以及行业专家等有关图书馆"十四五"规划的意见。随着国家"双一流"建设目标的提出，加快一流大学和一流学科建设，实现高等教育内涵式发展，成为国内高校"十四五"期间重要的发展任务和发展目标。作为高校的信息资源和文献保障中心，图书馆的学科服务也再一次被提上日程，提高和完善当前的学科服务水平和质量，达到升级学科服务的目的，更好地为本校学科建设服务，成为迫在眉睫的重要任务。

---

[①] 曹艳峰，首都经济贸易大学图书馆副研究馆员。

自清华大学图书馆于 1998 年在国内最先引入学科馆员制度到现在已经有二十多年的时间。二十多年来，国内图书馆的学科服务从无到有，从引入到逐渐完善，不论是理论还是实践都有了显著的发展。然而，和国外高校图书馆存在至少60 多年的学科馆员制度相比，国内高校图书馆的学科服务远远跟不上时代的发展和用户的需求。

本文基于了解目前国内学科服务发展状况的目的，调研了全国十所财经类高校图书馆，分析对比了这十所财经类高校图书馆学科服务和嵌入式学科服务发展的现状，以期对国内高校图书馆的学科服务发展以及国内高校"双一流"建设提供参考和借鉴。

## 二、财经类高校图书馆学科服务现状

通过对全国十所财经类高校图书馆的网站调查和问卷调查（见表1），了解到目前财经类高校图书馆学科服务的现状和存在的困难以及未来发展规划。

表 1    十所财经类高校图书馆学科服务的现状比较

| 调研内容 | 学校名称 | | | | | | | | | |
|---|---|---|---|---|---|---|---|---|---|---|
| | 上海财经大学 | 西南财经大学 | 中央财经大学 | 对外经济贸易大学 | 中南财经政法大学 | 东北财经大学 | 北京工商大学 | 天津财经大学 | 江西财经大学 | 浙江财经大学 |
| 是否开展学科服务 | 是 | 是 | 是 | 是 | 是 | 是 | 是 | 是 | 是 | 是 |
| 开展学科服务的时间 | 5 年以上 | 5 年以上 | 5 年以上 | 5 年以上 | 5 年以上 | 5 年以上 | 5 年以上 | 5 年以上 | 5 年以上 | 5 年以上 |
| 学科服务馆员任职方式 | 专职兼职 | 专职 | 兼职 | 兼职 | 兼职 | 专职 | 兼职 | 兼职 | 兼职 | 兼职 |
| 学科服务馆员人数 | 8 | 14 | 9 | 5 | 5 | 8 | 12 | 11 | 10 | 13 |
| 学科服务馆员所属部门 | 学科服务部 | 学科服务部 | 分散在各个业务部门 | 参考咨询部 | 信息咨询部 | 研究支持部 | 分散在各个业务部门 | 分散在各个业务部门 | 分散在各个业务部门 | 信息咨询部 |
| 是否开展嵌入式学科服务 | 是 | 否 | 是 | 是 | 是 | 否 | 是 | 是 | 是 | 是 |
| 开展嵌入式学科服务的时间 | 5 年以上 | — | 1~3 年 | 5 年以上 | 5 年以上 | — | 1~3 年 | 4~5 年 | 5 年以上 | 4 年 |
| 服务内容 | ABCDJ | ABC | ABCDHJ | ABCDE | ABCE | ABC | ABCDI | ABCD | ABCDI | ABC |

表1（续）

| 调研内容 | 学校名称 | | | | | | | | | |
|---|---|---|---|---|---|---|---|---|---|---|
| | 上海财经大学 | 西南财经大学 | 中央财经大学 | 对外经济贸易大学 | 中南财经政法大学 | 东北财经大学 | 北京工商大学 | 天津财经大学 | 江西财经大学 | 浙江财经大学 |
| 学科服务的开展院系数量/开展工作最多的院系 | 23/人文学院 | 27/金融学院、经济学院和会计学院 | 4/外国语学院 | 4/英语学院 | 5/经济学院 | 10余个/经济学和管理学及其相关学科院系 | 11/食品学院、商学院 | 6/经济学院 | 重点学科院系都有学科服务不详 | 2/政府管制研究所、财税学院 |

注：表1中服务内容的A代表参考咨询，B代表专题信息服务，C代表信息素质教育服务，D代表教学支撑服务，E代表知识发现情报分析服务，F代表知识产权信息服务，G代表知识资产管理服务，H代表数字学术服务，I代表科学数据服务，J代表学科知识管理工具培训。

### （一）学科服务开展的广泛性和长期性

本次调研的十所财经类高校图书馆都开展了学科服务，体现了学科服务在高校开展的广泛性；开展时间都在五年甚至十年以上，体现了学科服务开展的长期性和持续性。大多数图书馆在十年前都陆续引进学科馆员制度，开展面向院系师生的学科服务。笔者所在的北京市属重点大学首都经济贸易大学图书馆也是在2009年正式落实学科馆员制度的，确定了8名学科馆员负责不同的对口院系，每个对口院系有一个固定的图情教授作为联络员与学科馆员配合开展服务院系的相关工作。

从服务对象来看，十所高校图书馆对本校重点学科院系都开展了学科服务。其中，上海财经大学图书馆和西南财经大学图书馆几乎对本校的所有院系都开展了学科服务，上海财经大学图书馆的重点服务院系是人文学院，西南财经大学图书馆的重点服务院系是经济学院、金融学院和会计学院。

十年左右的实践为学科服务在高校可持续性发展提供了基础，也为进一步深入发展如开展嵌入式学科服务、智慧服务奠定了基础。

### （二）学科服务的基础性服务内容开展比较成熟

诸如参考咨询、专题信息服务、信息素质教育等学科服务中的基础性服务内容，在引入学科馆员制度的同时就开展了这些服务。这也是学科馆员岗位职责的最基本要求，也是学科馆员岗位考核应该达到的最低标准。

伴随着信息时代的到来，图书馆从传统的藏借阅一体化转变为更高层次的、更高水平的、更加个性化专业化的信息共享集散中心。读者不再满足于只从图书馆获得所需图书的基础服务，更需要从图书馆的信息专员那里获得信息检索、文献获取、专题指导等更高层次的帮助和服务。学科馆员应运而生，为读者提供这些服务。

### （三）学科服务的作用和地位越来越被重视

在十所高校图书馆网站中，除了浙江财经大学图书馆正在进行网站改版外（新版有学科服务栏目），其余九所图书馆网站都能在显著位置找到学科服务栏目，而且上海财经大学图书馆、西南财经大学图书馆、东北财经大学图书馆等可以在网站直接查看到学科馆员的专业信息、负责院系及联系方式等基本信息。西南财经大学图书馆将14位学科馆员细分为3个学科服务队，分别是经济学学科服务队、管理学理学工学服务队和法学文学及其他服务队，并且按照工作内容不同细分为6个模块，分别是学科服务、科研服务、信息素养教育、数据库服务、信息服务和文献资源建设。

有三所学校将学科馆员的任职方式设为专职，并独立于图书馆其他业务部门，单独成立专门的学科服务部门，如上海财经大学图书馆和西南财经大学图书馆称为学科服务部，东北财经大学图书馆称为研究支持部。以此，突出学科服务在图书馆业务中的重要地位和核心作用。

## 三、财经类高校图书馆学科服务的发展规划及建议

### （一）学科服务的作用和地位有待进一步加强

调研的十所图书馆中提供学科服务的馆员大多为兼职，仅有上海财经大学图书馆、西南财经大学图书馆和东北财经大学图书馆有专职的学科馆员。从此也可以看出，虽然有些大学图书馆开展了学科服务，但这项服务并不是图书馆的核心业务。

从学科服务馆员的数量来看，都在5名以上，十所财经类大学的学科馆员人数平均是9.5名，而十所财经类高校图书馆的馆员总数平均数是65名，所以，学科服务馆员占全馆人数的比例平均为14.6%，相比国外学科服务开展比较成熟的高校图书馆，比例明显偏低，如美国石溪大学（Stony Brook University）图书馆共有馆员105人，学科馆员为33人，占比31.4%，即大约三分之一的馆员在从事学科服务的工作，而且是专职工作，学科服务是图书馆的主要业务。

从以上两个方面可见，学科服务在财经类高校图书馆没有受到足够的重视，没有人力资源和工作时间上的足够保障，因而，难以提供可持续的、有质量的服务。

习近平总书记在党的十九大报告中提到要加快一流大学和一流学科建设，实

现高等教育内涵式发展。《中华人民共和国国民经济和社会发展第十四个五年规划和 2035 年远景目标纲要》在第五篇明确提出加快数字化发展，建设数字化中国[1]。要达到这样的目标，作为大学的文献信息资源中心，图书馆的学科服务必须发挥更大的作用，应该作为图书馆的核心业务、主要业务，对接相关院系教师科研人员为其提供个性化、专业化、数字化的学科服务。

**（二）学科服务的内容有待进一步深入**

"学科服务作为一种新的服务模式与机制，其作用、价值与影响力在于其嵌入的广度和深度，体现在嵌入式学科服务的内容和模式。"[2]孙坦、初景利将嵌入式学科服务的内容和模式概括为十个方面：①嵌入式参考咨询服务；②嵌入式专题信息服务；③嵌入式信息素质教育服务；④嵌入式教学支撑服务；⑤嵌入式知识发现情报分析服务；⑥知识产权信息服务；⑦知识资产管理服务；⑧数字学术服务；⑨科学数据服务；⑩学科知识管理工具培训。

从调研结果来看，诸如参考咨询、专题信息服务、信息素质教育等学科服务中的基础性服务内容在各高校图书馆都已开展比较成熟，然而这些服务的嵌入性还远远不够，被动接受申请的多，主动嵌入教学、科研的少。

诸如知识发现情报分析服务、知识产权信息服务、知识资产管理服务、数字学术服务、科学数据服务以及学科知识管理工具培训等更高层次的、更深入的、更个性化的、嵌入式的学科服务在这十所高校图书馆中还没有全面开展。但可喜的是已经有些高校在尝试开展这些服务，如上海财经大学图书馆可提供预约嵌入培训、论文写作协助、文献管理工具培训等深层次的、个性化的能直接满足读者需求的学科服务；西南财经大学图书馆可提供定题及专题检索服务、引文文献分析服务等个性化服务；中央财经大学图书馆自 2015 年起尝试开展信息检索"嵌入课堂"，即在院系专业教师的教学活动中，嵌入针对该课程相关的文献检索与利用内容。

此外，我们也可以借鉴上海交通大学的"注重内涵+灵活拓展"的多元化服务内容，倡议"5+X"服务内容板块：核心板块、精品板块、特色板块、探索板块、创意板块和 X 板块[3]。

**（三）学科服务的体系框架和组织机制有待进一步建立健全**

虽然十所高校都有十余年的学科服务实践，但调研显示，相对完整规范的学科服务体系框架和组织机制并没有完全建立起来。

嵌入式学科服务的体系框架，包括组织体系、内容体系、产品体系、支撑体系、营销体系和能力体系七个部分[2]。组织体系是首当其冲最重要的一块内容，只有建立了相对科学规范的组织体系，才能为学科服务的开展指明方向、引领工作道路。一个好的学科服务团队就是一个好的工作组织，必须遵守"统筹规划、分工负责、协同合作"的指导思想，以用户需求为中心，开展有组织、有纪律、有章程的学科服务工作。首先，学科馆员的任职方式应该从兼职向专职转化，全身心投入学科服务工作，发挥自身优势为学科服务工作全力以赴。其次，在学科馆员间要明确分工，对口负责自己最擅长的学科院系。如西南财经大学图书馆和东北财经大学图书馆都是按照学科馆员的专业分配不同的对口院系。最后，要建立一个能够充分协同合作的组织，如上海交通大学图书馆建立的"立体联动+读者参与"的互动式实施策略，形成了全馆上下、图书馆内外"主动—互动—联动"的行动效果[3]，将学科馆员、图书馆各部门馆员、全校读者以及学校其他院系机构充分调动起来，积极合作，发挥组合优势。

嵌入式学科服务的组织机制，包括工作机制、分工负责机制、工作规范机制、能力培养机制、协同工作机制、绩效考核机制和政策保障机制七个部分，这七个机制分别保障了学科服务的团队到位、责任到位、要求到位、能力到位、协作到位、落实到位和政策到位[2]。十所高校图书馆的网站只有东北财经大学图书馆网站公布了明确而详细的学科馆员岗位要求和考评机制，包括学科馆员制度的基本架构与管理、学科馆员岗位设置与任职条件、学科馆员工作基本内容、学科馆员考核与评价等组织机制。

### （四）学科服务联盟有待进一步完善

近几年，随着学科服务和图书馆区域联盟的共同发展，有些学者提出建立学科服务联盟，开展合作服务[4]。高校图书馆学科服务联盟的合作方式可以分为同区域同学科联盟、跨区域同学科联盟、跨区域跨学科联盟；合作内容包含人力人才合作、科研咨询服务、科研数据服务、科研资源服务、科研教育服务[5]。

中国高等教育文献保障系统（CALIS）是目前国内比较著名的全国性图书馆联盟，其为了顺应国内高校学科发展建设设立了专题项目，先后开展了五期学科馆员培训班，并设立了学科导航服务平台，在全国范围内依托联盟组织提供学科服务所需的一些条件[5]。

财经类高校图书馆有着相同或相似学科，可以建立财经类高校图书馆的学科服务联盟。具体可以依托已经成立的中国财经教育资源共享联盟①和中国高校财

---

① 中国财经教育资源共享平台是为了促进中国财经高校教育资源的自建共享、共建共享和开放共享，助力财经高校人才培养和学科建设，于2017年由全国十所财经大学图书馆发起成立。成员包括上海财经大学，西南财经大学、东北财经大学以及重庆工商大学、浙江财经大学等全国40余所财经高校。

经慕课（E-MOOC）联盟①，专门设立学科服务栏目，加强全国范围内财经类高校图书馆学科服务和学科资源的共建共享，助力财经高校人才培养和学科建设。

### （五）学科服务馆员的业务素质和沟通能力有待进一步提高

在调研学科服务开展面临的最大困难及建议时，提到最多的就是学科馆员的业务素质和沟通能力，这也是能否进一步深入院系开展学科服务的关键，同时也是近几年学科服务一直没有解决的瓶颈，造成了现在这种虽然开展但效果不佳、成绩不理想的现实。

"关于学科馆员的定义，Gary W. White 认为：学科馆员是图书馆某个学科的专家。尽管随着时代发展，学科馆员的工作内容有些变化，当前馆藏建设和特别参考咨询依然是其核心职责；无论是在历史上还是在当下，学科馆员的确是高校图书馆技术含量最高的职务之一。"[6]

在美国，学科馆员的入职门槛要比国内高，各图书馆的招聘公告上大多将美国图书馆协会（American Library Association，ALA）认可的图书情报学硕士作为基本的学位要求，约1/3 的图书馆希望学科馆员有第二个硕士学位。

在能力方面，美国高校图书馆最希望学科馆员具有的能力是沟通能力、合作能力和计算机技能[6]。

## 四、存在的问题及未来展望

本研究基于全国十所财经类高校图书馆展开，调研对象的不全面有可能导致结论的偏颇。但十所财经类高校选自全国财经类高校综合实力比较靠前的十所，具有一定的代表性和示范作用。

在高校图书馆"十四五"规划制定期间以及"双一流"建设的国家战略提出的时代背景下，学科服务的发展又一次被提上了重点发展目标的日程。然而，学科服务和其他图书馆服务一样，应该根据不同的馆有不同的发展规划，不能千篇一律，更不能盲目跟风。同时，学科服务应该立足于授人以渔而不是授人以鱼，从学生和教师入手，重点在培养用户的信息素养，加强用户对图书馆资源的利用能力，而不是全方位的嵌入[6]。"十四五"规划期间的学科服务规划"一要立足科学，二要面向未来的实施。"[7]

---

① 中国高校财经慕课联盟，简称 E-MOOC 联盟，是由致力于推动我国财经类慕课课程发展的财经类院校、各类大学经管教学单位、E-MOOC 平台运营企业等自愿组成的、非营利性的全国性社会组织。

## 参考文献

［1］中华人民共和国国民经济和社会发展第十四个五年规划和 2035 年远景目标纲要［EB/OL］.（2021/03/13）［2021/03/20］. http://www.beijing.gov.cn/zhengce/zhengcefagui/202103/t20210313_2306780.html.

［2］孙坦, 初景利. 图书馆嵌入式学科服务的理论与方法［M］. 北京：科学出版社, 2016：68-84.

［3］郭晶, 黄敏, 陈进, 郑巧英. 上海交通大学图书馆学科服务创新的特色［J］. 图书馆杂志, 2010, 29（4）：34.

［4］杨雪萍. 美国俄勒冈大学图书馆学科服务实践分析及启示［J］. 图书馆学研究, 2016（23）：96.

［5］许子媛. 面向科研的高校图书馆学科服务联盟模式研究［J］. 图书馆建设, 2016（2）：48-52.

［6］邱葵. 美国高校图书馆的学科馆员与学科服务［J］. 图书馆论坛, 2016, 36（12）：14-22.

［7］柯平. 图书馆未来 2035 与"十四五"规划编制［J］. 图书馆杂志, 2020, 39（10）：13-17.

# 光通信课程仿真教学软件平台的设计与实现

王　刚　杨华军

**摘要：** 设计了一个适用于光通信教学的半导体激光器仿真教学软件平台。该软件在 Microsoft Visual C++ 环境下开发，用户可以在软件平台中用交互式的方式完成编辑仿真参数、修改输出图形模式以及数据处理等操作。同时在内容设计方面，该软件不仅有传统教学过程中关于半导体激光器静态和动态特性的仿真模块，还包含了半导体激光器在一定条件下混沌输出特性等学科前沿内容，能够将一些热点研究问题有机地结合在正常的教学过程中。该软件平台为进一步构建研究型教学环境提供了一个有力的工具，并且已经在实际教学过程中有良好的反馈。

**关键词：** 光通信　半导体激光器　仿真　混沌　可视化　教学平台

## 一、引言

作为光通信系统中的重要光源，半导体激光器在"光通信原理"以及相关课程中属于一个重要知识点。通常这部分的教学过程主要是通过分析激光器材料和结构等方面的物理特性而展开的，其中繁复的推导过程和数学公式较为枯燥，不利于激发学生的学习兴趣。图文并茂的多媒体教学方式显然更有利于增强教学效果。到目前为止，一线的教学工作者已经开发出了很多相关的多媒体课件和程序包。然而，这些教学工具存在以下一些问题：①多媒体课件的内容相对固定，不易观察多个器件参数变化时的特性图形和曲线；②一些程序包受其运行环境的影响，执行效率不高，同时缺乏与用户之间可视化的交互手段，对使用人员的软件编程能力有较高要求，不利于推广应用；③现有程序包缺乏对一些前沿知识点的支持，比如半导体激光器在外光反馈、光注入等工作方式下的混沌输出特性。上述不足极大地限制了学生对半导体激光器进行扩展性的学习和研究。

本文设计了一个通用化的半导体激光器教学仿真软件平台。该软件平台在 VC++6.0 环境下开发，使用过程不需要第三方软件的支持，具有较好的可移植性。同时，图形化的用户交互界面为学生进行数值仿真实验提供了便捷的操作方式。另外，该软件平台还包含一些关于半导体激光器的前沿研究内容，便于学生进行拓展性的学习和研究。该软件平台的开发为探索光通信课程的研究型教学模式提供了一个有力的教学工具。

## 二、半导体激光器仿真教学软件平台的设计

### （一）半导体激光器的基本原理

半导体激光器是许多光通信系统中的光源，对这类器件的工作原理和特性的充分理解有助于理解光通信系统中的许多重要问题。半导体激光器采用法布里珀罗谐振腔为基本结构，通过 Maxwell 方程组，结合谐振腔内工作物质的能带理论，可以推导出半导体激光器中的速率方程组[4]

$$\frac{dN}{dt} = \frac{I}{eV} - \frac{N}{\tau} - GS \tag{1}$$

$$\frac{dS}{dt} = \beta BN^2 + (G - \gamma)S \tag{2}$$

其中 $N$ 和 $S$ 分别是有源区的载流子和光子密度，$I$ 为有效注入电流密度，$e$ 为电子电量，$V$ 为有源区体积，$\beta$ 表示自发辐射耦合因子，$G = \Gamma v_g a(N - N_{tr})$ $G$ 为光增益，$\Gamma$ 为限制因子，$v_g$ 为群速度，$N_{tr}$ 为透明载流子密度。

对于半导体激光器主要的静态和动态工作特性分析都是可以基于上面速率方程组进行的。如果要分析半导体激光器在外光反馈、光注入等条件下的非线性特性，则需要对上述方程组进行一定的修正。具体来说，就是要对方程（1）和（2）添加一些修正项，同时还要考虑光场的相位变化，即需要引入相位速率方程，修正后的速率方程组如下。

$$\frac{dN}{dt} = \frac{I}{eV} - \frac{N}{\tau} - GS \tag{3}$$

$$\frac{dS}{dt} = \beta BN^2 + (G - \gamma)S + 2k_{ext}\sqrt{S(t)S(t - \tau_{ext})}\cos[\theta(t)] \tag{4}$$

$$\frac{d\Phi}{dt} = \omega_c + \frac{1}{2}\beta_c(G - \gamma) - k_{ext}\sqrt{\frac{S(t - \tau_{ext})}{S(t)}}\sin[\theta(t)] \tag{5}$$

其中，$k_{ext}$ 为光反馈/注入参数，$\Phi$ 为光场相位，$\beta_c$ 为线宽增强因子，$\tau_{ext}$ 为反馈/注入延时。

### （二）仿真教学软件平台的设计与实现

在软件的总体设计上，我们立足于研究型教学的基本需求，力求教学软件平台在人机交互接口方面更加友好易用。为此，整个软件平台中除了核心部分——数值计算模块以外，大部分的功能都是围绕可视化和图形输入/输出显示等方面来设计的。图1为仿真教学软件平台的总体结构图。

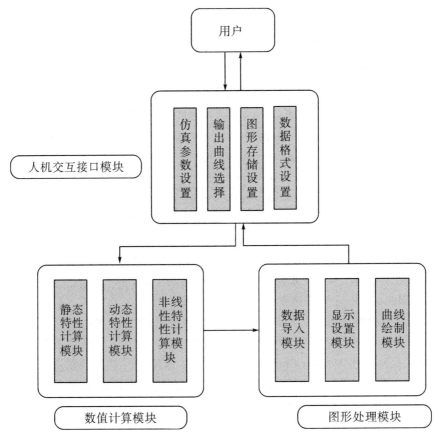

**图 1　半导体激光器仿真教学软件平台总体结构图**

本仿真教学软件平台利用 Microsoft MFC 类库开发。在软件开发过程中，速率方程组的数值求解和图形处理是两个主要的技术问题。我们采用四阶龙格库塔法计算速率方程组，算法的基本结构可参阅文献[1]。对于软件平台中的图形处理功能，我们利用 Microsoft 公司提供的 GDI+图形开发包来实现。

## 三、典型教学仿真实验

典型教学仿真实验图见图2、图3。

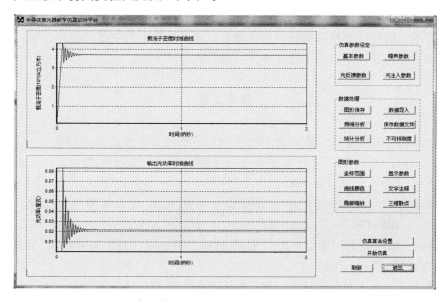

**图2 半导体激光器动态弛豫过程仿真实验截图**

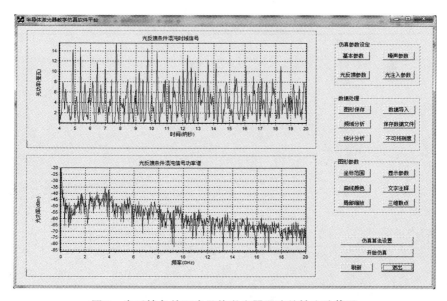

**图3 光反馈条件下半导体激光器混沌特性实验截图**

## 四、结语

综上所述，在关于半导体激光器的课堂教学过程中，通过设计一个可视化仿真教学软件平台，可以将相关分析结果形象、醒目地展现给学生。相对于传统的教学方式，这种计算机辅助教学平台能够有效提高学生的学习兴趣和效率，开拓学生的学习方法，培养学生独立解决问题的能力。

### 参考文献

[1] 刘增基. 光纤通信 [M]. 西安：西安电子科技大学出版社，2001.

[2] 张淑娥，李永倩. "光纤通信原理"课程教学方法改革探究 [J]. 中国电力教育，2009（4）：54-55.

[3] 唐志军. 光纤通信实验教学的探索与实践 [J]. 实验室研究与探索，2008（5）：101-104.

[4] AGRAWAL G P, DUTTA N K. Semiconductor Lasers [M]. New York：Van Nostrand Reinhold，1993.

[5] 吴正茂，夏光琼，陈建国，等. 半导体激光器阈值行为的研究 [J]. 中国激光，1995（22）：91-94.

# "'互联网+会计工厂平台'+银行+数据公司"模式
# 为小微企业银行信贷融资解困
## ——基于多方利益主体需求视角

黄莉娟　　刘正兵　　涂荣学①

**摘要：**从我国企业融资结构看小微企业融资，发现占"大头"的仍然是银行贷款。小微企业的轻资产决定了抵押贷款、担保贷款难以获取，银行信用贷款就成为解决小微企业融资难和融资贵问题的主要途径之一。基于此，文章从多方利益主体需求视角，提出构建"互联网+会计工厂"平台思路，联合银行、数据公司，探索"平台+银行+数据公司"模式。在这种模式下，银行既能获取来自第三方平台提供的小微企业财税信息，又能获得来自数据公司整合的小微企业公共信用信息和社会商业信息。多维度的信息获取，多方信息交叉验证，充分降低小微企业与银行之间的信息不对称，助力小微企业银行信贷融资。

**关键词：**小微企业　银行信贷　互联网金融　"互联网+会计工厂"

## 一、引言

小微企业在我国发展非常迅速，新浪财经显示，截止到 2020 年 4 月，市场主体中小微企业占到 3 000 多万户，个体工商户 8 000 多万户，合计起来占到 1.1 亿多的市场主体②。如此大的市场主体对国家的经济发展和就业起到了很大的作用，而资金成为制约其发展的主要因素。大型银行普遍把精力放在大企业身上，因为大企业贷款有规模效应，边际成本低收益高。相较而言，小微企业融资的特

---

①　黄莉娟，江苏经贸职业技术学院会计学院，副教授，中国药科大学博士研究生；刘正兵，江苏经贸职业技术学院会计学院，教授；涂荣学，江苏经贸职业技术学院会计学院柔性引进人才，工程师。
②　新浪财经，引导银行发现"首贷户"的贷款需求，2020.4.23。

点是"短、小、频、急、散"，靠银行一笔一笔审批，很难满足效率和专业化要求。这就造成：一方面，银行给大企业很高的授信额度，明明大企业已经有了很高的财务杠杆，而拿到银行的授信额度却有剩余。另一方面，小微企业对资金渴求度十分高，却很难得到银行的信贷放款。究其原因，客观来说，小微企业群体风险高已是不争的事实。而银行和财政又是有区别的，"支撑银行信贷的存款资金多数是需还本付息的私人和企业的存款"，银行扮演的仅仅是信托管理者的身份，所以，银行对风险持谨慎态度是可以理解的。同时，银行与小微企业之间存在严重的信息不对称，传统风控手段仅仅依靠对企业财务静态数据的考核，无论是数据的真实性还是数据的时效性，银行都持怀疑态度，这就造成银行要么不贷，要么需要小微企业提供抵押物或担保。但是小微企业本身的固定资产比例较低，这种方式的贷款也很难行得通。近年来，随着互联网技术与信息技术的飞速发展，并应用于金融领域，由此产生了互联网金融。贾楠认为互联网金融与小微企业金融在共生关系中成长[1]。王馨对互联网金融解决小微企业融资的可行性进行了分析。他认为互联网金融一定程度上减轻了信贷配给程度，能够为解决小微企业融资困境提供新的视角[2]。王玥提出为解决小微企业融资困境需要搭建信息平台，互通信用信息[3]。冯文芳构建了在互联网金融背景下小微企业大数据征信系统分层架构[4]。在理论上，众多学者从互联网金融角度来考虑化解小微企业融资难的问题。在实践中，先后涌现了诸如P2P网络借贷平台融资、网络众筹融资、电商平台融资等多种融资模式。这些融资模式，普遍都是借助互联网平台，在出借者和申借者之间搭建桥梁，一方面，快速帮助申借者找到合适的出借者；另一方面，利用大数据思维，帮助出借方获取充分有效的信息，降低信息不对称，减少出资风险。其中，P2P网络借贷平台融资对小微企业来说获取容易，但由于风险高，融资成本相对来说很高，融资金额较小；网络众筹融资一般需要企业有好的创新创业项目，主要适合于科技类小微企业、初创期小微企业或创新创业类小微企业；电商平台融资主要适合于电商类企业，贷款利率高，融资金额小。应该说，它们在缓解小微企业融资难方面起到了一定的作用，拓宽了小微企业融资渠道，但却存在两个共性问题：一是融资成本高。这是由市场规律"高风险，高收益"决定的。小微企业如果能从银行贷到低成本的贷款，不会从这些渠道去融资。二是融资金额有限。互联网金融的特点就是小额、分散，如果是资金需求低，通过这些渠道贷款是可以的，但如果是资金需求高，则这些渠道是难以满足融资需求的，对小微企业实质性的帮助也不大。从我国企业融资结构看，占

"大头"的仍然是银行贷款①。银行贷款中，小微企业的轻资产决定了抵押贷款、担保贷款难以获取，银行信用贷款成为解决小微企业融资难和融资贵问题的主要途径之一。能否获得来自银行的信贷资金受银企关系的影响[5]。大数据、云计算等新技术的应用，一定程度上颠覆了银企之间信息不对称的格局[6]，为银行授信提供了有利条件。为此，本文基于多方利益主体需求视角，提出打造"互联网+会计工厂"平台，联合银行和数据公司，探索"平台+银行+数据公司"模式，为小微企业银行信贷融资排忧解困。

## 二、"互联网+会计工厂"平台产生的背景分析——基于不同利益主体需求

"互联网+会计工厂"平台的诞生主要基于四类主体的需求，即学校对会计专业学生安排实习的需求，小微企业对自身财务规范、税务规范、融资方面的需求，代理记账机构对自身转型升级，为客户提供高水平、高技术、高价值的财税服务的需求以及银行等金融机构对更好服务小微企业融资的需求。

从学校视角，会计是一门实践性很强的学科，对于实践教学，学校普遍采用模拟教学软件+学校专业老师教学这种教学模式，在当前形势下，这种模式已经很难适应当前社会发展和企业需求。学校每年培养大量的会计专业学生，由于会计岗位的特殊性，这些学生的毕业实习问题也一直困扰着各大高校，特别是对于以就业为主要目的的高职院校。如何解决？

从小微企业视角，由于资金、规模有限，在刚开始创立时从节省成本的角度考虑，没有聘请专业会计，而是将账务处理交给代理记账机构来做。据中国产业信息网分析统计，近10年来中国的代理记账机构数量呈现直线上升趋势，到2019年已达4.37万家，服务公司2 000多万家。代理记账机构在近几年的快速发展中出现了明显的分水岭，少部分发展成为专业财务咨询公司，绝大多数仍然为普通代理记账公司。普通代理记账公司提供的是最基础的账务处理和报税服务，不可能从财务规划、税务规划的角度为小微企业将来的融资出谋划策，不利于小微企业发展。如何改进？

从代理记账机构视角，绝大多数代理记账公司提供的是简单、低技术、低价值的代理记账服务，由于行业同质竞争严重，代理记账服务收费越来越低，在人力成本居高不下的现状下，就会导致一些客户量小的代理记账公司难以生存下来。而对一些规模较大的代理记账公司，由于同样面临提供单纯的记账、报税等

---

① 经济日报，推动企业融资成本明显下降，2020.8.11。

低端单一服务模式，不利于形成客户黏性，不利于利润的提升。代理记账机构如何进行转型升级，突破现有的代理记账行业经营压力大，利润低的困境？

从银行等金融机构视角，小微企业始终是其有巨大潜在价值的服务对象，但小微企业规模小，经营能力和抗风险能力弱，财务制度不健全、财务处理不规范，从风险和成本角度考虑，银行不愿意对小微企业发放贷款。同时，由于小微企业刻意隐瞒真实信息，双方信息不对称程度较高。一些小微企业的实际控制人在不同地区，不同市场多地注册，分头骗取银行贷款。部分小微企业通过让自己的亲戚、朋友，甚至自己的司机、保姆作为关联企业的法定代表人，形成千丝万缕极其复杂的关联交易、关联担保，将资金结算复杂化，难以辨别资金真正去向，形成资金流、商品流的脱节。这种复杂的交易往来，通过信贷员抽样或静态调查分析往往不能揭示问题。

基于上述四类利益主体不同的需求，伴随着大数据、云计算、人工智能等技术的兴起和广泛应用，"互联网+会计工厂"平台顺势而生。

## 三、"互联网+会计工厂"平台构建思路及运行模式分析

### （一）"互联网+会计工厂"平台构建思路

"互联网+会计工厂"平台构建基本思路为：平台涉及多方利益主体，为协调各方之间的关系和相关利益，由政府牵头组织，依靠政府公信力进行推广和维系，学校、企业共同出资建设，依托互联网新技术，将政府部门、学校、代理记账机构、小微企业、银行、数据公司以及其他服务机构互联到统一的平台中，通过共商、共建、共享运行机制，建立一个能为财经类专业学生提供大规模实习的场所；能为代理记账机构提供丰富人力资源，助力其转型升级的场所；能为小微企业提供标准化财税服务，促进其财务处理不断规范化，财务制度不断健全的场所；能为银行提供客观、实时、多维度的小微企业财税信息，帮助银行更好评估小微企业风险的场所。这样一个多方主体受益，合作共赢的生态平台，其主要参与方及角色定位如下：

（1）学校。学校里有丰富的师生人力资源，有良好的科研平台，有与企业合作的动力和机制设计，特别是对于高职院校，为更好做到实践育人，更好落实产学研深度融合，学校完全可以作为平台的倡导者，同时承担着建设平台、参与平台、维护平台三类角色。

（2）代理记账机构。在传统模式下，代理记账机构由于人力资源的限制，提供的代理记账服务具有规模的局限性和服务的单一性。进入平台之后，学校的学生可以通过实训转变为他们的人力资源，解放他们自己的会计人员；学校的老

师可以与他们合作研发标准化账务处理流程，助力减员增效，从而有利于形成与客户间更深层次合作关系，为客户进一步提供财税咨询、纳税筹划、融资规划等高技术、高水平、高价值的服务。通过提供这种增值服务，有利于提高客户黏度，扩大客户规模，突破传统代理记账行业一直以来的经营困境。所以，代理记账机构有动力和意愿建设和参与到这个平台中。

（3）小微企业。小微企业作为平台的参与方，一方面，从平台获得标准化的财税服务和增值服务；另一方面，在一定的机制设计下，访问平台中产生的企业实时数据，聘请与平台合作的数据公司加工、分析、处理数据，帮助企业更好地了解自身的经营水平、财务状况以及在同行业中所处地位，为小微企业合理决策提供科学依据。同时，小微企业通过平台发布融资需求，结合平台上展示的银行等金融服务机构提供的金融产品供给，挑选适合自己的金融产品，向银行提出融资申请。多方面受益决定了小微企业有极大动力参与这个平台。

（4）银行等金融服务机构。一直以来，小微企业数量众多、规模小、行业分散、质量参差不齐，银行缺乏足够的资源和能力去全面掌握小微企业的真实信息，再加上目前我国还未建立统一的征信信息共享平台，双方之间信息不对称程度高。银行很难辨别小微企业是优质的还是劣质的，常常造成判断的失误，即对优质企业缺少授信或对劣质企业授信过度从而造成损失。在政府的引导下，银行通过参与平台，获得第三方提供的大量的小微企业经营、财务、税务、融资等各方面的信息，再依托与平台合作的数据公司提供的小微企业公共信用信息和社会商业信息，为银行的风险识别提供有效支撑。因此，银行也乐于参与平台合作。

（5）数据公司。数据公司在政府引导下接入平台，以平台产生的小微企业数据为基础，利用其强大的数据处理能力，对小微企业的数据和信息资源进行加工处理，为小微企业经营决策提供科学依据。同时，整合国家公开的各种网站上有关小微企业的数据、信息，比如查看企业有没有环保处罚，有没有税务的严重警告等，对采集到的数据做加工、分析、处理，最终给银行一个很好的参考结果，为银行的信用评估、风险预警等数据风控提供服务。当然，小微企业和银行要想获得数据公司提供的各类服务，需要支付服务费。

### （二）"互联网+会计工厂"平台的运行模式分析

平台构建的基石在于有政府职能的担当以及学校这样的非营利机构的参与，平台作为一个独立的第三方，不单独属于任何公司，能够在满足各方利益主体需求的基础上得到各方的信赖。其运行模式用图形表示，如图1所示。

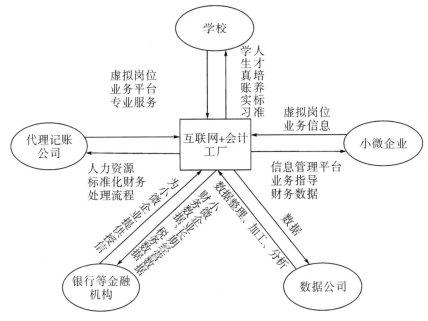

图1　"互联网+会计工厂"运行模式

学校与代理记账公司签署战略合作协议，深度合作，双方共同配备专业教师和技术人员，共同研发标准化账务处理流程。代理记账公司将小微企业真实的会计核算资料共享到会计工厂平台，大批量会计专业学生在企业导师和学校教师双重指导下通过标准化的账务处理流程进行真账真做，并将最终核算结果通过互联网共享给小微企业，创新小微企业会计标准化服务模式，提高小微企业信息质量。当然，平台会对产生的小微企业信息做隐私处理，除非经企业授权，否则其他机构不得随意调阅、查看企业数据。这样，在政府引导下，平台利用承载的小微企业长期的经营数据、财务数据、税务数据，经企业授权后，供银行等金融机构调阅，为银行向小微企业授信提供依据；供数据公司调阅，为数据公司更好服务小微企业提供数据支撑。这样的运行模式，为代理记账公司节省人力，让他们的专业人员可以抽出更多的时间为小微企业提供增值服务，更好地维护与客户之间的关系，增强客户黏度，突破经营困境；为小微企业提供更优质的财务标准化服务和高水平服务，推动企业管理转型升级；为银行提供授信依据，便于银行更好地了解企业，降低双方之间信息不对称，更好地评估企业风险，从而合理授信，最终引导小微企业银行信贷融资。

整个平台构建的核心思想就是：任何一类角色在为平台提供服务的同时又从平台获取服务，因为只有这种供需均衡的关系才可以最终保证平台（系统）的可持续性和稳定性。平台是一个开放的平台，任何实体与平台之间只要存在这种供需均衡关系都可以进入平台，与平台合作，最终多方受益。平台在政府力量的推动下，在当前国家普惠金融大的政策方向引导下，引入银行和数据公司，利用政府的扶持政策、公共信息等资源，有效对接企业融资需求和银行金融产品供给，提高为小微企业服务的效果。

## 四、"'互联网+会计工厂'平台+银行+数据公司"模式，助力小微企业银行信贷融资

一直以来，银行是否放贷给申请贷款的小微企业，取决于银行对小微企业的评估结果。银行做贷前调查最大的问题就是所有的信息都是由客户来提供的，这样就造成了无法准确地判断其真实性和可靠性，财务造假、数据欺诈时有发生，银行承担较高风险。"互联网+会计工厂"平台作为第三方，既不偏向银行，也不偏向小微企业，接受来自小微企业的核算资料，通过标准化的账务处理流程，为小微企业提供标准化的财务服务。由"互联网+会计工厂"平台提供的小微企业信息相对而言更加客观、可靠。平台产生的数据、信息沉淀在平台，从线下到线上，数据成为新型生产的要素。各类数据在充分流动和分享过程中最大限度地被利用，供银行和数据公司调取，经加工、分析、处理后，发挥效用，助力小微企业发展和银行信贷融资，如图2所示。其中，虚线表示数据流动。

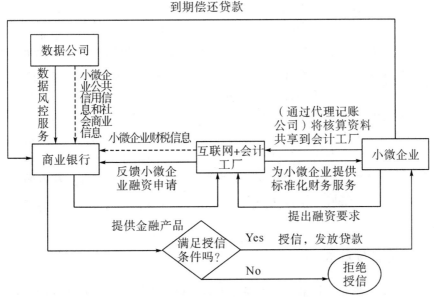

图2 "'互联网+会计工厂'平台+银行+数据公司"模式

在政府部门主导下，"互联网+会计工厂"平台联合银行和小微企业，同时发布小微企业的融资需求和银行的金融产品供给，双方信息展示在平台，一目了然。小微企业可以在平台上挑选适合自己的金融产品并提出申请。银行一方面从"互联网+会计工厂"获取申请融资小微企业连续、动态的相关财税信息，另一方面获取数据公司整合的该小微企业的公共信用信息和社会商业信息，这些信息可以评估出用户在不同商业场景的守约行为，多方信息交叉验证，最终决定是否放贷。与传统金融机构授信业务相比，首先，获取的财税信息不是来自小微企业自身提供的信息，而是来自第三方平台，大大降低财务造假；其次，获取的信息不仅仅局限于财税信息，还从数据公司获得小微企业的公共信用信息和社会商业信息，通过数据公司综合运用大数据、云计算等现代金融科技手段，对数据和信息资源进行加工、处理，为银行提供信用评估、风险预警等数据风控服务，控制不良率，降低银行贷款风险。

财务信息和信用、商业信息二者缺一不可。如果仅仅有来自平台提供的小微企业财务信息，遇到小微企业刻意隐瞒真实情况，提供虚假的交易单据，那么本身生成的财务信息就是虚假的，而这一点平台是鉴定不出来的。如果仅仅有小微企业的信用、商业信息，缺少财务信息，那么银行对于这个企业的经营能力、财务状况缺乏了解，对小微企业将来是否有能力还本付息不好做出判断。只有综合运用多维度信息交叉验证，对小微企业进行立体式全息画像，同时利用大数据分析和机器学习等技术，建立主动授信模型，才能更好地评估小微企业的信用风险，评定信用等级，为众多没有抵押物，缺少银行信贷记录的小微企业获得信贷机会。在大数据时代，我们通常讲海量数据为金融风控提供了基础，其实这个海量数据，需要的是一个多维度的数据，比如来自税务、海关、民政、法院、供电、供水、燃气、网络等各种渠道，包括企业方方面面的信息，经营的、财务的、信用的、商业的等。只有全方位了解小微企业，才有可能降低信贷风险，信贷的比例才可能上升，规模才可能做大。目前我们国家还未建立统一的征信信息共享平台，小微企业各方面信息，除财务信息有来源路径外，其他信息需要数据公司利用强大的数据搜索能力和挖掘能力去采集，去加工和处理。获取的信息越多越充分才越有可能降低银行和小微企业之间的信息不对称，助力小微企业银行信贷融资。

## 五、结论与启示

银行对小微企业信贷融资是需要数据与信息支撑的。对于数据储备雄厚、资金技术实力强的大型银行来说，构建自有信息平台、为客户精准画像也许并非难事，但很多中小银行则无力建设功能完备的信息数据平台，这会增大服务小微企业的风险，降低积极性。在这种环境下，本文提出构建"互联网+会计工厂"平台，通过代理记账公司将小微企业核算资料共享到这个平台，在平台上留下小微企业的数据，通过可追踪、可分析的数据来判断小微企业的资金链和经营状况，并预估企业发展前景和利润情况等。这些信息省去了此前需要靠人力来查验的麻烦，而且准确性高，对于很多中小银行很有帮助。同时，随着金融科技和大数据技术的发展，社会上出现了一批以服务民营和小微企业为主要目标的数据公司。在政府力量的推动下，数据公司参与平台，以金融大数据为支撑，整合小微企业公共信用信息和社会商业信息，利用现代金融科技手段，对整合的信息进行加工处理，进一步健全小微企业信用信息征集，从而构建出关联到实体小微企业和银行需要的信用关系。有了这层信用关系，银行可以很好地识别风险，防控风险，让风险可承受，进而顺利将款项贷给合适的小微企业，双方受益，同时又守住了风险底线。

"平台+银行+数据公司"模式成功与否最关键的是运行机制的设计。只有机制设计好，才能兼顾好多方利益主体的需求，展开有效合作。同时，必需引入政府力量，依靠政府的公信力，将这种模式推广和维系。随着平台服务效果的提升，会有更多的代理记账机构、中小银行加入平台，小微企业数量会稳步上升，平台上沉淀的数据将更加庞大，数据流动更加活跃。随着数据流动和交互频率进一步提升，企业信息的提取和识别无处不在。各类数据在充分流动和分享中被合理利用起来，最大限度地释放红利，发挥效用，给用户创造价值。如何在信息跨区流动与分享中确保数据安全，守好数据管理的"安全阀"非常重要。这需要多管齐下，多元规制，提升违约成本，维护数据安全。但对数据安全相关的规制措施并不意味着过度约束，过度约束不利于数据流动。一方面，规制举措需要在保障数据安全的前提下，为数据流动创造条件；另一方面，需要对规制举措的范围和限度进行明确，完善相关程序，依法依规开展数据安全管理，既实现维护数据安全的目的，也起到促进数据合理、合法开发利用的效果，在数据安全和数据开发利用之间做好平衡。

在大数据时代，数据作为一种无形资源，成为一种新型生产的要素。数据不像其他资源，随着不断使用而逐渐消耗、折损，相反，数据只有在不断流动、分享、使用中才能创造更大的价值。随着"互联网+会计工厂"积累的小微企业数据越来越多，对这些数据进行合理开发、利用，能够为小微企业银行信贷融资提供足够的数据与信息支撑。

## 参考文献

[1] 贾楠. 互联网金融与小微企业金融关系研究——基于金融共生理论视角 [J]. 技术经济与管理研究，2015（10）：54-58.

[2] 王馨. 互联网金融助解"长尾"小微企业融资难问题研究 [J]. 金融研究，2015（9）：128-139.

[3] 王玥. 基于信息不对称视角的小微企业融资难博弈分析 [J]. 征信，2014（6）：27-29.

[4] 冯文芳. 互联网金融背景下小微企业大数据征信体系建设探析 [J]. 国际金融，2016（3）：74-80.

[5] 姚帏之，白杨，刘德胜. 网络融资 VS 银行信贷——演化视角下小微企业融资战略平衡 [J]. 投资研究，2018（9）：62-75.

[6] 李仲飞，黄金波. 我国小微企业融资困境的动态博弈分析 [J]. 华东经济管理，2016（2）：1-7.

[7] 刘满凤、赵珑. 互联网金融视角下小微企业融资约束问题的破解 [J]. 管理评论，2019（3）：39-49.

[8] 赵岳，谭之博. 电子商务、银行信贷与中小企业融资——一个基于信息经济学的理论模型 [J]. 经济研究，2012（7）：99-112.

[9] 郭娜. 政府？市场？谁更有效——中小企业融资难解决机制有效性研究 [J]. 金融研究，2013（3）：194-206.

[10] 朱太辉. 企业融资难融资贵问题的根源和应对研究——一个系统分析框架 [J]. 金融与经济，2019（1）：4-11.

# 基于关键词聚类的课程思政文献研究①

王鹏　史丽婷　林超②

**摘要：** 本文基于关键词聚类的方法，对 2018 年至今的 CSSCI 期刊中的课程思政的相关文献进行研究。既总结出课程思政的建设经验，又通过知识结构、知识脉络与知识关联对现有研究成果进行更为合理的归纳梳理。我们可以发现目前课程思政的研究主要集中在五个方面，即课程思政内涵、课程思政与思想政治教育的辩证关系、课程思政教学改革、课程思政主要构成因素和课程思政的实践路径。同时，也发现了一些此领域研究存在的薄弱环节。

**关键词：** 课程思政　思政课程　立德树人　关键词聚类　文献计量

## 一、引言

党的十八大以来，习近平总书记站在党和国家事业发展的战略高度，在多次会议中就高校思想政治工作发表了系列重要讲话。推进高校的思想政治教育，不能仅仅依靠思想政治理论课，还需要解决以前存在的思政课和专业课"两张皮"的问题，在两者协同育人上下功夫。上海的高校比较早地开始了这方面的探索，并推出了"大国方略"等一批"中国系列"课程，在此过程中逐步形成了"课程思政"的理念。与此同时，对于课程思政的理论研究和实践探索也成为高等教育领域的热点问题。

目前课程思政方面的研究工作非常多，在对其内涵的阐释、实现的路径、专业课融入思政元素的经验交流等方面都取得了丰富的理论成果。面对如此众多的文献，很有必要对其进行梳理、总结，这是因为：①课程思政理论发展本身的需

---

① 本文受到西南财经大学 2021 年中央高校教学教改项目资助。

② 王鹏，西南财经大学教务处副处长。史丽婷，西南财经大学教务处。林超，西南财经大学经济信息工程学院。

要。学术研究规律显示，一个理论在从出现到逐渐成熟的过程中，在适当的时候对研究文献的梳理是必不可少的。②它还可以使后来的研究人员迅速了解目前的工作进展、总体情况，从而"站在巨人的肩膀上"开展工作。③好的总结显然是后来者进一步研究的基础，甚至可以作为对下一步的研究方向做出预判的依据。

但是，目前对课程思政文献梳理总结的研究工作还非常少。在仅有的几篇综述性论文中，主要还是依据作者的主观认识对现有文献进行分类、评述。如果将这一类工作称为主观性评述，那么基于文献计量方法的相应工作就可以称为客观性评述。客观性评述的研究成果则更少，希望本文的研究能在这方面做出一些探索。在后文中，将借助关键词聚类的方法，既总结出课程思政的建设经验，又通过知识结构、知识脉络与知识关联对现有研究成果进行更为合理的归纳梳理。

本文的其余结构安排如下：第二部分阐述了研究设计方案，第三部分根据实证研究结果，将学界关于"课程思政"的研究文献主要分为五个方面，然后分别针对这五个方面进行逐一梳理，并进行评述，试图全面呈现目前课程思政研究成果的概貌。最后一部分是对全文的总结。

## 二、研 究 设 计

本文以中国知网（CNKI）作为来源数据库，以"课程思政"为主题词进行检索，选取了 CSSCI 期刊中的 2018 年至今的相关文献。之所以这样选择，是因为 CSSCI 期刊的权威性和影响力受到学界较为广泛的认同，能够在一定程度上反映出某个领域研究的最高水平和主要情况。经过数据清理和去重后，共得到 457 篇文献。

CiteSpace 是一款可用于海量文献可视化分析的软件，它可以帮助研究人员快速找出最感兴趣的主题、最为重要和关键的核心信息，厘清发展历程和发展趋势。本文在以上数据的基础上，借助 CiteSpace 软件，以文献计量的方法对该领域的研究文献进行了梳理和分析。具体来讲，通过提取课程思政文献中的关键词，构建共词网络进行聚类分析，进而归纳出该领域研究的若干主要方面。

## 三、实 证 分 析

对取自 CNKI 数据库的文献数据进行关键词词频分析，汇总词频不小于 10 的关键词，如表 1 所示。

表1 课程思政文献中词频不小于10的关键词

| 序号 | 关键词 | 词频 | 序号 | 关键词 | 词频 |
|------|--------|------|------|--------|------|
| 1 | 课程思政 | 241 | 8 | 思政教育 | 16 |
| 2 | 立德树人 | 62 | 9 | 价值引领 | 14 |
| 3 | 思政课程 | 54 | 10 | 协同育人 | 14 |
| 4 | 思想政治理论 | 35 | 11 | "课程思政" | 14 |
| 5 | 教学改革 | 26 | 12 | 高校 | 13 |
| 6 | 思想政治教育 | 25 | 13 | 三全育人 | 10 |
| 7 | 思政课 | 21 | 14 | 高校思想政治 | 10 |

　　基于表1的分析结果，采用LLR算法，对课程思政领域相关文献的关键词进行聚类分析，得到16个主要聚类，其知识图谱如图1所示。其中，Modularity Q的值为0.74（大于临界值0.3），可见共词网络的社团结构显著，聚类效果较好；Mean Silhouette值为0.900 9（大于临界值0.5），说明聚类结果是令人信服的。对这16个聚类进行归纳，不难提炼出课程思政研究主要的五个方面的内容，分别是课程思政内涵、课程思政与思政课程的关系、课程思政教学改革、课程思政主要构成因素、课程思政实践路径。下文将对这五个方面的文献做具体分析。

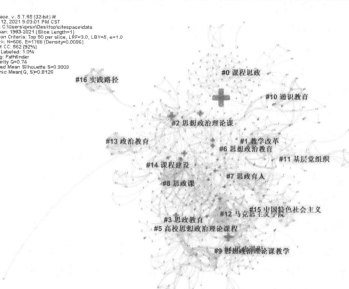

图1 课程思政文献的聚类分析结果

### （一）课程思政内涵研究

这一方面涉及的关键词主要有课程思政、人才培养、价值引领等。对于课程思政的内涵，学界的认识尚不统一，主要集中在对课程思政概念的界定、课程思政价值和意义的研究。

课程思政是一种教育理念，反映教育主体在追求人的全面发展下而进行的教育价值选择。课程思政不是增开一门课，也不是增设一项活动，而是将高校思想政治教育融入课程教学和改革的各环节、各方面（高德毅、宗爱东，2017）。在此基础上，从人（主体）与世界（客体）相互作用的角度看，课程思政是联系科学精神和人文精神的实践活动（万林艳、姚音竹，2018）。张兴海等认为课程思政是通过课程教学的主渠道来体现人的全面发展及指引高等教育回归初心的教育理念（张兴海、李姗姗，2020）。课程思政不单指某一门课程，而是通过所有课程开展包含思政教育目标、内容及方法的体系（谭泽媛，2020）。陈磊等持类似的观点，认为课程思政能够充分发挥各类课程的育人功能，实现价值引领、知识教育、能力培养的有机统一（陈磊、沈扬、黄波，2020）。

因为课程思政的载体是课程，所以不少学者持有课程观。课程思政是以课程的方式育人，通过全方式、过程来发挥育人功能与价值（唐芳云，2020）。唐德海等认为课程思政是一种课程设置理念，课程承载着思政（唐德海、李枭鹰、郭新伟，2020）。卢黎歌等认为，课程思政是以课程为载体，在遵循课程教育教学规律的前提下，充分应用社会资源，对各类课程的德育因素和资源加以开发挖掘的实践活动（卢黎歌、吴凯丽，2020）。

也有学者将课程思政视为一种教学方法，即课程思政是实施思想政治教育的一种方法，是落实立德树人根本任务、践行社会主义核心价值观的方法，是实现习近平新时代中国特色社会主义思想"三进"的方法（杨祥、王强、高建，2020）。课程思政强调教育主体采用间接、迂回的教育手段，有意识地将思政因素渗入教育内容中，使得教育客体获得政治认同、价值认同的教育目标和思政教育诉求（巩茹敏、霍跃，2021）。而相比思政课程，课程思政意味着运用更柔性的教育方法来开展工作（刘承功，2018）。

### （二）课程思政与思政课程的辩证关系研究

这一方面涉及的关键词为同向同行、思政课实践教学、思想政治课程、实践教学、以人为本、实践教学模式等。目前，学界的研究主要集中在课程思政与思政课程关系的讨论、课程思政与思政课程同向同行的学理阐释等方面。

在早期的研究中，针对思政课程与课程思政，曾出现了"包含论"和"补充论"两种观点。"包含论"认为，课程思政依托的课程门类众多，而思政课程的课程门数有限，所以课程思政包含思政课程。"补充论"认为，思政课程是思想政治教育的关键课程，课程思政只是起到补充的作用（赵继伟，2018）。随着习近平总书记作出"其他各门课都要守好一段渠、种好责任田，使各类课程与思想政治理论课同向同行，形成协同效应"的重要指示，学界重新审视课程思政与思政课程的关系，提出了思政课程与课程思政不是总从关系，而是相辅相成、同向同行的辩证统一关系（项波、吴仰祺、杨路萍，2020）。"同向"是"同行"的前提，"同行"是"同向"的目的（温潘亚，2020）。综上，课程思政与思政课程是辩证统一、相互促进的关系。

立德树人是教育的根本任务，课程思政与思政课程共同肩负着培养合格的社会主义接班人的使命。因此，无论是思政课程还是其他课程，其价值指向具有一致性，都要落实好立德树人根本任务（许硕、葛舒阳，2019）。从认知维度来看，现阶段思想政治工作面临新的挑战，而在专业课程建设过程中基因式融入爱国主义精神、社会主义核心价值观教育等（杨国蕊、徐菲、廖怀高，2021），使课程育人与思想政治教育同向同行、同频共振，则可以形成合力，事半功倍。从行动维度来看，课程思政与思政课程不能单打独斗，要处理好专业教育与思政教育的关系，开创协同育人新格局，开设专业性与思想性融合的系列课程，把优秀的专业老师请到思政课堂，通过课程思政的形式实现专业教育与思政教育的融合（鲁宽民、彭蕾，2020）。

**（三）课程思政教学改革**

这一方面涉及的关键词有课程思政、立德树人、思政元素、教学方法等。

1. 改革理念

实现思政课程到课程思政，首先是高等教育理念的革新，要推动全校上下形成把思想统一到全国高校思想政治教育工作会议精神的高度（陈艳，2018）。同时，紧紧围绕"八个统一"，突出育人与育才相结合，"八个统一"是课程思政改革实现价值引领的基本方略。从唯物辩证法的角度来看，育人与育才是辩证统一的，育人是育才的前提和基础，育才是育人的目标和追求。关键在于引导教师强化"人人育人"的育人观念，明确"人人育人"的育人责任，发挥"人人育人"的育人作用，引导教师潜心育人（张正光、张晓花、王淑梅，2020）。

2. 改革的思路

要聚焦改革的重点痛点，大力推进以"思政课程+课程思政"为目标的课堂教学改革。要优化课程设置，完善教学设计，系统梳理各门课程所蕴含的思想政治元素，实现思想政治教育与知识体系教育的有机统一（温潘亚，2020）。有学者认为，课程思政改革的核心在于课程内容的改革，要实现课程思政与思政课程教学内容的同向同行，让改革成为沟通自然科学课程与人文社会科学课程的桥梁（万林艳、姚音竹，2018）。也有学者指出，课程思政的改革，要从本体论、认识论、功能论、方法论四个维度，对课程思政的价值意蕴、行动逻辑、教育功用、实践方式进行理性思考（张兴海、李姗姗，2020）。从思政课程到课程思政，要推进课程思政供给侧改革，从人才培养的供给端，调整供给结构和要素配置，推动课程思政供给侧的转型升级（章忠民、李兰，2020）。

3. 改革的路径

一是多维并进的路径，推进课程思政改革，要从在价值导向、目标协同、动力支持等方面实现系统教育力与个体教育力的互动融通（王振雷，2019）。二是从改革的要素着手，要建立高效的领导机制，完善课程思政改革工作机制，开展评价工作，回应学生需求，将总体上的"漫灌"和因人而异的"滴灌"结合起来，让学生产生共鸣的同时受到教育（陈敏生、夏欧东、朱汉祎、李丽，2020）。有学者指出，课程思政的推进，关键在于整合不同形式的育人资源，拓展不同的育人空间，凝聚各方面的育人合力，要线上和线下相结合，加快占领网络课程思政这一战略"新阵地"，积极打造课程思政云教育，充分利用线上资源和线下资源，推进实体资源和虚拟资源的互补共促。要课内与课外相结合，切实推动课程育人与实践育人相结合，要校内与校外相结合，要统筹用好校内校外两种资源，充分调动社会资源、社会力量来促进校内外的联动，切实提升育人实效。

（四）课程思政的主要构成要素分析

一是课程。课程是人才培养的基本单元，是课程思政建设的根本依托（张大良，2021）。因此，要遵循课程建设规律，立足学科专业的不同特点和价值理念，来深入挖掘不同课程的思政元素，融入课程教学。对于公共基础课程，可以围绕课程设置、教学方式等，突显公共基础课程的价值引领使命；对于专业教育课程，可以深耕在知识传授上强化价值引领，深挖专业知识中蕴含的思想价值和精神内涵；对于实践类课程，其思政元素融入重在学思结合、知行合一，重在实践育人。

二是课堂。课堂是育人的主渠道，课堂的育人作用应该贯穿和体现在高校的所有课程当中（杨守金、夏家春，2019）。课程思政育人活动的开展主要依托"三个课堂"，"第一课堂"是主要载体，需要深入探讨如何发挥"第二课堂"和"第三课堂"在课程思政中的作用（陈冲、汪海涵，2019）。

三是教师。教师是课程思政教学活动的主要组织者和实施者（张兴海、李姗姗，2020）。实施课程思政育人价值导向，需要每一位教师的积极参与和有效落实。为此，一是需要提高教师政治素养，教师要与时俱进进行政治理论学习，主动学习马克思主义理论、习近平新时代中国特色社会主义思想等，自觉将马克思主义立场、观点和方法融入课程中，增强课程的理论厚度、思想深度和情感温度（陈敏生、夏欧东、朱汉祎、李丽，2020）。二是需要提升教师的育人能力，课程思政是教师育人中进一步自我提高的助推器（成桂英、王继平，2019）。学校可以开展教师课程思政素养专题培训。三是开展专业课教师和思政课教师结对合作教研，可以建立结对机制，方便专业课教师向思政课教师寻求帮助，瞄准课程思政焦点，遴选教学内容，提升课程思政素养（陈斌，2020）。

四是评价。课程思政建设评价，应该坚持学生中心、产出导向，突出课程育人评价要素。一是在评价的原则上，要以立德树人为根本标准，要全面树立课程思政"底线目标""师生共育""专思相长"的评价原则。二是在评价主体上，进一步健全校院领导、督导，同行、学生评价等在内的多元化评价格局。三是在评价指标上，建立多维度评价指标体系，将"政治导向正确、立德树人成效、价值引领效果"等作为课堂教学同行评价的主要观测点，将学生的过程体验和获得感作为课堂教学学生评价的重要评判标准，注重课程思政的教学效果（陈敏生、夏欧东、朱汉祎、李丽，2020）。

### （五）课程思政的实践路径

这一方面涉及的关键词为课程体系重构、协同育人、教学实践基地、基层党组织等。

一是需要从课程体系、教材体系、师资队伍体系等方面协同发力，持续推进。在课程体系方面，要构建思想政治理论课、综合素养课程、专业课程三位一体的思想教育体系（高德毅、宗爱东，2017）。应该扎实推进"一课一德"进专业人才培养方案，形成真、善、美一体系化课程育人体系（李凤，2018）。在教材体系方面，要推动教材思政，凝练遴选课程教材的思政元素，挖掘并凸显其价值引领功能，构建深度融合的知识体系。在师资队伍体系方面，要构建思政教师与专业教师手拉手协同育人机制，加强教师课程思政培训，发挥名师课程思政引航作用。

二是需要建设协同机制。课程思政是一项系统工程，体制机制是推进课程思政建设的关键。在领导机制上，学校党委需要发挥好政治核心作用，紧密联系二级党组织和基层党组织；在联动机制上，构建各学科体系间任课教师的交流沟通与联动机制，推进跨学科研讨会、集体备课会发展，加强思政课教师与专业课教师交流、对话；在激励机制上，建立奖惩分明的激励机制，将课程思政建设质量、内容、成效等工作情况纳入教学绩效考核指标体系；在推广机制上，挖掘课程思政建设的先进典范，充分发挥多媒体的宣传平台作用，营造良好舆论氛围。

三是需要促进一、二、三课堂相融合。注重转变教师观念，挖掘专业课的德育元素，在加强第一课堂建设的同时，发挥校园文化育人功能和实践育人有效途径，推动第二课堂和第三课堂建设（吴月齐，2018）。有学者进行比较研究，通过中国和美国隐性政治教育的对比，指出要广泛利用社会资源，把学科小课堂和社会大课堂结合起来，打造"互联网＋"模式下的隐性课堂（陈冲、汪海涵，2019）。

## 四、总结

通过关键词聚类分析以及生成知识图谱，我们可以发现目前课程思政的研究主要集中在五个方面，即课程思政内涵、课程思政与思政课程的关系、课程思政教学改革、课程思政主要构成因素和课程思政的实践路径。

课程思政研究涵盖多个学科，这为其研究带来了更为广泛的视野，注入了新的活力。但是，通过文献计量分析，不难发现现阶段课程思政的研究仍存在三个比较突出的问题：一是课程思政相关的理论研究薄弱，尚未形成支撑两者关系的较为完善的科学理论体系；二是实证研究不足，缺乏充沛的一手调研资料，这对课程思政的进一步发展不利；三是在研究内容上，不同部分有着各自为政的现象，相互之间关联不大，未形成同一类专题的较为系统深入的研究，难以形成可持续关注的多层次的专题研究。笔者希望在未来的研究中，能在这几个方面做出有益的探索。

### 参考文献

[1] 黄宇红，石燕. 中国教师教育研究 20 年：热点和前沿——基于 CSSCI 数据库的知识图谱分析 [J]. 黑龙江高教研究，2021，39（3）：78-82.

[2] 唐芳云. 立德树人：高校"课程思政"价值定位的哲学审视 [J]. 理论导刊，2020（2）：121-124.

[3] 万林艳，姚音竹. "思政课程"与"课程思政"教学内容的同向同行 [J]. 中国大学教学，2018（12）：52-55.

[4] 张兴海，李姗姗. 高校课程思政改革的"四论" [J]. 中国高等教育，2020（Z2）：7-9.

[5] 陈磊，沈扬，黄波. 课程思政建设的价值方向、现实困境及其实践超越 [J]. 学校党建与思想教育，2020（14）：51-53.

［6］唐德海，李泉鹰，郭新伟."课程思政"三问：本质、界域和实践［J］.现代教育管理，2020（10）.

［7］高德毅，宗爱东.课程思政：有效发挥课堂育人主渠道作用的必然选择［J］.思想理论教育导刊，2017（1）：31-34.

［8］杨祥，王强，高建.课程思政是方法不是"加法"——金课、一流课程及课程教材的认识和实践［J］.中国高等教育，2020（8）：4-5.

［9］刘承功.高校深入推进"课程思政"的若干思考［J］.思想理论教育，2018（6）：62-67.

［10］谭泽媛.课程思政的内涵探析与机制构建［J］.教育与职业，2020（22）：89-94.

［11］巩茹敏，霍跃.构建课程思政与思政课程协同效应的新审视［J］.思想政治教育研究，2021，37（1）：74-78.

［12］卢黎歌，吴凯丽.课程思政中思想政治教育资源挖掘的三重逻辑［J］.思想教育研究，2020（5）：74-78.

［13］赵继伟.关于"思政课程"与"课程思政"辩证关系的思考［J］.思想政治课研究，2018（5）：51-55.

［14］项波，吴仰祺，杨路萍.高校课程思政建设的"四个维度"［J］.黑龙江高教研究，2020，38（4）：152-155.

［15］温潘亚.思政课程与课程思政同向同行的前提、反思和路径［J］.中国高等教育，2020（8）：12-14.

［16］许硕，葛舒阳."思政课程"与"课程思政"关系辨析［J］.思想政治教育研究，2019，35（6）：84-87.

［17］杨国蕊，徐菲，廖怀高.爱国主义精神融入课程思政的影响因素及路径［J］.牡丹江大学学报，2021，30（2）：101-108.

［18］鲁宽民，彭蕾.推动思政课创新式发展要处理好四对关系［J］.中国高等教育，2020（24）：35-37.

［19］陈艳.论高职院校"思政课程"与"课程思政"的交互融合［J］.思想理论教育导刊，2018（12）：110-112.

［20］张正光，张晓花，王淑梅."课程思政"的理念辨误、原则要求与实践探究［J］.大学教育科学，2020（6）：52-57.

［21］万林艳，姚音竹."思政课程"与"课程思政"教学内容的同向同行［J］.中国大学教学，2018（12）：52-55.

［22］章忠民，李兰.从思政课程向课程思政拓展的内在意涵与实践路径［J］.

思想理论教育，2020 (11)：62-67.

[23] 王振雷. 论高校课程思政改革的三维进路 [J]. 思想理论教育，2019 (10)：72-75.

[24] 陈敏生，夏欧东，朱汉祎，李丽. 高等院校推进课程思政改革的若干思考 [J]. 高教探索，2020 (8)：77-80.

[25] 张大良. 课程思政：新时期立德树人的根本遵循 [J]. 中国高教研究，2021 (1)：5-9.

[26] 杨守金，夏家春. "课程思政" 建设的几个关键问题 [J]. 思想政治教育研究，2019，35 (5)：98-101

[27] 陈冲，汪海涵. 我国高校推进 "课程思政" 的着力点研究——兼论美国高校隐性政治教育的启示 [J]. 当代教育科学，2019 (9)：88-92

[28] 成桂英，王继平. 课程思政是提高高校教师思想政治工作实效性的有力抓手 [J]. 思想理论教育导刊，2019 (8)：142-146.

[29] 陈斌. 高校课程思政的生成逻辑与推进策略 [J]. 中国高等教育，2020 (Z2)：13-15.

[30] 高德毅，宗爱东. 从思政课程到课程思政：从战略高度构建高校思想政治教育课程体系 [J]. 中国高等教育，2017 (1)：43-46.

[31] 李凤. 给课程树魂：高校课程思政建设的着力点 [J]. 中国大学教学，2018 (11)：43-46.

[32] 吴月齐. 试论高校推进 "课程思政" 的三个着力点 [J]. 学校党建与思想教育，2018 (1)：67-69.

[33] 陈冲，汪海涵. 我国高校推进 "课程思政" 的着力点研究——兼论美国高校隐性政治教育的启示 [J]. 当代教育科学，2019 (9)：88-92.

# 基于国家战略视角的财经高校
# 服务区域经济社会发展的研究

黎仁华①

**摘要：**随着我国高等教育体制的改革，财经类高等学校都有一个优化定位方向与强化服务目标的发展问题，服务于地方经济社会发展成了现代财经类高等学校必须研究的重要内容。本报告在全面分析财经高校服务于区域经济社会发展的战略意义的基础上，充分借鉴了国内外高校服务区域经济社会发展的发展经验，提出了现代财经高校，要确立财经高校服务区域经济社会发展的发展目标，并将其融入学校的学科发展规划与人才培养模式；准确把握国家发展战略，全面分析财经高校服务区域经济社会发展的基本规律，充分展示财经类高校的社会智库功能与人力资源储备功能；科学研究高等财经高校服务区域经济发展的合作模式，全面构建服务于区域经济发展的运行合作机制；全面探索财经高校服务区域经济社会发展的现实路径，提升地方经济与社会发展的效果；探索了财经高校服务于区域经济发展的保障措施。

**关键词：**财经高校　区域经济发展　实现路径　保障机制

## 一、财经高校服务于区域经济社会发展的战略意义

我国高等学校中财经类高等学校的占比是比较高的，这是因为我国实施经济体制改革以后，确立了以经济建设为主导的经济发展战略，经济建设部门的重要性特征凸显出来，经济建设人才的需求数量与质量更是节节攀升。而在高校管理体制改革之前，我国的财经类高等学校基本上是隶属于国务院的部委直接领导，

---

① 黎仁华，西南财经大学会计学院副教授。

包括中国人民银行、财政部、经贸委、国内贸易部（商业部）等相关的职能管理部门与业务部门，这时候的部门办学与行业办学的特征非常明显，其财经类高等学校主要是服务于所在部门与所在行业的基本业务工作，服务并服从于行业或者是部门的工作性质与内容是部属财经高校的主要任务。随着我国高等教育体制的改革，财经类高等学校少部分归属于教育部（比如上海财经大学、西南财经大学等），其余的绝大部分都下放给地方（省级属地）管理，这就使得现代财经类高等学校都有一个优化定位服务方向与强化发展目标的现实课题，服务于地方经济社会发展成为当今财经类高等学校必须研究的重要内容，鉴于此，强化财经类高校服务于区域经济及其社会发展的探索是现代财经高校新时期创新发展的有效选择。

（1）加强区域经济社会发展服务工作是财经类高校贯彻落实地方党委、政府加强以经济建设为主导的核心工作的客观需要。

财经高校可以完整把握国家战略，特别是经济发展与社会建设目标，有效利用财经高校在区域经济社会发展中的特定优势，包括：充分利用财经类高校的区位优势，形成区域经济合作发展的地域基础；财经类高校拥有丰富的金融资源优势、财政税收资源优势、财务会计资源优势及其经济信息资源优势，可以形成区域经济发展的经济基础；财经类高校拥有一定的政治优势，包括提供了大量的地方政府党政机构的领导人、经济管理部门的负责人与经济研究的专业人员，为区域经济的合作发展奠定了组织基础与人力储备。同时，财经类高等学校必须担负起为区域经济的建设发展提供智力支持的重任，要紧紧围绕地方经济发展及其区域经济建设的新目标与新任务，不断深化教学、教材及其课程建设改革，不断创新服务形式，才能将服务内容融入办学目标与人才培养规划目标中。

（2）加强区域经济与社会发展服务工作既是财经类高等学校实现科学发展和规模建设的要求，更是建设高水平财经大学的内生要求。

当代财经高校在发展定位与育人目标上，需要进一步明确在服务区域经济社会发展中的作用，构建财经类高校区域经济合作机制的发展模式，并通过政策引导与组织协调，优化与配置科技资源，营造一种环境和人才需求市场竞争的优化秩序，引导和推进政府、企业和高校的深度合作与发展；通过服务经济社会发展，可以加强理论知识的学习与社会实践的密切联系，并在实践过程中强化学术思维的转化，优化书本知识的固化思想，克服教学科研与现实脱节以及人才培养与社会不相适应等问题；同时，通过为区域经济社会发展服务，可以增强办学实力、提高办学水平、打造学校品牌、扩大社会影响，通过为区域经济社会发展服务，可与社会产生共鸣，为学校实现科学发展、规模优化、内生发展和转轨变型提供了良好的社会基础和外部条件。

（3）通过学校对区域经济与社会发展的贡献，推动学校与区域经济的良性合作与辐射发展，全面提升财经类高校服务社会经济发展的质量。

应用财经高校与社会资源的整合，把学生全面培养成为"社会人"作为当代财经专业教育的核心，全面推动财经类高校的一体化人才培养模式，使政府、社会、学校的共同育人真正成为服务区域经济的发展之本，固化财经高校的强校之基，并积极探索转型之源，促进聚集人才与强化服务优势的协同发展；财经类高校应确立把握国家战略与服务区域经济的创新思维，强化高校的科技创新意识，即财经类高校的科研工作必须以市场和社会需求为导向开展科技创新，通过区域经济合作，使财经类高校同样成为企业的成果之源、效益之源、创新之源；良性的区域经济的合作机制能够促进财经高校的全面健康发展，合作创新才能提高创新能力，利于大学和区域经济优势资源的互补性与双赢性。

## 二、国内外高校服务区域经济与社会发展的借鉴分析

高等学校与地方政府及其企业机构的技术合作研发，共同创造技术产品，协同推动科技进步是科学技术发展的典型模式，国际上一些科技发达国家及其地区，都具有高等学校与区域政府、企业机构的协同发展的成熟经验，充分借鉴必将给予我们有益的启示。

美国是世界上经济发达国家的代表，其科技发展、技术创新与教育培养的合作创新机制同样成了国际典范。美国的硅谷是发达国家区域科技创新的标志，其区域创新体系与服务地方合作机制发展呈现出如下特点：高校与产业发展呈现网络建设，通过高校协作联盟建立了完整合作机制；合作发展高度一体化，本地的高等院校和科研机构特别是国际性著名大学成为区域创新网络中的重要创新节点；中介服务体系高度发达，硅谷地区有世界一流的会计师事务所、律师事务所，行业协会能够及时地制定产品的技术标准和新产品信息等。在美国硅谷聚集着具有国际一流、高知名度的著名大学，比如加州大学伯克利分校、斯坦福大学等大学及其相应的研究机构。众多的公立大学及其100多所私立专业技术学校，为这一特定区域输送了大量高科技人才、高质量的管理专家、众多的信息技术人才，实现了区域经济发展与高校教学科研升级、优质人才储备的融合创新，由此

形成了高等学校与区域经济持续性发展的良性互动[1]；就区域的生产企业机器科技公司而言，缩短了科研成果转化为现实产品的运行周期，使得大学的知识价值与服务社会效益真正得以体现。

中国台湾地区的新竹科技产业园，其工研院（台湾工业技术研究院）是通过市场化体制形成创新活力的典范之一。台湾新竹科技园横跨新竹县及新竹市，总占地面积为653公顷（1公顷=10 000平方米）。科学园区主要发展集成电路（贡献产值近七成）、光电产业（贡献产值20%以上）和计算机外围产业，拥有台湾"硅谷"之美称[2]。台湾新竹工研院还为该地区培养了大量的工业技术人才，在人才扩散的同时伴随着知识和技术的流动，有力地促进了台湾地区经济的创新发展。

北京中关村是以资源优势推进区域经济与技术创新发展的中国典范。中关村是海淀经济发展区域合作的基本平台，是我国著名高校、国际一流的研究机构的密集区，甚至是全球科技教育资源最为密集的区域样板，拥有大量的专业技术资源、信息优势资源及其科技发展资源，经过30多年的创新发展后，海淀区的研发突破迅速，并实现了由"中国制造"向"中国智造"的转变[3]。基本经验有：研发导向化创新，发展了以企业为主体，以市场为导向，大学研发与地方经济发展的协同创新；技术成果市场化发展，通过多样化模式促进科技成果的市场化。中关村的核心区通过学校、研究机构、企业与政府机制的创新提高了科技成果转化，全面发展了科技成果产业化支撑平台和专业化服务机构，引入了中国最大最全的技术资源平台，包括中国技术交易所等，实现了技术与资本高效对接，促进科技成果的市场化；积极发展国际之间的大学、研究机构的研发联合与技术转移服务，这在一定的区域内，极大地促进了创新技术资源的全球流动，并推动了创

---

[1]　早在20世纪50年代，斯坦福大学就创办了"荣誉协作计划"，鼓励当地企业学习研究生课程，直接或通过专门的电视教学网注册，将最新的科研项目带入到企业中；学校也以各种形式邀请企业家们为学生做讲座，或者干脆让学生甚至教师到企业中兼职，充分满足教学和实践相结合，这样不但有利于人才培养"接地气"，使学校较好地完成了教育和科研任务，提高了大学的科技成果转化率；同时还建立起与工业密切结合的研究园，推动大学的研究工作与以科学为基础的工业园相融合，工商业与大学科研融为一体，为硅谷地区的经济社会发展提供了源源不断的创新动力。

[2]　台湾工业技术研究院作为科学园区的企业创新孵化器，自1973年成立以来，培育了超过70位产业CEO，孵化165家创新公司，累计超过1万件以上的技术专利，是全亚洲孵化器成功的范例，全台湾40家芯片设计制造厂的设计人员都是来自工研院所属研究所的专家。

[3]　中关村的核心区是以北大、清华、中科院等单位共建的技术转移中心平台，并与北航、北邮、北理工等单位建立了多家产业技术研究院，通过鼓励和引导高校和科研院所，应用技术转移中心和产业技术研究院的平台全面开展科技成果转化，实现了机制创新并提高科技成果转化。

新企业的全球协同创新；中关村通过建立各类创新型人才引进、培养储备和优化管理的运行机制，并以高层次创新型科技人才为重点，促进了人才资源的优势积累，由此形成了拥有规模发展的产业集群，发展了软件与信息服务业、科技服务业、通信产业三大竞争优势产业和新能源与节能环保、生物、航空航天、新材料四大潜在优势产业；推动了科技金融与孵化体系的形成，打造了独具魅力的中关村创新文化。

## 三、财经类高校服务地方经济社会发展的实现路径

我国在北京，纵然有中关村这种高校与区域经济合作发展的科技创新典范，在国际上产生了巨大的影响，并且提升了中关村区域的社会经济发展品质，然而国内绝大多数地区及其所在区域的高等学校，特别是财经类高校是不具有在北京中关村的地理优势、政治优势与区位优势条件的，服务于区域经济社会发展的合作机制更是无法充分地展现出来。存在的主要局限与问题反映为：财经类高校的服务意识不明显，学校与所在区域经济社会合作组织不完善，利益分配与评价激励机制没有真正全面地建立起来，校地企各方的信息沟通平台不是特别畅通，导致财经类高校教师参与合作的积极性都不高；财经类高等学校所在地方政府也缺少引导及其相应的政策支持与资金投入，校地双方合作市场环境不成熟。为此，我们通过分析研究并认为，财经类高等学校要服务于地方经济社会发展，可以遵循如下思路作为实现路径。即确立目标—构建模式—整合资源—运行路径。其逻辑思路如图1所示。

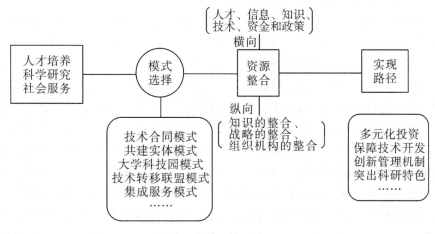

图1 逻辑思路图

（1）确立财经高校服务区域经济社会发展的发展目标，并将其发展目标融入学校的学科发展规划与人才培养模式中。

在党的十九大报告中，习近平总书记明确指出："建设教育强国是中华民族伟大复兴的基础工程，必须把教育事业放在优先位置，深化教育改革，加快教育现代化，办好人民满意的教育。"当代财经高校要实现"人才培养、科学研究和社会服务"三大职能的优化，彰显大学"社会属性"与"社会人"的人才培养质量观，其重要使命是要立足培养应用型人才，提高人才培养质量，其根本方式就是要突破学术导向的封闭式办学思路，实现大学转型发展的"弯道跨越"，通过单一模式发展为多元集成，并将封闭发展转向开放融合，最终发展成为同地方经济及其社会发展的良性互动。财经高校要始终坚持全面贯彻党的教育方针，以高校所在地区的社会发展和经济建设需求为导向，着力培育"商科"为主、"商文""商法""商工"相结合的学科专业群，搭建财经类应用型复合人才培养的良好平台。要逐步确立财经高校服务区域经济社会发展的发展目标，并将其融入学校的学科发展规划与人才培养模式之中，按照多样化、实用性和分类指导的原则，实现教学内容与课程体系改革，通过实验实践教学和创新创业教育体系建设，着力提升学生综合素质，逐步形成"以行业和地方经济社会发展需求为导向，提升'商科'优势，注重交叉融合，力行商务实践"的人才培养特色。

（2）准确把握国家发展战略，全面分析财经高校服务区域经济社会发展的基本规律，充分展示财经类高校的社会智库功能与人力资源储备功能。

财经高校同地方合作是高校提升人才培养质量和科研水平的重要方式，由此，财经类高校的发展要反映服务区域经济社会发展的基本规律，明确财经类高校与地方合作的形式与内容，反映财经类高校服务于区域经济的差异性特征，探索财经类高校服务区域经济与教育质量提升的关联性特征，借以展示财经类高校的社会智库功能与人力资源储备功能。社会智库的功能即社会智库的价值，是指高等学校对地方经济社会发展所能做的贡献专业智慧与科技知识，主要反映在对社会发展的建设性功效；高等学校的社会智库功能本质上是大学社会服务职能的具体表现，建设高校智库既是大学在新形势下自身发展的需要，也是促进区域经济、社会、文化发展的需要。财经类高校要充分发挥智囊团和思想库作用，在政府决策咨询、现代商贸流通、文化产业发展、地方法制建设等方面开展深入研究，积极为所在区域的经济社会发展建言献策。"凡事预则立，不预则废"，区域经济的发展离不开人力资源的战略性储备，财经高校是为所在地区储备并输送财经类专业人才的首要渠道。由此，要围绕所在地区的重大发展战略，搭建协同创新平台，依托优势学科进一步凝练科研方向，汇聚科研团队，产出高水平研究成果，为地方经济发展培育并储备所需要的财经类专业人才。

充分发挥财经高校的统一战线工作的智库能力。财经高校拥有大量的民主党派成员、无党派优秀专家、留学归国专家，他们当中的很大一部分会通过各个民主党派及其所在界别，被选拔或者被推荐为各级政府、人大、政协等的政府参事、人大代表、政协委员、专家顾问等智库成员，他们是财经高校的重要智库构成部分，他们拥有广泛的政府资源与社会影响力量，也是财经高校影响区域社会发展并提供服务地方经济发展的最直接的纽带，是财经高校服务社会的中坚保障。这些政府参事、人大代表、政协委员等在履职工作中，本身就要为地方政府及其相应机构提供调研报告与工作建议，这些调研报告与工作建议可以直接进入各级党政领导人的手中并可以直接批示，其转化效应与采纳应用比学校的报送更为直接（学校多数时间要通过教育主管部门转报）并更为有力。因此，学校要更进一步重视统一战线的力量，把这些工作成果纳入学校科研成果与教学成果的认定及其奖励范畴，广泛调动统一战线专家的积极性，将统一战线成员的社会服务成果融入学校的发展成果，以扩大学校的积极影响。

（3）科学研究高等财经高校服务区域经济发展的合作模式，全面构建服务于区域经济发展的运行机制。

高等学校发展过程中应用产、学、研的合作发展模式，主要通过共建实体模式来完成的，共建实体模式对于构建以企业为主体、产学研结合的技术创新体系意义特别重大，包括相互之间共建实体的条件、体制、经验、优势、问题等都要全面兼顾；高等财经高校服务区域经济发展的合作模式非常关键，目前代表性的模式①很多，各个学校要依据所在区域的具体情况做出设计与选择，并在把握国家战略的基础上，进行全面资源整合，研究服务于区域经济发展的合作机制。要建立多元化的投资主体，逐步形成政府、学校、企业多元参与的区域经济投资机制，建立高校合作信息平台，加强学校、科研单位与政府、企业的信息沟通，实现技术需求与供给的无缝对接；努力构建利益分享与风险共担的合作机制，创新科研成果市场的适应性，形成长期合作导向机制与良好的合作发展氛围，并通过为区域经济社会发展服务，全面实现学校的科研成果的落地转化，形成实实在在的经济效益和社会效益。

---

①　目前代表性的模式主要有：技术合同模式、全面合作模式、共建实体模式、大学科技园模式、技术转移联盟模式、集成式服务模式等六种模式。

（4）全面探索财经高校服务区域经济社会发展的现实路径，提升地方经济与社会发展的服务效果。

高校服务于区域经济发展的机制创新就是将现有政策与高校、企业等多个要素有机结合起来，形成一个有机发展链条。在当前新形势下高校服务区域经济发展是财经高校服务于社会的核心内容，能够不断促进科技进步和推动经济社会发展的转变，并结合自身实际整合科研资源，打造科研特色，夯实优势学科，站在国家战略的高度，形成具有一流水平的特色学科与专业。比如，当今面对"一带一路"倡议的建设机遇，财经高校就要将人才培养、科学研究、服务社会、文化传承创新、国际交流与合作等功能充分发挥出来，努力打造高层次财经类人才培养的重要基地与创新平台，不断提高服务区域经济社会发展的能力；全面落实新时代国家赋予财经高校的建设总要求，坚持以内涵质量建设为重点，全面推进学校综合改革。

## 四、财经高校服务区域经济的保障措施及其政策建议

（1）强化组织保障，明确服务意识，全面提升财经类高等学校的社会经济服务质量。

高校服务地方是区域经济社会发展的迫切需要，也是高校自身发展的客观要求，既要进一步转变办学理念，强化和树立主动为区域经济社会发展服务的大局意识，也要突出加强服务能力建设，提高为区域经济社会发展服务的整体实力和服务水平，全面提升财经类高等学校的社会经济服务质量；要强化学科整体实力，优化团队结构，夯实服务基础，大力培植服务骨干人才和队伍，形成优秀人才的团队效应，增强创新实力、竞争活力和服务能力；财经高校要建立服务于区域经济发展的专业机构与人才队伍，可以将现有的高校后勤服务公司、高校产业发展公司等经营机构融合起来，运用这些产业机构的服务功能、生产功能、消费功能等对接地方经济发展的市场需求，提供一些资金去保障生产与推动消费，并做出一定的等预算安排，实现财经高校服务于地方经济与社会发展的组织保障，并通过明确服务意识，以全面提升财经类高等学校的社会经济服务能力。

（2）强化服务宣传，塑造服务品牌，拓宽服务渠道，注重服务实效。

财经类高校要大力加强区域经济社会发展服务活动的宣传工作，努力打造高等学校服务地方经济社会发展的典型和品牌，积极引导参与服务的人员树立品牌意识，特别是要树立正确的服务观，增强社会效益意识，努力凝练财经高校服务区域经济社会发展的软实力；当今是互联网、大数据及其高科技的发展时代，学

校要积极拓展办学视野，助力推动电商绿色产业发展，依托财经高校的电子商务技术与信息技术专业队伍，充分发挥智力优势，通过与当地企业、合作社产学研合作，要大胆探索，帮助制定"打造电子商务企业产业链"规划，创建独特的"电子商务产业扶贫新模式"，实现特色现代农业增收引领作用，为扶贫脱贫工作发挥作用。

（3）全面创新服务方式，不断拓宽服务领域，持续推动服务创新。

财经高校可以在"四大"服务领域取得突破，把高校建成区域经济社会发展服务的重要智库、主要载体和强大阵地。财经高校要在决策咨询领域取得突破，要以所在区域的省委省政府、省直有关部门、企业和县域经济的有关决策为服务重点，继续探索与企业合作建设的社会科学产学研联合模式；要在继续教育培训领域取得突破，实行"成人学历教育与继续教育并重发展"的方针，主动面向全省各部门、各地区和各企业培训需要的经济管理人员，大力开展继续教育，努力开拓培训市场，积极探索新形势下开展继续教育的新途径、新方式和新方法；要在项目服务领域取得突破，要多面向厅局、市县和企业开拓，争取更多的横向项目，扩大科研覆盖面；要在经济文献信息服务领域取得突破，可依托校图书馆较为丰富的图书报刊信息资源，组建"经济管理文献信息服务中心"，积极探索财经高校图书文献信息资源社会化改革、实现共建共享的路子。

（4）建立服务区域经济发展的专业机构，全面完善服务政策与规范制度，建立健全服务效果的考评机制。

财经高校应建立学校区域经济社会发展服务工作联席会议制度，学校不仅要建立以学校为主体的服务区域经济与社会发展的领导机构、研究机构及其研究方向，学校的二级学院及其二级机构也要有领导分管区域经济社会发展服务工作，引导二级机构的专业人才具有服务区域经济与社会发展的意识，全面调动二级机构专业人才的服务积极性，鼓励二级机构推出专项的研究成果；学校要规范制定区域经济社会发展服务工作规划与发展制度包括奖励（激励）政策，学校各部门都要积极关心、支持区域经济社会发展服务工作；财经学校要重视区域经济发展特征，结合区域经济的实际需求，并根据生源现状开展了多样化、实用性、分类培养的人才培养模式，让为区域输送的学生，综合素质高、实践能力强、社会适应性好，满足所在区域用人单位的使用要求。

## 参考文献

［1］唐亚阳."双一流"背景下高校服务地方经济社会发展的路径选择［J］.新湘评论，2019（4）：21-22.

［2］周浩波.统筹服务国家战略需要和区域经济社会发展：地方"双一流"建设高校的使命与担当［J］.辽宁大学学报（哲学社会科学版），2019（1）：2-6.

［3］年晓萍，徐俊.生态位视域下地方高校服务区域经济社会发展的思考［J］.安徽农业大学学报（社会科学版），2018（1）：50-54.

［4］孔凡柱，赵莉.地方高校推动经济发展的路径和策略研究［J］.经济研究导刊，2016（3）：135-136.

［5］林腾辉.新时期地方高校服务地方经济社会发展的模式探讨［J］.宁德师范学院学报（哲学社会科学版），2016（4）：55-59.

# 新形势下财经类院校创新创业教育的改革探索

熊　立　伍婷婷　李于蓝①

2019 年中国高校毕业生规模达到 860 万人，比上年增加 40 万人，他们所面临的就业形势比往年更加复杂、更加严峻。为缓解这一压力，人力资源和社会保障部与教育部所采取的措施之一就是鼓励和支持高校毕业生自主创业、自谋职业，全力推动以创业带动就业的工作。由于财经类院校主要为银行、证券等金融机构输送人才，导致其对创新创业教育不够重视，对创新创业教育的必要性、重要性和紧迫性也缺乏认识。此外，财经类院校的创新创业课程通常只列入选修课或第二课堂，因此，普遍存在的问题有：缺乏专业教师，授课和考察流于形式，教学方式单一，授课范围狭窄，授课内容缺乏规范，相应地，学生对创新创业课程也没有兴趣，而创业教育效果也就难以保证，这极大地限制了创新创业教育的开展和普及，不利于学生创新创业能力的提升，亟须进行创业教育的科学化、制度化和规范化建设。

## 一、财经类院校创新创业教育中存在的问题

通过外出参加培训及参加各类创新创业项目评审会时我们与其他财经类院校学生、老师和创业项目评审专家等就高校创新创业教育现状和意见进行交流，更加深入地了解了财经类院校目前开展创新创业教育的具体情况，并结合自己多年在财经类院校教授创新创业课程的感受，对当前财经类院校创新创业教育中普遍存在的问题做如下分析。

（1）教学方式和内容单一。教学方式方面，财经类高校的创新创业教育普遍仍以传统的课堂教学为主，而且大多都是为人所诟病的填鸭式教学，学生被动地听老师枯燥的讲解，缺乏有效互动，学习效果较差。教学内容方面，大多只涉

---

①　熊立，西南财经大学国际商学院副教授；伍婷婷、李于蓝，西南财经大学硕士研究生。

及创业的定义、机会识别、创业团队、创业融资，以及政府和学校对大学生创业的政策支持等内容，重理论轻实践，尤其缺乏针对财经专业类学生的创业实践。另外，创新创业教育还是以传统课堂教学为主，缺乏多样化的实践教学环节，难以系统全面地培养学生的创业技能，提升其创业能力。

（2）师资结构待优化。就我们走访了解的情况而言，财经类高校中绝大部分从事创新创业教育的老师并非专任教师，他们通常还要兼顾大学生的职业生涯规划和就业指导，甚至还有其他事务性的工作，创新创业的教学质量无法保障。同时，创新创业教育应紧密结合实际，而部分学校从事创新创业教育的教师为兼职教师，很少财经类院校外聘企业创业人员来校授课。

（3）学生意识需转变。我们了解到，学生高考填报志愿时选择财经类专业，有的是自己拿主意，也有的是在家长和老师的帮助下进行选择的结果，但目标通常只有一个：毕业以后到银行、证券、基金等金融机构工作。这些职业在很多家庭和学生看来是"铁饭碗"——与其他行业相比，工资较高而风险较低。

基于这样的择业意愿，财经类高校学生在毕业找工作时，眼里只有"四大行"、大型的基金、保险公司。他们热衷于投入大量时间精力复习备考各类金融会计行业从业证书，对创新创业教育不感兴趣，几乎没有创新创业意识。但随着银行金融机构改革，以及用人单位对人才的需求转变，要求财经类专业大学生应具有较强的综合素质，具备创新精神与创新思维。因此，对财经类专业大学生进行创新创业教育是拓展其就业面，促进其实现充分就业的一条重要途径。

## 二、优化财经类院校创新创业教育的措施

（1）通过明确创新创业教育的意义，增强学生创业意识。首先，指出学生可能对创业教育的偏见——只有创业才需要学习创业知识，如果选择就业就不需要学习。其实，学习创业课程并非只是为了创业，或只适用于有志于创业的人。其实，创业教育还为大家未来职业发展提供了一种选择，大家在工作中保持"创业"心态，同样可以将工作干得很出色。例如腾讯旗下的微信团队，永辉超市的"超级物种"等，现在很多大公司都提供条件鼓励员工团队创业。正是这样的尝试，让大公司摆脱生命周期的宿命，重新焕发生机。针对财经类院校专业设置的特点，首先应明确创新创业教育并非只是培养学生创业的意识、技能和方法，其实其更为重要的是将创新创业的思想和技能，如创新驱动、差异化商业模式或产品，高效的团队构建等，融入学生未来的职业生涯发展中，对于其在工作中积极创新工作方式和内容，不断提高工作效率，甚至在积聚了一定资本、行业经验和人脉等的基础上再选择自主创业，都会产生积极的推动作用。

（2）优化课程设置，确保教学实施。为了确保财经类高校中创新创业教育的顺利开展，学校各级必须在思想上保持一致，高度重视创新创业教育，完善创新创业教育课程的设置。首先，财经类院校应将创新创业类课程作为重要的课程列入学生培养计划，学生必须完成相应学分才能毕业。其次，在内容方面，应根据财经专业的特点，专设创业与就业教育类课程，将专业培养方案中的课程分为通识类课程、专业基础课程、专业课程和创新与就业课程四类。这样，这四类课程相互支撑，全方位地为培养优秀的财经专业毕业生提供保障。

（3）构建专业教师队伍，提高课堂教学质量。高素质的专业教师队伍对提高财经类院校创新创业教育课堂的教学质量和教学效果极为重要。一方面，可以通过内部培养的方式，选送对创新创业教育感兴趣，有志于从事相关课程教学的专任和兼职教师参加创业教育师资进修或培训，以提高学校现有教师队伍的教学水平。另一方面，可以向外部整合资源，即通过整合校友资源和社会关系，聘请那些与财经类专业相关行业（会计师事务所、各类金融机构）的创业成功人士加入创新创业课程组，或者开创新创业讲座等形式，聘请其走入校园，与在校大学生面对面交流创业心路历程、创业故事，同时以其丰富的创业经验帮助大学生进行创业实践。

（4）丰富创新创业教育形式，提升学生学习兴趣。结合财经类高校的特点，在教学形式上，探索财经专业与创业教育双向融合的实践教学模式，将教学内容、教学方法、实训模式与创业实践紧密地结合起来，通过创业案例的分析，总结创业规律，编制商业计划书、创业实践等，全面而系统地提升学生的实践能力与创业能力，使其成为具有一定创业能力和较高综合素质的经济管理类专业人才。

（5）建立创新创业激励机制，激发学生创业热情。一是通过多方宣传创业典型，树立榜样，鼓励同学参与创业比赛和实践；二是加大对创业教育基础设施的投入，建立并完善创业孵化基地，整合社会资源，建立大学生实践基地；三是设立创业专项基金，组建专家团队对学生申报的创业项目进行评选，对有潜力的创业项目进行大力扶持。

另外，在教学模式方面，大规模在线开放课程（Massive Open Online Course, MOOC），中文译名"慕课"。从 2008 年首次提出到 2012 年的"MOOC 元年"，MOOC 得到了快速发展。目前，国内典型的 MOOC 平台有：清华大学的"学堂在线"、多所"985 工程"高校组建的"中国大学 MOOC"，以及上海交通大学的"好大学在线"等。在线开放课程一般都是短小精炼的课程视频，学生可以充分利用碎片化时间进行学习。同时这些课程是可以反复利用的，学生学习不受时间地点的限制。

尽管 MOOC 有很多优点，但缺乏老师的言传身教以及在课堂学习的学习环境，对于自律性较差的同学可能存在注意力不集中和中途退出的问题，无法达到课堂面对面教学的效果，因此 MOOC 和课堂教学相融合的混合式教学可以很好地形成优势互补，提升教学效果。

## 三、基于 MOOC 的混合式教学模式

基于 MOOC 的混合式教学采用线上教学和课堂教学相混合的方式。该混合式教学模式主要可以分解为以下几个模块：前期分析、课前准备、课前预习、课堂教学和课后巩固阶段。

### （一）前期分析阶段

这个阶段主要是老师针对教学对象和教授课程，分析教学对象的特征以及他们的学习需求，从而制定相应的教学策略。老师还要分析自身讲授的课程的特质，选择适合的教学工具以及教学形式。同时要明确这次课程的教学要求以及教学目标，从而制定与目标一致的教学内容和选取相应的教学方式。

### （二）课前准备阶段

基于 MOOC 平台的混合式教学，课前准备主要是准备相应的课程视频上传到 MOOC 平台。因为 MOOC 课程的录制需要多人的合作，因此老师需要选择一个团队来制作相应的课程视频。在制作课程视频之前还要有相应的课件 PPT 制作与讲稿撰写，以及线上测验的相关问题设计。

### （三）课前预习阶段

在 MOOC 课程创建完成之后，老师对课程学生发布学习任务，学生注册登录 MOOC 平台学习相关课程内容，并且参与相关的课程测验。同时记录针对课程的疑问留待课堂学习时解决。

### （四）课堂教学阶段

课堂教学不再是传统的老师讲学生听的被动式学习过程，而是以学生为主体的主动学习过程。课堂上学生被分为一个个小组，老师只讲重难点以及学生不懂的地方，老师讲解之后为每个小组分配问题，学生再进行小组讨论，同时针对遇到的问题再提问解决。小组还要根据老师提供的主题或者自选题进行小组合作展示，老师再对展示进行点评总结。

### （五）课后巩固阶段

在学习之后，老师可以根据课程的反馈及时修改教学内容和教学方式。学生

可以继续观看 MOOC 平台的课程资源，以达到巩固的目的。

## 四、创新创业课程混合式教学的实践

创新创业课程混合式教学的实践是结合创新创业课程的特征实施混合式教学。前面已经有了相关的模式介绍，实践是按照各模块实施。课前的学习主要是线上完成的，课堂的学习是线下完成的，这两部分虽然在形式上相互独立，但实际是相互关联又互为补充的两部分。按照线上线下的划分体现不了这门课程的完整性，所以还是按照课前、课中和课后来划分。

在上课之前，老师根据创新创业课程的特质以及现在大学生的学习特点分析选择混合式教学方式来教授这门课程。同时选择了中国大学 MOOC 平台进行线上教学。通过制作课件，录制课程视频，最终上传到 MOOC 平台形成一门完整的课程。通过微信、QQ 等发布学习任务。学生注册登录 MOOC 平台进行课前学习，遇到不懂的问题记录下来提交给老师。保证课前学生完成预习的措施是先要让学生理解混合式教学的流程，让学生知道线上学习是这门课程学习不可或缺的一部分。同时老师要精心制作课程，单次课程视频时间不宜过长，其能让学生有兴趣学习并且有时间学习。

线上的学习让学生对创新创业课程内容有了基本的了解。在线下课堂上，老师不用再讲述基本的内容，只用梳理整个框架以及相应的重点难点，回答学生提交上来的问题。在讲解的同时结合相关的创新创业实例分析提出需要思考的问题，分小组进行讨论，然后师生一起讨论分析。在课程的后期，学生根据老师给的主题或者自选主题撰写创业策划书，同时将成果进行小组展示，老师再进行点评与总结。在教学过程中老师要充分调动学生的课程参与积极性，始终以学生为主体。通过一些鼓励话语激励学生参与其中，同时也要营造一种积极参与的氛围。

课后，老师要针对该次课程的效果反思总结现在课程的优缺点，对课程进行完善补充，总结实践经验。对学生来说，MOOC 课程是可以进行反复利用的，学生的理解能力高低不一，对于那些理解力较差的同学，可以通过不断重复的学习达到理解的效果，对于那些理解较好的可以复习巩固。课后，小组的学生还可以对小组的作业进行修改提升，最终上传至 MOOC 平台。

## 五、结语

就业形势严峻，鞭策着财经类专业大学生们积极进取，要从各方面来提高自身综合能力，这样才能应对面临的就业压力。对于目前创新创业教育中存在的问题，只有通过明确创新创业教育意义、增强学生的创业意识、优化创新创业课程设置、构建专业教师队伍、丰富创新创业教育形式、建立创新创业激励机制以激发学生创业热情，系统地对财经类院校的创新创业教育体系进行优化和调整，才能真正落实我国缓解社会就业压力、解决社会矛盾和保障经济社会稳定发展的重大战略举措。另外，为了顺应技术发展，需要在创新创业课程混合式教学方面进行探索与实践，深切感悟"互联网+"对现代教育的影响。制作课程上传到MOOC 平台不仅是创新创业课程混合式教学的一次探索，也是知识共享的一次尝试。不仅实践了混合式教学，也感受到教育信息化的必要性。随着我国信息技术的不断发展，教育也应该紧紧跟上时代的步伐，用信息化武装自己，不断探索新的可能。虽然现在创新创业课程的混合式教学还不是很完善，但通过一次次的实践一定能不断完善、提升课程的质量。

## 参考文献

［1］尚恒志. 大学生创业教育的课程体系研究［J］. 教育研究与实验，2009（7）：7-9.

［2］杨益彬. 基于多层次创业教育目标的校多维创业教育课程体系的构建［J］. 教育探索，2010（6）：38-40.

［3］霍彬. 财经类高校创业教育课程体系构建初探［J］. 新疆财经大学学报，2008（2）：70-72.

［4］张宏喜. 高校创业教育的要素分析——基于课程体系的维度［J］. 人力资源管理，2010（4）：74.

［5］陈彦丽. 高校创业教育课程设置的目标及体系构建［J］. 哈尔滨商业大学学报（社会科学版），2009（5）：121-124.

［6］教育部办公厅关于征求对《关于"十三五"期间全面深入推进教育信息化工作的指导意见（征求意见稿）》意见的通知［EB/OL］. ［2019-04-29］. http://www.moe.gov.cn/ srcsite/ A16/ s3342/201509/t20150907_206045.html.

［7］冯晓英，王瑞雪，吴怡君. 国内外混合式教学研究现状述评——基于混合式教学的分析框架［J］. 远程教育杂志，2018，36（3）：15-26.

［8］涂德虎. 试论大学生创业教育课程体系［J］. 黑龙江高教研究，2009（10）：178-180.

［9］陈燕玉. 我国高校创业教育存在问题及对策——基于美国创业教育经验借鉴［J］. 漳州职业技术学院学报，2010（5）：81-83.

［10］郝会欣，石香云. 当前高校创业教育现状及存在问题探讨［J］. 中国校外教育，2012（9）：12.

［11］龙映宏，杨红卫，陈明锐，宋晏. 基于翻转课堂的混合式教学探讨［J］. 海南大学学报（自然科学版），2017（2）.

［12］汤勃，孔建益，曾良才，等. "互联网+"混合式教学研究［J］. 高教发展与评估，2018，34（3）：96-105+123-124.

［13］欧阳伦四. 高校创业教育存在的问题及对策［J］. 教育探索，2011（3）：103-104.

［14］连城. 论大学生创业教育与创业课程的科学设置［J］. 教育探索，2009（3）：134-135.

［15］王珍义，胥朝阳，徐雪霞. 地方高校经管专业"梯度进阶式"创业教育模式研究［J］. 创新与创业教育，2011，2（6）：41-44.

［16］孙畅. 以能力为导向的大学生创业教育实验教学课程体系构建初探［J］. 实验室研究与探索，2012（11）：85-88.

［17］崔剑. 学生社团建设与大学生创新能力培养的探索［J］. 教育与职业，2012（11）：166-167.

［18］周贤，蔡星. 高等师范院校创业教育探析［J］. 学理论，2014（33）：154-155.

［19］朱雪梅，雷颉. 混合式教学："互联网+"时代的教学变革［J］. 中小学数字化教学，2018，7（4）：6-9.

［20］刘敬，陶雁羽. 基于MOOC的混合式教学模式探索［J］. 中国教育信息化，2018，419（8）：35-38.

# "双一流"建设高校本科"招生—培养—就业—校友"工作联动机制建设研究

谢　红①　刘伟亮②

**摘要：**在一流本科教育过程中，招生、培养、就业、校友工作构成了相互关联、相互支撑的"全链条闭环式人才培养体系"。强化招生、培养、就业、校友工作四环联动是提升人才培养质量的内在要求，是国家深化考试招生制度改革的客观要求，是深化高校内部治理体系改革的现实要求。以坚持质量导向、强化改革创新、注重协同育人为基本原则，发挥好招生、培养、就业、校友四环在培养体系中的"联动角色"，搭建招生专业与计划动态调整机制、人才培养方案周期性优化机制、就业质量评估与反馈机制、校友发展跟踪服务机制等支撑系统，有助于实现人才培养的动态平衡和教育资源配置效益的最大化，从而获得"1+1>2"的人才培养质量倍增效应。

**关键词：**招生　培养　就业　校友　联动机制

我国高等教育发展进入增质提效的新阶段，"双一流"建设驶入快车道。"双一流"建设要以一流本科教育为支撑，而一流本科教育要有一流的生源、一流的人才培养、一流的就业质量和一流的校友发展。在一流本科教育过程中，招生、培养、就业、校友工作构成了既独立完整又相互支撑的"全链条闭环式人才培养体系"。

## 一、"招生—培养—就业—校友"工作联动机制建设的重要意义

### （一）构建"招生—培养—就业—校友"工作联动机制是人才培养的内在要求

"人才培养是中心、是根本，是大学的本质属性，是大学的存在价值。"[1]招

---

①　谢红，西南财经大学学生工作部部长，教授。
②　刘伟亮，西南财经大学学生工作部，讲师。

生、培养、就业、校友工作是大学人才培养的四个重要环节，四者之间环环相扣，相互影响、相互制约。招生工作是人才培养的起点，如何吸引到具有学科特长和创新潜质的优秀学生报考、如何树立招生品牌与特色、如何确保充足而高质量的生源直接影响人才培养的质量，而培养、就业与校友工作质量同样反作用于生源质量；教育培养环节是整个人才培养的中心环节，直接决定高校整体人才培养质量，对高校学科专业建设、招生与就业工作质量、校友群体的长远发展具有重要影响；就业工作是人才培养的出口环节，是人才培养质量的直接体现，是衡量学校办学水平和社会声誉的重要评价指标；校友工作是高校人才培养的自然延伸，是高校服务社会的重要体现，也是高校人才培养的重要资源性保障。构建"招生—培养—就业—校友"工作联动机制，打通高校人才培养的"任督二脉"，实现人才培养全流程、各环节、各要素的有机衔接、互联互通，是高校人才培养的内在要求和重要保障。

**（二）构建"招生—培养—就业—校友"工作联动机制是国家深化考试招生制度改革的客观要求**

根据《国务院关于深化考试招生制度改革的实施意见》，2020年我国将基本建立"分类考试、综合评价、多元录取"的中国特色的现代考试招生制度。此次高考制度改革被称为自1977年恢复高考以来"规模最大、涉及面最广、难度最艰巨"的一次改革，改革后的招生评价方式和录取方式将发生极大变化，对"双一流"高校的招生与人才培养产生直接影响，具体体现在四点：一是"双一流"高校将失去原"一本院校"拥有的批次"优先选择权"，所有高校同台竞争，生源质量之争更加激烈；二是类似浙江省的"专业+学校"的高考志愿填报模式，可能导致高校招生"热门专业更热，冷门专业更冷"的现象，部分专业将出现严重生源危机，倒逼高校强化学科专业建设；三是高考改革后，考生可自主选择考试科目，导致考生基本素养与知识结构发生变化，倒逼高校改革现有人才培养方案，实现高校与高中人才培养知识结构的重新对接，同时也对学生职业生涯规划与就业指导等工作提出了全新的要求；四是设置选考科目、综合素质评价、多元录取等招生考试方式将对学校人才测评和选拔能力提出更大的挑战，不同高校的不同专业究竟应该如何设置选考科目、如何设计综合评价指标、采用何种选拔形式等都需要组建专家团队进行深度研究。由此可见，高考改革影响的不仅仅是招生，而是整个高校人才培养体系。抓住人才培养改革契机，构建"招生—培养—就业—校友"工作联动机制，科学应对国家深化考试招生制度改革的倒逼形势，有助于进一步提升"双一流"建设质量。

（三）构建"招生—培养—就业—校友"工作联动机制是深化高校内部治理体系改革的现实要求

"构建新时代现代化的高校内部治理体系，是破除新时代'高校失灵'的窘境，推进一流大学和一流学科建设，实现高等教育内涵式发展，加快教育现代化，建设教育强国的有效途径"[2]。随着我国高等教育事业的发展，高校内部组织结构复杂化、机构职能划分日趋细化，教育管理服务工作精细化水平日益提升，但同时亦形成了整体人才培养工作的条块化分割。招生、培养、就业、校友等各项工作独立运行，缺乏有效的协同联动，人才培养工作"碎片化"，导致高校对国家社会发展、学生成长成才需求反应不够迅速，学科专业建设滞后，学生知识结构与现实要求错位，人才培养质量受限。因此，推进高校内部治理体系改革，在明确职责分工基础上，强化招生、培养、就业、校友工作四位一体的联动，建立目标协同、信息共享、动态调整等机制举措，使学校内部的人才培养体系、教育资源配置能够与国家经济社会发展需求直接对接，与新时代人才培养需求相吻合，有利于实现人才供给和需求的动态平衡，提升学校人才培养效能。

## 二、"招生—培养—就业—校友"工作联动机制建设的基本原则

### （一）质量目标导向

人才培养质量是高校的生命线。构建"招生—培养—就业—校友"工作联动机制应坚持以立德树人成效与人才培养质量为检验标准。以基于高校自身办学定位所确立的人才培养目标为中心，强化全员、全过程、全方位育人，着力解决人才培养联动与衔接不足问题，集中办学力量与办学资源，主动对接国家经济社会发展需求、行业和区域发展需要，切实提高人才培养目标的条件保障度、目标达成度、社会适应度和结果满意度。

### （二）强化改革创新

新时代我国经济社会的快速发展、"00"后学生的新特质要求高校人才培养工作内容出新、手段革新，培养具有创新精神与创新能力的新时代大学生。构建"招生—培养—就业—校友"工作联动机制应坚持将改革创新理念根植于从入口、培育、出口至后期服务的人才培养全过程，加大本科招生模式改革、学科专业建设改革、人才培养模式改革、就业工作机制改革，激活校友资源，强化质量评价保障制度，改进激励约束机制，在优化体制机制中释放创新活力，激发发展动力。

### （三）注重协同育人

"多元参与的体系要形成协同运作效应，除了要有共同的目标、共享的资源和信息系统之外，更需要强有力的协同、整合和保障机制"[3]。构建"招生—培养—就业—校友"工作联动机制应注重做好系统谋划与顶层设计，既要科学分工、各负其责又要有机统一、协同育人，强化招生、培养、就业、校友工作的信息、资源、政策、考核互联互通，打造相互支撑、无缝衔接、动态平衡的人才培养新格局。

## 三、"招生—培养—就业—校友"工作联动机制建设内涵

"招生—培养—就业—校友"工作联动机制运行模式见图1。

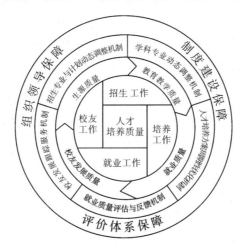

**图1　"招生—培养—就业—校友"工作联动机制运行模式**

### （一）基于"招生端口"的工作联动机制建设

"招生端口"在"招生—培养—就业—校友"工作联动中的角色与作用有三点：一是结合各高校办学与人才培养定位，紧跟国家社会经济发展需要，树立招生专业品牌、优化生源结构，深入研究高考改革带来的利弊，第一时间向人才培养与就业工作端口做出反馈，做好人才培养方案与就业指导服务等方面的改革预案；二是加强招生工作队伍建设，组建包含专家学者、在校师生、校友群体在内的宣传队伍，强化学科专业宣传，形成"全年、全员、全方位"的宣传态势和"立体化、精准化、系统化"的宣传体系；三是建立基于联动机制的"招生专业与招生计划的动态调整机制"。按自然年度对所有纳入招生计划的专业进行招生、

培养、就业与校友工作的评估，将就业质量、生源质量、学科专业评估质量、校友发展情况作为制定分专业年度招生计划的重要依据，设立由专业"招生—志愿报考率、净转学生比例、学业警示率、初次就业率"四个指标构成的综合评价指标体系，对人才培养质量不高、社会需求不大、年度协议就业率较低、志愿填报率低的专业减招、隔年招或停招，逐步实现招生专业与计划设置同市场人才需求之间的动态匹配，提升高校才培养竞争力。

### （二）基于"培养端口"的工作联动机制建设

"进口畅，出口旺，中间环节是保障"[4]。"培养端口"是"招生—培养—就业—校友"工作联动机制的核心。建好"教育教学阵地"，严把"培养关"，着力提升人才培养质量，为招生与就业工作质量提升、校友长远发展提供核心竞争力。"培养端口"应建立"人才培养方案和课程周期性优化机制"，根据经济社会发展的人才需求、学科专业的最新动态、不同招生类别学生的特质与发展需求，制定个性化人才培养方案，做好人才培养的跟踪调研。发挥好校友资源在人才培养中的重要作用，做好校友继续教育服务。"培养端口"在"招生—培养—就业—校友"工作联动中的关键是要建立"学科专业动态调整机制"。深化学校专业供给侧改革，以经济社会发展和学生职业生涯发展需求为导向，积极发挥就业质量、招生指标和校友发展状况对人才培养工作的反馈作用，构建科学的专业设置管理体系，进一步完善学科专业预警、退出管理办法，探索大类招生、大类培养，发挥好学科专业在招生、就业等方面的增强、配优功能，提升学校学科专业竞争力。

### （三）基于"就业端口"的工作联动机制建设

"就业端口"是"招生—培养—就业—校友"工作联动体系的落脚点。从某种意义上讲，就业质量体现的是高校人才培养质量与学科专业建设质量。"就业端口"应建立就业质量评估与反馈机制，深入开展就业市场调研，准确把握企业人才需求和毕业生职业发展状况，以招生类别、培养专业等为分析维度加强就业质量的分类分层分析，为招生专业与计划设置、学科专业调整、教学内容与课程设置等方面提供参考依据。"就业端口"要根据人才培养状况与经济社会发展需求做好全程化、个性化、专业化就业指导与服务，引导学生合理规划个人学涯与职业职涯，提升职业能力素养。同时，就业工作为"六稳"之首，应进一步加强就业工作队伍建设，发挥好专业教师群体、校友群体在学生实习与就业中的重要作用。

### （四）基于"校友端口"的工作联动机制建设

在"招生—培养—就业—校友"工作联动机制中，"校友端口"是重要的资源服务与保障环节，具有反哺作用。"校友资源为高校提供了重要的人力资源、智力资源、财力资源和广阔的社会资源等，是开拓高校教育事业发展空间的重要力量"[5]。校友是高校招生工作的"形象大使"，体现了高校的人才培养质量与社会美誉度。校友是教育教学的重要资源，在创新创业教育、实践教学等方面具有重要的作用，校友的发展现状也是高校教育教学方案调整的重要参考。校友是高校就业工作的重要助手，可以作为"职业发展导师"介入学生职业规划与就业指导服务，同时也是高校学生的实习实践、签约就业的重要资源。校友工作是人才培养的自然延伸，应建立"校友发展跟踪服务机制"，将校友意识培养融入人才培养全过程，针对校友需求提供高质量全生命周期服务，形成校友发展与学校人才培养相互支持、相互促进、共同发展的良性循环。

## 四、"招生—培养—就业—校友"工作联动机制建设保障

### （一）组织领导保障

"招生—培养—就业—校友"工作联动机制涉及内容面广、业务部门多，高校应加强联动工作的顶层设计，深化高校内部治理体系改革，成立由主管校领导牵头、学院和相关职能部门共同参与的联动工作机制领导小组，组建涵盖招生、培养、就业等相关领域的专家团队，统筹推进联动工作的科学运行。

### （二）制度建设保障

建立招生专业与计划动态调整机制、人才培养方案周期性优化机制、就业质量评估与反馈机制、校友发展跟踪服务机制等为核心的联动工作支撑体系。建立招生、培养、就业、校友工作质量年度报告发布制度，单项报告须以另外三项工作为分析维度，为学校招生、培养、就业、校友工作整体联动提供科学支撑，强化在具体政策制定环节的互联互通。

### （三）评价体系保障

强化招生、培养、就业、校友工作联动考核，注重定性与定量考核相结合，采用年度目标完成率的方式对院系人才培养进行个性化考核，高校教育教学资源根据考核结果进行配置，进一步调动院系等校内二级单位工作的积极性和创造性，实现学校教育教学资源的优化配置。

以人才培养质量为中心，深化高校内部治理改革，强化"招生—培养—就业—校友"工作联动机制，优化闭环链条体系内各环节的有机联动，着力解决人才培养的不通不畅、供需失衡问题，从而实现"1+1>2"的人才培养质量倍增效应，有助于"双一流"建设高校教育资源配置效益的最大化，从根本上破解高

等教育人才培养与经济社会发展需求不适应问题，为实现"两个一百年"奋斗目标和中华民族实现伟大复兴中国梦的历史使命提供强有力的智力支持。

## 参考文献

［1］林蕙青. 建设一流本科教育是"双一流"建设的重要任务［N］. 光明日报，2016-05-17（13）.

［2］华起. 新时代高校内部治理体系现代化重构［J］. 高教学刊，2018（18）：10.

［3］李国娟. 构建"同向同行、协同育人"新机制［J］. 红旗文稿，2017（12）：21.

［4］郑禹. 招生培养就业系统工程的探讨［J］. 阜阳师范学院学报（社会科学版），2006（4）：84.

［5］林蔚. 基于反哺理论的高校校友资源利用探究［J］. 宁德师范学院学报（哲学社会科学版），2019（4）：41.

# 复杂系统下中国特色世界一流大学
# 评价体系研究①

习勇生②

**摘要：** 世界一流大学评价体系是一个动态的复杂系统。基于复杂系统理论视角，运用社会网络分析方法，选取 36 所高校双一流建设的年度报告，构建了由 46 个参考点组成的指标体系，进而运用 UCINET 对 36 所高校的中心性进行分析。在此基础上，以五所财经类高校为个案，进行比较研究，剖析存在的问题，并为财经类高校一流学科建设提供改进建议。

**关键词：** 复杂系统 一流学科 评价体系 社会网络分析

## 一、研究缘起

习近平总书记指出："办好中国的世界一流大学，必须有中国特色。没有特色，跟在他人后面亦步亦趋，依样画葫芦，是不可能办成功的。"《统筹推进世界一流大学和一流学科建设实施办法（暂行）》也明确提出："双一流"建设要"以中国特色、世界一流为核心"，面向国家重大战略需求，"引导和支持具备较强实力的高校合理定位、办出特色、差别化发展，努力形成支撑国家长远发展的一流大学和一流学科体系"。因此，建设世界一流大学，中国特色是根本，世界一流是目标。

在遴选"双一流"高校时，国家按照"以中国特色学科评价为主要依据，参考国际相关评价因素，综合高校办学条件、学科水平、办学质量、主要贡献、

① 项目资助：中央高校基本科研业务费西南财经大学 2018 年度高等财经教育研究项目"复杂系统下中国特色世界一流大学评价体系研究"（项目编号：JBK18FG14）研究成果。
② 习勇生，西南财经大学人文（通识）学院，助理研究员。

国际影响力等情况"的标准，确立了 42 所一流大学建设高校和 95 所一流学科建设高校。这批建设高校不是固定不变的，而是以五年为一周期，特别注重和强调加强过程管理，实施动态监测。2018 年 8 月，教育部、财政部、国家发展改革委三部门联合印发了《关于高等学校加快"双一流"建设的指导意见》（以下简称《指导意见》）也进一步指出，要按建设周期跟踪评估建设进展情况，建设期末对建设成效进行整体评价，并根据建设进展和评价情况，动态调整支持力度和建设范围。

从这个层面来看，一流大学评价体系是一个动态的复杂系统，过去相对静态的一流大学评价体系，对大学及其所处的外部环境反应不够灵敏，无法完全适应新时代的需求，迫切需要从动态系统的角度构建出一套具有"中国特色"和凸显"世界一流"的评价体系。本项目认为，高等教育系统的多样化决定了其评价体系也是一个复杂的多样化的系统。它既体现在评价指标要素、结构、关系、结果等内部系统的复杂性方面，也体现在大学与其外部环境之间的复杂性。

具体来说，基于复杂系统理论视角，我们一方面可以将一流大学评价体系视为基于一定的价值体系、价值判断和价值追求，由一系列相关指标组合而成的复杂系统；另一发面可以运用复杂系统的相关研究方法，研究构建中国特色的世界一流大学评价体系。研究进一步发现，中国特色世界一流大学评价体系根植于中国大学所处的大的生态系统：中国特色是基于中国的基本国情和大学的实际情况，体现在中国大学的自身需求，可支配资源以及长期利益等方面；而世界一流则强调大学的贡献度和影响力，在推动构建人类命运共同体等方面具有重要意义。

## 二、研究综述

国内高等教育界开启了世界一流大学的讨论与研究，并取得了一些共识，涌现出一批较为丰富的研究成果，集中体现在三方面：①评价体系的价值导向。学界普遍认为，中国建设世界一流大学，不能简单地复制西方的逻辑和模式，而是要通过建立中国特色评价体系，引导中国大学立足自身历史，积极探索特色发展道路，在各自领域、类型中追求卓越建立中国特色评价体系（杨清华等，2017）。②评价标准和指标体系。确立世界一流大学的评价标准，是我国建设若干所世界一流大学的必要条件之一。一方面需要明确国际公认的世界一流大学评价考核指标体系，另一方面要充分考虑国情，确立可比性因素（孙莱祥、熊庆年，2002）。世界一流大学最基本的标准是具有突出的良好的社会声誉，突出大学的社会贡献（吴剑平，2002；陈星博，2003）。③评价方法。有学者以佛罗里达研究中心的层级分类法和 DEA 方法为例，探讨不同分类评价方法的意义和价值（梅红等，2008）。有学者对比泰晤士报 THES 和上海交大的 ARWU 的排行榜，分析世界一流大学评价过程中产生的各类问题（王博闻、赵伟，2011）。也有学者以目前国际上最具影响力的四个一流大学评价机构采用的考核指标为依据，利用解释结构模型（ISM）对 29 个一流大学评价指标进行解构分析，得出世界一流大学评价指标多级递阶层级结构模型（刘瑞儒等，2017）。

进入 21 世纪以来，越来越多的国家加入建设世界一流大学的行列，逐渐成为一种全球现象（Mohrman et al.，2008；Altbach，2011）。具有代表性的包括：法国的"未来投资计划"、德国的"卓越计划"、俄罗斯的"卓越大学计划"、日本的"全球卓越中心计划"和"世界一流计划"，以及韩国的"面向 21 世纪智力韩国计划"和"世界一流大学计划"等。这些国家在实施世界一流大学建设计划时，共同特征之一便是注重评估环节，评估的目的在于大致了解资金的使用情况，及时发现所获得成果以及出现的问题。

总体而言，由于高等教育的复杂性，以及世界各国在国情、文化和教育制度方面存在差异，这些评价方法无法避免存在这样或那样的缺陷。而基于复杂系统理论可以弥补评价体系当中的一些缺陷和不足。

## 三、研究设计

### （一）复杂系统视角下一流大学评价指标体系构建

复杂系统理论起源于 20 世纪中期，是一门跨学科理论。它打破了简单因果论和线性论的研究模式，取而代之的是有机的、非线性的和整体的研究范式。该理论由系统论、信息论、控制论、耗散结构论、协同学和突变论六大理论支撑形成。

不难证明，高等教育系统是一个由各种要素组成的、具有多层次多功能结构的、开放的、充满不确定性的复杂多样系统。该系统与其他系统之间保持着动态的、关联性、交互性和非线性的关系。构建中国特色世界一流大学评价体系，也可以从复杂系统的角度去思考。

在构建评价指标体系时，一方面要充分考虑一流大学对国家发展的贡献情况，尤其是在服务国家重大需求、对经济社会发展发挥重要作用等方面的贡献。另一方面，要从我国大学在类型、层次、发展目标和质量追求等方面的差异出发，建立符合我国国情的高校分类方法和差异化的指标体系。

《指导意见》提出坚持多元综合性评价。《指导意见》特别强调，要以立德树人成效作为根本标准，探索建立中国特色"双一流"建设的综合评价体系。

具体来说，应以人才培养、创新能力、服务贡献和影响力为核心要素，重点考察建设效果与总体方案的符合度、建设方案主要目标的达成度、建设高校及其学科专业在第三方评价中的表现度。

教育部相关部门在调研中发现，在一流大学建设的起步阶段，高校在不同程度上存在认识不深、思路不清、机制不明、措施不强等情况，个别高校在建设方向、建设重点等一些关键问题上还把握不准，亟待加强引导和指导。为此，教育部要求高校在编制"双一流"建设年度进展报告时，重点考虑六大方面的46个细化指标，为构建一流大学评价指标体系提供了很多有益的思路。本项目在此基础上，探索当前高校在这些指标上的关注情况（见表1）。

表 1  一流大学评价指标参照点

| 一级指标及其对应编号 | 二级指标及其对应编号 |
|---|---|
| 拔尖创新人才培养（A） | 优化人才培养规模结构（A1）<br>改革人才培养模式（A2）<br>促进科教融合科研育人（A3）<br>新编有重要影响力的教材或案例（A4）<br>建设一流本科（A5）<br>打造卓越而有灵魂的研究生教育（A6）<br>创新创业教育（A7）<br>培养高精尖急缺人才（A8）<br>毕业生到国家重点行业或领域单位就业（A9）<br>到国际组织实习任职（A10） |
| 高素质教师队伍建设（B） | 师德师风建设（B1）<br>改革完善人才引育机制（B2）<br>支持教师职业发展（B3）<br>提高教育教学能力（B4）<br>学科团队和梯队建设（B5）<br>学科带头人及领军人物（B6）<br>中青年力量的培育（B7）<br>支持青年人才蓬勃生长（B8） |

表1(续)

| 一级指标及其对应编号 | 二级指标及其对应编号 |
| --- | --- |
| 科学研究与社会服务（C） | 加强基础研究（C1）<br>促进应用研究（C2）<br>技术创新和科技成果转移转化（C31）<br>深化产教融合（C4）<br>推动协同创新（C5）<br>科研组织和科研机制改革创新（C6）<br>智库建设服务国家和区域发展（C7） |
| 传承创新优秀文化（D） | 践行社会主义核心价值观建设（D1）<br>加强大学文化建设（D2）<br>校风教风学风建设（D3）<br>文化育人（D4）<br>优秀传统文化创造性转化创新性发展（D5） |
| 国际交流与合作（E） | 与国际高水平大学、顶尖科研机构的实质性学术交流与合作（E1）<br>国际化高层次人才培养（E2）<br>国际师资（E3）<br>留学生规模及层次（E4）<br>吸引国际生源（E5）<br>提升办学的国际影响力和竞争力（E6） |
| 制度建设（F） | 坚持和加强党的领导（F1）<br>健全"双一流"建设管理制度（F2）<br>完善现代大学制度（F3）<br>构建社会参与机制（F4）<br>加强资源统筹与协同（F5）<br>面向服务需求的资源继承调配机制（F6）<br>人才培养质量评价（F7）<br>教师考核及职称评聘（F8）<br>学术科研评价（F9）<br>学科评价方法机制（F10） |

### （二）评价指标体系运用

选取我国一流大学建设高校的年度报告，运用社会网络分析方法和专门的 UCINET 软件，对评价指标参照点的中心性进行科学计算。

### 1. 社会网络分析方法

社会网络分析是对社会网络的关系结构及其属性加以分析的一套规范和方法，它关注的是社会行动者及他们之间的某种关系。这种分析方法起源于 20 世纪 30 年代的网络分析方法，最早由社会心理学、社会人际学的研究者们创立，Jacob Moreno 发明的社会关系网图，用于描述和解释行动者之间的联系。网络分析方法初期并不被认同为一种收集和分析数据的技术，直到 20 世纪 60 年代，哈佛大学 White Harrison 和一些学生进行了一系列的研究，发表了一些用数学方法研究社会结构与社会关系的成果之后，网络分析方法才逐渐地成熟（何清华等，2012）。因此，社会网络分析法（Social Net-work Analysis，SNA）是综合运用数学方法和图论而发展起来的分析一组行动者关系的定量及可视化研究方法（徐宝达等，2017）。

20 世纪 90 年代，社会网络分析方法才开始逐渐被国内学者重视，大多数研究限于社会学、经济学、管理学等领域。社会网络分析为研究复杂组织的结构关系提供了技术方法。黄萃等（2015）通过运用政策文献量化研究，对政策变迁、府际关系进行研究，指出社会网络分析可揭示隐藏在政策之下的参照关联与知识引用，发现政策演变的逻辑与路径。孙涛等（2017）运用社会网络分析法，对京津冀地区的大气环境治理政策的演变、政策行动和主体关系结构进行量化分析，表明当前区域环境治理的政策体系呈现分层简单多元化特征，共同策略不足、权威性协调组织缺乏，地方层面合作行动力量不足。李良成（2018）对产学研协同创新政策进行政策制定主体、政策关键词的社会网络和创新链 3 个维度的量化分析，得出政策的发文主体单一和过多，造成政出多门、政策协调难度大、政策分散影响实施效果等结论。孔德意（2018）用社会网络分析对科普政策发文主体进行描述性分析，发现科普政策呈现"政出多门"的特征。

### 2. UCINET 软件运用

本项目主要采用政策文本分析法和社会网络分析法（Social Net-work Analysis，SNA）。政策文本分析法主要是对文本进行由浅入深的比较、分析、综合、提炼的研究方法。本项目收集了所有进入双一流建设行列高校的实施方案和年度报告，采用定量分析方法分析这些高校政策关注点和关注程度。

UCINET 是最常用的用来分析、整理整体网数据的方法和软件。通过使用 UCINET 软件除了将一流高校间的关系进行图谱化表达，还可以对高校间的合作网络进行整体网分析，计算出网络的度数中心度、中间中心度、接近中心度等网络定量特征指标。

中心性是社会网络分析的研究重点之一，它是指个人或组织在其社会网络中具有怎样的权力，或者说居于怎样的中心地位。中心性包括度数中心性、中间中心性、接近中心性，一般通过测量度数中心度、中间中心度和接近中心度等指标衡量。

度数中心度通过计算网络中与某点直接相连的其他点的数目来测量，如果一个点与许多点直接连接，就说明该点有较高的度数中心度。度数中心度越高，部门在协作网络中越居中心地位。本文所研究网络为无向网络，因而不区分点出度和点入度。度数中心度一般用相对度数中心度来表达，它是点的绝对中心度与网络中点的最大可能的度数之比。

中间中心度（between centrality）测量的是行动者对资源控制的程度，如果一个点处于许多其他点对（pair of nodes）的捷径（最短的途径）上，那么该点具有较高的中间中心度，因而在协作网络中充当"中介"角色。中间中心度的计算公式为

$$C_B(i) = \frac{2C_{ABi}}{n^2 - 3n + 2}$$

接近中心度是测量一个行动者不受他人控制的程度，该值越小，点越是居于中心位置，说明在网络中受到其他点的影响越小，在获取信息时越不容易受其他点的控制。网络中某一节点与其他点的距离越短，则表明该点越容易到达其他点，该节点在网络中越处于核心地位，而与中心点距离最远的行动者在资源、权力和影响等方面也最弱。接近中心度的计算公式是

$$C_C(i) = (n - 1) \bigg/ \sum_{j=1}^{n} d_{ij}$$

3. 研究设计与结果

（1）研究对象

截止到 2020 年 4 月中旬，42 所高校都公布了一流大学的年度报告。由于部分样本无法获取，本项目选取了其中的 36 所高校（名单见表 2）。

表 2　一流大学名单（部分）及英文缩写

| 序号 | 高校名称 | 英文缩写 | 序号 | 高校名称 | 英文缩写 |
| --- | --- | --- | --- | --- | --- |
| 1 | 北京大学 | PU | 19 | 中国科学技术大学 | USTC |
| 2 | 中国人民大学 | RUC | 20 | 山东大学 | SDU |
| 3 | 清华大学 | TU | 21 | 郑州大学 | ZZU |
| 4 | 北京航空航天大学 | BUAA | 22 | 武汉大学 | WHU |

表2(续)

| 序号 | 高校名称 | 英文缩写 | 序号 | 高校名称 | 英文缩写 |
|------|----------|----------|------|----------|----------|
| 5 | 北京理工大学 | BIT | 23 | 华中科技大学 | HUST |
| 6 | 中国农业大学 | CAU | 24 | 湖南大学 | HNU |
| 7 | 北京师范大学 | BNU | 25 | 中南大学 | CSU |
| 8 | 中央民族大学 | MUC | 26 | 中山大学 | SYSU |
| 9 | 南开大学 | NKU | 27 | 四川大学 | SCU |
| 10 | 天津大学 | TJU | 28 | 重庆大学 | CQU |
| 11 | 大连理工大学 | DUT | 29 | 电子科技大学 | UESTC |
| 12 | 吉林大学 | JLU | 30 | 西安交通大学 | XJTU |
| 13 | 哈尔滨工业大学 | HIT | 31 | 西北工业大学 | NPU |
| 14 | 同济大学 | TJU | 32 | 西北农林科技大学 | NWAFU |
| 15 | 上海交通大学 | SJTU | 33 | 兰州大学 | LZU |
| 16 | 华东师范大学 | ECNU | 34 | 新疆大学 | XJU |
| 17 | 东南大学 | SEU | 35 | 东北大学 | NEU |
| 18 | 浙江大学 | ZJU | 36 | 国防科技大学 | NUDT |

（2）研究方法

根据表1一流大学评价指标参照点，本项目首先对36所高校的年度报告文本进行逐一分析，手动统计出这些高校是否完成参照点的任务，制作成表格，再运用UCINET软件对数据进行录入和分析。

（3）研究结果

运用UCINET对36所高校的中心性进行分析，结果见表3。研究结果表明，仅就年度报告文本而言，武汉大学、中山大学、四川大学、重庆大学、电子科技大学的中心性最强，说明这几所高校在46个参照点上分布比较密集，在协作网络中更偏向居于中心地位。相反，中国人民大学、北京理工大学、中国农业大学、国防科技大学、中央民族大学、新疆大学中心性相对较弱。

表 3　36 所高校中心性分析

| 序号 | 高校 | 度数中心度 Degree | 接近中心度 Closeness | 中间中心度 Betweenne |
|---|---|---|---|---|
| 1 | PU | 0.913 | 0.951 | 0.01 |
| 2 | RUC | 0.739 | 0.841 | 0.008 |
| 3 | TU | 0.913 | 0.951 | 0.012 |
| 4 | BUAA | 0.913 | 0.951 | 0.011 |
| 5 | BIT | 0.891 | 0.935 | 0.009 |
| 6 | CAU | 0.891 | 0.935 | 0.01 |
| 7 | BNU | 0.913 | 0.951 | 0.009 |
| 8 | MUC | 0.87 | 0.921 | 0.009 |
| 9 | NKU | 0.945 | 0.935 | 0.014 |
| 10 | TJU | 0.935 | 0.967 | 0.009 |
| 11 | DUT | 0.957 | 0.983 | 0.011 |
| 12 | JLU | 0.957 | 0.983 | 0.012 |
| 13 | HIT | 0.935 | 0.967 | 0.012 |
| 14 | TJU | 0.957 | 0.983 | 0.012 |
| 15 | SJTU | 0.957 | 0.983 | 0.01 |
| 16 | ECNU | 0.957 | 0.983 | 0.012 |
| 17 | SEU | 0.957 | 0.983 | 0.01 |
| 18 | ZJU | 0.935 | 0.967 | 0.009 |
| 19 | USTC | 0.935 | 0.967 | 0.009 |
| 20 | SDU | 0.935 | 0.967 | 0.009 |
| 21 | ZZU | 0.935 | 0.967 | 0.009 |
| 22 | WHU | 0.978 | 1 | 0.012 |
| 23 | HUST | 0.957 | 0.983 | 0.01 |
| 24 | HNU | 0.935 | 0.967 | 0.009 |
| 25 | CSU | 0.935 | 0.967 | 0.009 |
| 26 | SYSU | 0.978 | 1 | 0.012 |
| 27 | SCU | 0.978 | 1 | 0.012 |

表3(续)

| 序号 | 高校 | 度数中心度 Degree | 接近中心度 Closeness | 中间中心度 Betweenne |
|------|------|------------------|---------------------|---------------------|
| 28 | CQU | 0.978 | 1 | 0.012 |
| 29 | UESTC | 0.978 | 1 | 0.012 |
| 30 | XJTU | 0.935 | 0.967 | 0.009 |
| 31 | NPU | 0.935 | 0.967 | 0.009 |
| 32 | NWAFU | 0.935 | 0.967 | 0.01 |
| 33 | LZU | 0.913 | 0.951 | 0.009 |
| 34 | XJU | 0.87 | 0.921 | 0.008 |
| 35 | NEU | 0.935 | 0.967 | 0.009 |
| 36 | NUDT | 0.891 | 0.935 | 0.008 |

本项目对各参照点的中心性进行分析（结果见表4），发现46个参照点中只有A4（新编有重要影响力的教材或案例）、D5（优秀传统文化创造性转化创新性发展）、A10（到国际组织实习任职）、A9（毕业生到国家重点行业或领域单位就业）、F10（学科评价方法机制）5个参照点中心性相对较弱，不处在参照点的中心位置。

表4　各参照点中心性分析

| 序号 | 二级指标 | 度数中心度 Degree | 接近中心度 Closeness | 中间中心度 Betweenne |
|------|---------|------------------|---------------------|---------------------|
| 1 | A1 | 0.972 | 1.008 | 0.005 |
| 2 | A2 | 0.972 | 1.008 | 0.005 |
| 3 | A3 | 0.861 | 0.947 | 0.004 |
| 4 | A4 | 0.306 | 0.728 | 0.001 |
| 5 | A5 | 0.972 | 1.008 | 0.005 |
| 6 | A6 | 0.972 | 1.008 | 0.005 |
| 7 | A7 | 0.917 | 0.977 | 0.005 |
| 8 | A8 | 0.861 | 0.947 | 0.004 |
| 9 | A9 | 0.778 | 0.906 | 0.003 |
| 10 | A10 | 0.444 | 0.773 | 0.001 |

表4(续)

| 序号 | 二级指标 | 度数中心度 Degree | 接近中心度 Closeness | 中间中心度 Betweenne |
|------|----------|-------------------|----------------------|----------------------|
| 11 | B1 | 0.972 | 1.008 | 0.005 |
| 12 | B2 | 0.972 | 1.008 | 0.005 |
| 13 | B3 | 0.972 | 1.008 | 0.005 |
| 14 | B4 | 0.972 | 1.008 | 0.005 |
| 15 | B5 | 0.972 | 1.008 | 0.005 |
| 16 | B6 | 0.972 | 1.008 | 0.005 |
| 17 | B7 | 0.972 | 1.008 | 0.005 |
| 18 | B8 | 0.972 | 1.008 | 0.005 |
| 19 | C1 | 0.944 | 0.992 | 0.005 |
| 20 | C2 | 0.944 | 0.992 | 0.005 |
| 21 | C3 | 0.917 | 0.977 | 0.005 |
| 22 | C4 | 0.917 | 0.977 | 0.005 |
| 23 | C5 | 0.917 | 0.977 | 0.005 |
| 24 | C6 | 0.917 | 0.977 | 0.005 |
| 25 | C7 | 0.944 | 0.992 | 0.005 |
| 26 | D1 | 0.944 | 0.992 | 0.005 |
| 27 | D2 | 0.972 | 1.008 | 0.005 |
| 28 | D3 | 0.972 | 1.008 | 0.005 |
| 29 | D4 | 0.972 | 1.008 | 0.005 |
| 30 | D5 | 0.333 | 0.737 | 0.001 |
| 31 | E1 | 0.972 | 1.008 | 0.005 |
| 32 | E2 | 0.972 | 1.008 | 0.005 |
| 33 | E3 | 0.917 | 0.977 | 0.005 |
| 34 | E4 | 0.972 | 1.008 | 0.005 |
| 35 | E5 | 0.972 | 1.008 | 0.005 |
| 36 | E6 | 0.972 | 1.008 | 0.005 |
| 37 | F1 | 0.972 | 1.008 | 0.005 |

表4(续)

| 序号 | 二级指标 | 度数中心度 Degree | 接近中心度 Closeness | 中间中心度 Betweenne |
|------|----------|-------------------|----------------------|----------------------|
| 38 | F2 | 0.972 | 1.008 | 0.005 |
| 39 | F3 | 0.972 | 1.008 | 0.005 |
| 40 | F4 | 0.889 | 0.962 | 0.004 |
| 41 | F5 | 0.917 | 0.977 | 0.005 |
| 42 | F6 | 0.889 | 0.962 | 0.004 |
| 43 | F7 | 0.972 | 1.008 | 0.005 |
| 44 | F8 | 0.972 | 1.008 | 0.005 |
| 45 | F9 | 0.944 | 0.992 | 0.005 |
| 46 | F10 | 0.806 | 0.92 | 0.004 |

此外，UCINET 还可以对二模数据的中心度进行可视化分析。结论与上述结果类似（见图 1）。

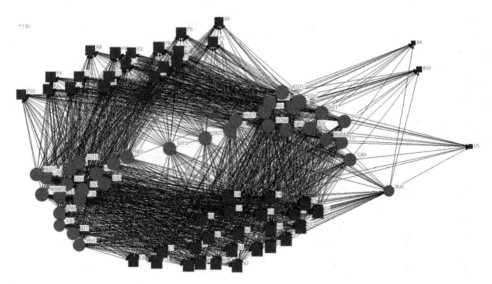

图 1  一流大学完成参照点中心性分析

## 四、研究成果运用：国内财经类高校一流学科建设对比研究

本项目根据设计的评价指标体系，运用社会网络分析方法分析了中央财经大

学、对外经济贸易大学、上海财经大学、西南财经大学，以及中南财经政法大学五所财经类高校的年度报告，分析结果如下。

### （一）财经类高校一流学科建设的总体情况

从文本内容分析来看，五所财经高校在建设一流学科过程中基本上完成了预定目标，但各具发展特色。中央财经大学在教育部学位与研究生教育发展中心的第四轮学科评估中，学校的"双一流"建设学科应用经济学位列 A+；上海财经大学的"经济学与商学"基本具备进入世界一流学科行列的实力，会计学人才培养改革连续七届获得国家级教学成果奖二等奖，并实现了一等奖的突破；中南财经政法大学突出法与经济学科群的优势特色，制定了"十年跨越"学科建设规划；对外经贸大学聚焦开放型经济学科群建设，新建经济学部，围绕重大建设项目，组织跨院学术团队，推动学科建设水平不断提升；西南财经大学主动适应"新财经"发展要求，努力建设"经济与管理学科群"，积极布局大数据、区块链、金融科技等前沿学科领域。

从文本定量角度来看，本项目运用上述社会网络分析方法，对五所财经类高校的中心性进行了分析（见表5），结果显示，在46个参照点上，上海财经大学的中心性程度最高，相比而言，西南财经大学的中心性程度比较低。根本原因是在年度报告中，"毕业生到国家重点行业或领域单位就业""到国际组织实习任职""优秀传统文化创造性转化创新性发展"三个参照点没有过多阐述，以致影响中心性。

表5　五所财经类高校中心性分析

| 高校名称 | 度数中心度 Degree | 接近中心度 Closeness | 中间中心度 Betweenne |
|---|---|---|---|
| 中央财经大学 | 0.913 | 0.871 | 0.153 |
| 对外经济贸易大学 | 0.957 | 0.931 | 0.172 |
| 上海财经大学 | 1 | 1 | 0.222 |
| 西南财经大学 | 0.891 | 0.844 | 0.142 |
| 中南财经政法大学 | 0.957 | 0.931 | 0.169 |

### （二）财经类高校一流学科建设中存在的问题

财经类高校在建设世界一流大学和一流学科建设中也遭遇了一些共同问题，概括起来包括：①对于财经类高校来说，一流学科建设的资金来源和筹资能力都相对有限，基本条件建设一直滞后于学校发展；②学科整体层次有待进一步提升，国际化办学水平有待提升；③学位授权点之间发展不平衡、不充分，不利于学科间交叉融合和优势学科发挥优势；④高层次人才面临流失压力，距离国际一流建设目标仍有相当大的差距。

### （三）财经类高校一流学科建设改进措施

习近平总书记在全国教育大会上指出，要深化办学体制和教育管理机制改革，充分激发教育事业发展生机活力。财经类高校在建设世界一流学科过程中，应始终贯彻《统筹推进世界一流大学和一流学科建设总体方案》和《统筹推进世界一流大学和一流学科建设实施办法（暂行）》等文件精神，围绕教育部财政部国家发展改革委三部委下发的《关于高等学校加快"双一流"建设的指导意见》下功夫，不断优化高校学科结构和专业设置，建立健全学科专业动态调整机制，加快一流大学和一流学科建设。

1. 拔尖创新人才培养是根本

本项目研究发现，目前国内高校人才培养中，"新编有重要影响力的教材或案例""毕业生到国家重点行业或领域单位就业""到国际组织实习任职"三个指标是相对薄弱的环节。财经类高校可以在这些方面进行思考，实现赶超。

2. 打造高素质师资队伍是抓手

改善人才培养和引进环境，注重培养领军人才，吸引国际知名学者；帮助中青年学者树立学术自信，助力其加速成长。

3. 服务国家和区域发展重大需求是关键

相比综合性大学和一些理工见长的高校来说，财经类高校在推进技术创新和科技成果转移转化，以及建设服务国家和区域发展方面是短板，而双一流评价，尤其是第三方评价非常注重这项指标的完成度，因此，财经类高校可以在科研成果转化和社会服务方面多进行一些探索和实践。

4. 加强国际交流与合作是助推器

与综合性大学相比，非综合性大学国际交流与合作的范围要窄一些。而要建设国际一流学科，财经类高校应该有国际视野，敢于同台竞技，当然更要取长补短，与国际高水平大学、顶尖科研机构进行实质性的学术交流与合作，加快国际化高层次人才培养和高水平师资引进与培养。

5. 加强资源统筹与协同是保障

毫无疑问，一流学科必须有充足的资源作为保障。国家教育部门的专项经费毕竟有限，因此，财经类高校应自主多方筹资和努力扩大资金来源，不断提高自我造血能力。

2019 年是新中国成立 70 周年，是全面建成小康社会、实现"第一个百年"奋斗目标的关键之年，对于西南财经大学来说，也是深入贯彻落实全国教育大会精神和学校第十三次党代会精神的开局之年。我们应主动适应"新财经"时代背景下的新变革新挑战，按照《西南财经大学世界一流学科建设方案》和《西南财经大学世界一流学科建设计划（2018—2020）》的要求，把学校第十三次党代会绘制的美好蓝图变成现实。

## 参考文献

［1］杨清华，等.建立中国特色的世界一流大学评价体系［J］.中国高等教育，2017（19）：42-45.

［2］孙莱祥，熊庆年.开放动态：世界一流大学评价标准形成的基点［J］.教育发展研究，2002（2）：25-28.

［3］梅红，等.国外大学评价的多元化选择——以应用层级分类法和 DEA 方法为例的研究［J］.中国高教研究，2008（4）：37-40.

［4］王博闻，赵伟王.世界一流大学评价的比较分析——以《泰晤士报高等教育增刊》排行榜和上海交大 ARWU 排行榜为例［J］.当代教育科学，2011（17）：41-44.

［5］刘瑞儒，等.世界一流大学评价指标结构分析及启示［J］.高等工程教育研究，2017（4）：90-93.

［6］MOHRMAN K. The emerging global model with Chinese Characteristics. Higher Education Policy, 2008, 21（1）：29-48.

［7］何清华，张世琦.社会网络分析发展与工程应用研究综述［J］.建设监理，2012（2）：51-54.

［8］徐宝达，赵树宽，张健.基于社会网络分析的微信公众号信息传播研究［J］.情报杂志，2017（1）：120-126.

［9］黄萃，任弢，张剑.政策文献量化研究：公共政策研究的新方向［J］.公共管理学报，2015，12（2）：129-137，158-159.

［10］孙涛，温雪梅.府际关系视角下的区域环境治理——基于京津冀地区大气治理政策文本的量化分析［J］.城市发展研究，2017，24（12）：45-53.

［11］李良成，陈兴菊.基于社会网络分析法的产学研协同创新政策研究［J］.企业经济，2018，37（6）：173-180.

［12］孔德意.我国科普政策主体及其网络特性研究——基于511项国家层面科普政策文本的分析［J］.科普研究，2018，13（1）：5-14，55，104.

# 学术就业：
# 世界一流财经院校师资培养模式研究
## ——基于美国宾大沃顿商学院教师发展项目(TDP)的考察

李　颖①

**摘要：**随着高校教师发展中心的普遍建立，师资培训成为各高校关切人才发展的重点。本研究以沃顿商学院为例，通过分析其教师发展项目的主要内容、培养方案、培养机制及中心教学认证，从博士生学术就业的"职前培训"人才培养，重新认识世界一流财经院校师资培养模式，从而进一步为我国"双一流"财经高校师资培养提供有益启示。

**关键词：**财经院校　师资培养　沃顿商学院　教师发展

## 一、研究背景

从传统视角而言，我国高校师资培养主要是职后培训，即正式入职后接受所在地高校教师资格证培训委托单位的资格培训和所在高校人事部门日常培训。随着2012年我国高校普遍建立教师发展中心后，教师的日常培训成为各大高校关切人才发展的重点工作，也是教师发展专业化和提升职业技能的主要途径。特别是近几年来，我国高校在高等教育大众化和普及化的推动下，对教师质与量的需要也与日俱增，尤其是师生比差额悬殊，不少高校正在大力引进海内外优秀人才，这些即将从事学术职业的人才基本应具有博士学位。事实上，我们也会发现多数博士研究生的就业去向会选择高校教师这一岗位。因此，美国宾夕法尼亚大学沃顿商学院指出，多数博士生也许准备在完成博士学业后进入学术界。在今天

---

① 李颖，西南财经大学教师教学发展中心实习研究员，教育学硕士，主要从事大学教师发展、人力资源管理研究。

这个信息时代，无论是作为教授还是研究人员，经常需要与大众分享自己的研究成果。博士教育旨在为博士生提供各种技能，包括优化展示技巧、公开发言的能力，提高撰写论文、期刊、文章的沟通写作技巧，全面了解如何进行深入研究、收集有意义数据，以及提升教学能力——无论受教对象是同事、学生或者普通大众。不论在讲台前还是在会议上，博士生都需要这些技能才能更加高效地学习、工作[1]。为此，沃顿商学院博士课程（Wharton Doctoral Programs）为博士生提供了广泛的资源，帮助博士在博士之旅中得到切实有效的优质发展，并为其以后的生活工作提前做好准备。在这些资源中，有一项名为教师发展项目（Teacher Development Program，TDP），该计划出现在学生发展的培养方案中，且为博士生必修课程。本研究正是要通过对这一案例的分析，从博士生学术就业的"职前培训"人才培养，重新认识世界一流财经院校师资培养模式，从而进一步为我国"双一流"财经高校师资培养提供有益启示。

## 二、宾大沃顿商学院教师发展项目（TDP）模式

### （一）教师发展项目（TDP）概况

教师发展项目（Teacher Development Program，TDP）是由宾夕法尼亚大学沃顿商学院与该校教学中心（Center for Teaching and Learning，CTL）共同打造。为博士生提供核心教学实践的基础知识，通过提升展示技巧以及提高学术方面就业率，为他们日后在高校学术职业的教学工作提供支持。教学中心高级副主任 Ian Petrie 将该项目描述为"一个集体的合作项目"。每周举办"微观教学（Microteaching）"演示，参与者可以讲授简短的课程，并从学生及中心主任那里获得反馈。TDP 的目的是让教师和博士生互相学习，掌握基本的教学方法。"每个博士生完成该计划时都获得了一些新的教学方法"。Petrie 说道："我希望每个人都能在项目参与中感受到他们对自己的教授及展示的技能更有信心"[2]。

### （二）教师发展项目（TDP）的主要内容

宾大沃顿商学院博士项目要求所有博士生都必须参加教师发展项目（TDP），这是博士生学习阶段的必修科目。TDP 主要由两部分组成：

（1）半天沟通技巧研讨会（1/2 Day Workshop on Communication Skills）。该研讨会在第一学年的第一学期举行，既为培养博士生沟通技巧，也让他们意识到自己相关方面需要改进的地方。这个研讨会是强制性的，也是沃顿商学院博士生课程导论的一部分。

（2）四个模块 TDP 研讨会（Four-Module TDP Workshop）。为提高学术就业

率，研讨会使博士生能够自我提高展示技巧。特别是大多数学生进入就业市场时会使用 TDP 来提高他们的学术工作交流能力。

通常而言，沃顿商学院鼓励博士生在三年级或三年级以后参加"四个模块TDP 研讨会"，但在某些情况下，学院希望二年级的博士生也参加。这反映了沃顿商学院在整体人才培养计划下，各专业会根据自身的实际情况进行细微调整。

此外，虽然强制要求所有博士生均参与 TDP，但 TDP 的目的是为了培养博士生的教学能力，如果学生该方面的能力已经获得认证，并在沃顿商学院承认的下列情况下，博士课程协调员可允许博士生不用研修"四个模块研讨会"。具体内容如下：

① 丰富的大学教学经验（不包括目前的助教经验）；

② 被认可的教学奖励；

③ 认可的教育学课程；

一旦获得批准，必须以书面形式填写院系弃权书，并在沃顿商学院博士生办公室登记备案[3]。

### （三）教师发展项目（TDP）的培养方案

在整个教师发展项目中，项目的第二部分"四个模块的 TDP 研讨会"会根据专业的不同而出现不同的选择。沃顿商学院为不同专业提供了两种 TDP 培养方案：一是四个模块的教师发展项目（TDP）研讨会；二是助教培训与"有效开展讲座"研讨会。这两种培养方案的差异主要表现在以下两类专业：

（1）专业属于应用经济学、金融学、管理学、运作、信息与决策（Operations，Information and Decisions，OID）或统计学。博士生将要求在学年开始时完成为期 3 天的助教培训，无须完成"四个模块 TDP 研讨会"。但每个专业仍存在细微差异，博士生还需要咨询专业管理员，了解何时需要完成助教培训。如果学生尚未完成 TDP，除去助教培训外，仍需要完成不包括在助教培训内的一期"有效开展讲座"研讨会。由于为期 3 天的助教培训主要是为了让学生成为助教，而"有效开展讲座"研讨会为其提供在沃顿商学院成为一名教师后所需的实用方法。

（2）专业属于会计、道德和法律研究、医疗保健管理与经济学或市场营销。博士生将要求完成"四个模块的 TDP 研讨会"。如果学生符合前述的免修条件，他们可以向博士协调员申请免修"四个模块的 TDP 研讨会"。另外，如果学生已通过教学中心完成助教培训的验证并完成"有效开展讲座"研讨会仍可以不参与[4]。

针对以上两类专业群的培养要求大体一致，即总体上博士生均可在沃顿商学院提供的两种 TDP 培养方案下选择适合自己的实施方案，但差异仍然存在。第一类专业要求学生进行助教培训与"有效开展讲座"研讨会并行的 TDP 培养模式，但如果学生完成了"四个模块的教师发展项目（TDP）研讨会"，可选择免修助教培训，除非助教培训是学生所在专业所特别要求的。关于这个要求，学生需要咨询相应博士协调员了解具体情况。第二类专业需要优先考虑"四个模块的教师发展项目（TDP）研讨会"，但也可选择另外一种培养模式。两类不同专业培养方案主要与其专业的其他教学计划，如课程安排、课时、培养方向等存在差异有关。

关于教学能力的培养除了沃顿商学院要求的两类培养方案，在金融专业还有专门的一种培养计划——教学研究。沃顿商学院金融学博士生课程要求学生必须完成四学期教学研究，一般在学生的第三和第四学年完成，大约需要学生每周10 至 15 小时。所有教学研究必须由博士项目协调员批准[5]。

**（四）教师发展项目（TDP）的培养机制**

本研究进而细述不同培养方案下的助教培训、"有效开展讲座"研讨会具体如何实行。

1. 助教培训

对于刚在宾夕法尼亚大学教学和作为新型教学团队成员的助教，CTL 提供了几种不同的培训项目，其中第一项"为期 3 天的研讨会培训"为第二种 TDP 培养方案中的强制要求，另外两项为 CTL 帮助助教更好任职的项目，可根据自身需求与兴趣选择参加。

（1）为期 3 天的研讨会培训（TA Training for new TAs）[6]

2019 年 8 月 21 日（星期三）至 8 月 23 日（星期五），包括沃顿商学院在内的新助教将参加为期三天的教学研讨会。研讨会主题包括：①以助教的身份进行展示；②领导人文定量社会科学讨论；③人文定量社会科学的评分；④人文定性社会科学的评分；⑤在科学定量社会科学和工程课堂进行以解决问题为主导的脱稿授课；⑥在科学和工程专业进行有效的实验课程；⑦教学演示；⑧助教面临的挑战。

这些主题的研讨会具有各自特色以及适合对象，并不是所有主题的研讨会均适合沃顿商学院的博士生。以上主题的研讨会可分为以下三类，主要描述如下：

a. 领导课堂研讨会

在人文定性社会科学领域领导讨论。参与者将亲身体验主导人文定性社会科学领域的讨论，包括吸引学生参与的有用方法和形式，以及进行有效讨论的共同挑战。此类研讨会最适合比较文学、历史、政治科学、东亚语言与文学、近东语言与文明和非洲研究等专业的助教，同时也适用于人类学、安纳伯格和管理学的大多数助教。

在科学定量社会科学领域领导讨论。此项研讨会最适合那些将使用讨论来审阅讲义材料或提供学生关于阅读期刊文章和解释科学数据经验的助教。这个研讨会通常对神经科学、心理学和护理学的学生以及地球与环境科学的一些助教最有用。

在科学定量社会科学工程领域领导问题解决课程。本类研讨会将讨论以家庭作业和问题集为重点的脱稿授课和其他形式的课程（包括考试复习和办公时间），最适合工程学、经济学和语言学方面的助教，也适用于物理和化学方面的一些助教。讨论将侧重于让学生自己思考和解决问题的策略，以及将课程内容纳入不同形式课程的方法。

在科学和工程领域领导有效的实验课程。该研讨会将为助教在实验室指导本科生和师生交流做准备。与会者将讨论如何帮助学生从实验中学习以及如何在实验中结合课程材料。此项研讨会面向物理、化学、地球与环境科学实验教学的学生。

b. 评分研讨会

人文定性社会科学评分。此项研讨会提供了针对本科论文和论文考试评分标准方面构建公平、有效的各种策略，特别在创建一套评估本科工作标准方面尤为有效，这是适合评论论文或长篇问题回答的研讨会。

科学定量社会科学工程学评分。该研讨会将使参与者能够开发出有效和公平的工作评级方法，尤其侧重于为问题、简短答案论文和项目分配部分学分的策略。

c. 情景讨论：助教可能会遇到的问题

人文定量社会科学。这些场景关注的是助教在人文学科和一些社会科学课程中所面临的问题，在这些课程中，学生需要进行大量的阅读和写作，而大部分脱稿授课均基于讨论进行。

量化社会科学。这些情景侧重于助教在社会科学课程中所面临的问题，在这些课程中，学生需要使用数字来思考社会问题（特别是在经济学等领域），授课着眼于解决问题。

科学。这些场景关注的是助教在科学课程中所面临的问题，期望学生理解科学概念并培养解决问题的能力。为了这些科学课程，脱稿授课和实验课整合所有问题，然后与学生一对一开展讨论。

工程。这些情景侧重于助教在工程课程中所面临的问题，在这些课程中，学生需要使用定量方法来处理问题并独立设计项目。

（2）SAIL 助教培训（SAIL TA Training）

由于助教工作内容的不同，教学中心还设置了不同的培养项目。对于在结构化、积极、课内学习的课程中工作的助教，教学中心提供了一个针对 SAIL 的培训项目。这个四期的课程主要围绕以下主题（以及助教在新学期中经历的其他问题）：①管理小组动态；②给学生提供反馈；③指导学生解决问题，包括重新组织学生提出的问题，以便学生能够回答；④将概念和困惑分解，以便学生能够按部就班地解决；⑤准备一个积极的学习班；⑥鼓励学生预习。

这些主题将通过以下课程和活动得到发展：

第一部分（开课前）：在 SAIL 课堂上介绍助教。

第二部分（第一周）：通过角色扮演练习指导学生分组。

个人观察（约 2~5 周）：包括观察前会议、课堂记录和观察，以及观察后会议。

第三部分（第 5 周）：汇报进展情况，困难是什么？发生了什么意外？什么进展特别顺利？

第四部分（结束）：汇报整个学期的情况。考虑参与者将来如何利用从中所得经验。

（3）有效的脱稿授课学习（Active Learning Recitations TA Training）

对于新任助教来说，第一次规划和引导课堂时间安排，进行有效的脱稿讲课学习是一个挑战。在指导老师协助的情况下，确定助教在脱稿授课上所要达到的目标，以及如何安排课堂时间来达到这些目标，这项训练正为助教提供了这样一个机会。特别是，将考虑如何、何时从小组作业转移到全班讨论，如何促进有效的小组作业，以及如何确保学生得到他们需要的反馈，从而最大限度地利用这些活动。在这四次会议中，助教们将接触各种课堂策略，为他们自己的脱稿制定课程计划，并相互提供反馈。然后，教学中心会对助教进行个别观察，就他们执行计划的情况给予反馈。最后，助教们将有机会总结他们的经验，并思考他们将来将如何运用这些经验。具体的四次会议内容如下：

会议 1：利用主动学习来实现目标。本次会议将定义什么是主动学习，并从目标出发探索它的价值。在讨论了不同类型的问题和活动后，将考虑为促进学生的学习如何有效地配合目标和评估系统。

会议 2：促进课堂上有效的学生互动。学生参与整个课堂或小组讨论可以有效地支持课程目标，但实施起来很有挑战性。将讨论如何组织和激励学生参与课堂活动，同时考虑各种互动课堂结构的利弊。

会议 3：设计一个更为积极的学习体验。这是教学中心综合讨论过的观点，并为他们的脱稿授课得到关于课程计划的反馈，参与者将准备讨论一个课堂活动的授课计划。将对这些课程计划相互反馈，并就学生的责任、班级结构和动态、反馈和评估等问题制定更大的课程。还将讨论期中调查，作为直接从学生那里得到反馈的一种方式。个人观察参与者将被观察并给予个人反馈。

会议 4：学期反思。希望助教的脱稿授课不仅对学生来说是很好的学习经历，而且对助教本身来说也是，无论助教将来是否选择从事教育职业。最后一次会议将用来汇报事情的进展，思考什么对自己、课程、某些活动有好处？什么没有？未来将如何利用这段经历所得知识？

2."有效开展讲座"研讨会（Effective Lecturing Workshop）

大学创建伊始，教师们已经将讲座用于各种不同的教育目的。在该研讨会中，博士生将考虑如何进行有吸引力和高信息量的讲座。如何组织讲座？如何开始讲座？如何让学生保持清醒、好奇、精力集中？这一研讨会的目标是为博士生提供开展有意义且令人难忘的讲座的方法。助教培训与"有效开展讲座"研讨会，前者重理论，后者偏实践，在沃顿商学院为应用经济学、金融学、管理学等这一类专业提供的 TDP 培养方案中将这二者融合为博士生的教学发展提供理论支撑与实践应用[7]。

**（五）教学中心教学认证（CTL Teaching Certificate）**

教学中心教学认证是宾夕法尼亚大学为全体博士生提供的改进教学能力的渠道，同时也为他们日后选择从事学术职业做出认定。设置该认定程序意在鼓励研究生成为具有自我反思能力的教师，并通过参与有关教学的讨论活动，提高他们对除去被强制要求完成的教师发展项目外的教学实践的参与意识。教学中心教学认证提供了一个体系，以便让对教学感兴趣的博士生可以自行为未来成为教师做准备。与强制要求参与 TDP 的意义不同，该认证体系主要是为对教育真实感兴趣的博士生提供帮助，所有被学院、专业要求参与的教学相关的活动不被考虑在认证程序中。认证结果会印在学生的成绩单上，这是宾夕法尼亚大学表明该博士生在教学方面接受了高级培训的一份声明。参与认证程序的博士生需要参加一系列关于教学的研讨会和正式交谈，并与一位教学中心研究员（要求该研究员参与该博士生的观察阶段——认证程序的第 3 部分）一起反思自己的教学如何改进[8]。

具体来说，认证程序包含以下四个部分：

（1）教学讨论和培训。参与者必须完成教学中心批准的五个教学研讨会。大学教学课程可以取代五个培训中的三个，为期四周专题小型课程可以替代其中两个。

（2）教学经验。参与者必须至少担任两个学期的教学助理或讲师。

（3）观察和审查。参与者必须填写观察申请表请求观察，再由教学中心研究员观察和审查一个完整的教学课程。因为该部分涉及多人和观察前会议的举行，所以要求参与者至少提前一周通知教学中心核实日程表以安排观察。

（4）教学理念。认证程序最终讨论了参与者的教学理念。为了促进这一讨论，每位参与者都要制定一份教学理念。每年举办三场会议，在每个学期结束时进行一场，另一个在秋季学期开始时进行。一旦参与者完成所有其他要求，将被邀请参加研讨会。

## 三、宾大沃顿商学院教师发展项目（TDP）的启示

基于以上案例分析，笔者对沃顿商学院的教师发展项目（TDP）可归纳出以下启示：

### （一）瞄准学术就业的职前培养

考虑到博士阶段结束之后，学生多数会参加工作，沃顿商学院为在校博士生提供了就业的技能培养，使得博士生在掌握一定就业技能后增加自信，降低对就业的恐惧感，提高了学术就业的可能性，也可充分利用学生在校期间学习实际工作技能。而国内博士培养普遍采取毕业职后培养，虽职后培养可提供针对职业的单一培养，但缩小了博士生毕业后的选择性。如若毕业前已掌握一定的工作能力，学生的选择面会更加宽阔，而且更能更好地从博士状态过渡到工作环境之中，缩短了刚入职阶段的摩擦，提高入职后工作效率。

### （二）基于学科专业的分类培养

沃顿商学院根据其下专业的课程安排、课时、培养方向等而分为两类，不同类别之下学院的强制要求也会发生改变，既考虑 TDP 对不同专业的博士生的作用，也考虑了不同专业学生的实际情况，为学生提出优先选择方案的同时也提供了不同的选择，使得学生在完成相关项目并达到提升交际展示等技能要求的同时，也可灵活适应自身需求与兴趣等。

### （三）围绕学生需求的多元培养

沃顿商学院与教学中心为学生提供多种方案来完成 TDP，虽然不同专业有一定的硬性要求，但是均可根据自身情况进行选择。四个模块的 TDP 研讨会、助教培训、"有效讲座开展"研讨会之间可根据学生实际情况，在学院要求之下选择完成，完成时间也可自我调整。此外，除去强制要求参与的这些项目，教学中心还提供了一系列可满足博士生教学兴趣的资源，包括研讨会、在线资源、培训

项目等。

### （四）建立实质等效的培养机制

TDP 在实行的过程中，在考虑学生不同需求同时也提供一致的评价标准。作为一种教学能力评价机制，TDP 其目的在于评判学生是否掌握一定的教学能力，鼓励学生按照标准持续改进以提高自身能力，如若已获得教学能力有效认证可申请 TDP 免修。

### （五）搭建院校合作的培养平台

针对沃顿商学院开展的 TDP 由教学中心与沃顿商学院联合开展。教学中心为学生提供有效的教学方面资源，而学院结合学院特色的人才培养提出项目要求，两者结合既保证了 TDP 培养的有效性，又适合自身专业特色，为学术就业提供了指向性帮助。

## 参考文献

［1］THE WHARTON SCHOOL. 7 Resources to Help PhD Students Succeed on Their Doctoral Journey［EB/OL］.［2018-11-06］. https：//www.wharton.upenn.edu/story/7-resources-to-help-phd-students-succeed-on-their-doctoral-journey/.

［2］THE WHARTON SCHOOL. 7 Resources to Help PhD Students Succeed on Their Doctoral Journey［EB/OL］.［2018-11-06］. https：//www.wharton.upenn.edu/story/7-resources-to-help-phd-students-succeed-on-their-doctoral-journey/.

［3］THE WHARTON SCHOOL. Academic Policies［EB/OL］.［2018-07-14］. https：//doctoral.wharton.upenn.edu/policies/.

［4］THE WHARTON SCHOOL. Academic Journey［EB/OL］.［2017-09-10］. https：//doctoral-inside.wharton.upenn.edu/academic-journey/.

［5］THE WHARTON SCHOOL. Phd Program of Study［EB/OL］.［2017-04-13］. https：//fnce.wharton.upenn.edu/programs/phd/phd-program-of-study/.

［6］CENTER FOR TEACHING & LEARNING（PENN）. TA Training［EB/OL］.［2018-11-02］. https：//www.ctl.upenn.edu/ta-training.

［7］CENTER FOR TEACHING & LEARNING（PENN）. Effective Lecturing［EB/OL］.［2018-11-05］. https：//www.ctl.upenn.edu/effective-lecturing.

［8］CENTER FOR TEACHING & LEARNING（PENN）. CTL Teaching Certificate［EB/OL］.［2018-12-05］. https：//www.ctl.upenn.edu/ctl-teaching-certificate.

# 全面从严治党背景下
# 高校研究生党支部建设研究

郭开强　罗　贝　郑　君　张　鸿①

**摘要：** 高校研究生党支部是高校人才培养的重要阵地，对贯彻党的教育方针，贯彻"党管人才"原则，促进研究生成长成才具有重要意义。当前，研究生党支部建设存在党员参与组织生活积极性不够、研究生阶段党建特点挖掘不够、党员入党后教育不够、党支部组织力凝聚力不够等主要问题。在全面从严治党背景下加强高校研究生党支部建设，要以规范为根基、以科研为载体、以共建为协同、以"智慧党建"为平台，多措并举提升研究生党支部党建工作水平，坚持和加强党对高校的全面领导，培养又红又专、德才兼备、全面发展的中国特色社会主义合格建设者和可靠接班人。

**关键词：** 全面从严治党　高校党的建设　研究生党支部

习近平总书记指出："加强党对高校的领导，加强和改进高校党的建设，是办好中国特色社会主义大学的根本保证。"在全面从严治党的时代背景下，高校研究生党支部建设是高校党建工作的重要组成部分，也是高校思想政治教育工作的重要载体，与本科生党支部建设有着相似之处，但也存在显著差别，要坚持与时俱进理念，遵循人才培养规律、思政工作规律和党建工作规律，完善高校研究生党支部建设机制，优化研究党建工作路径，增强研究生党建工作科学性、针对性和有效性。

---

①　郭开强，西南财经大学马克思主义学院讲师，党总支副书记；罗贝、郑君、张鸿，西南财经大学马克思主义学院 2017 级硕士研究生，思想政治教育专业。

## 一、加强高校研究生党支部建设的意义

研究生党支部是高校党组织最基层的组织单元，是党联系广大研究生的桥梁和纽带，是发挥研究生思想政治教育主体作用的重要组织依托①。加强研究生党支部建设，发挥其战斗堡垒作用，更好开展研究生党建工作，促进研究生更好更快成长成才。

### （一）加强高校研究生党支部建设是贯彻党的教育方针的要求

习近平总书记在全国教育大会上明确指出："我们的教育必须把培养社会主义建设者和接班人作为根本任务，培养一代又一代拥护中国共产党领导和我国社会主义制度、立志为中国特色社会主义奋斗终生的有用人才。"② 这是党的教育方针，也是教育工作的立身之本。研究生是我国高层次创新人才，研究生教育的目标就是将他们培养成为有理想、有本领、有担当的社会主义建设者和接班人。新时代加强和改进研究生党支部建设，提高研究生党建工作质量，有利于解决好"培养什么人、怎样培养人、为谁培养人"这一根本问题，从而将研究生党员培养成文化水平高超、思想素质优良、政治立场坚定、道德情操高尚的社会主义建设者和接班人。

### （二）加强高校研究生党支部建设是贯彻"党管人才"原则的要求

党的十九大报告指出："人才是实现民族振兴、赢得国际竞争主动的战略资源。要坚持党管人才原则，聚天下英才而用之，加快建设人才强国。"③ 坚持党管人才，不仅有利于巩固和扩大党的执政基础，提高党的执政能力，而且有利于人才队伍建设，提高人才工作水平，为全面建成小康社会提供坚强的人才保障。研究生是国家培养的高层次创新人才，加强研究生党支部建设，及时吸收优秀研究生加入党组织、培育高层次优质人才、发挥研究生党员先进性作用，是党管人才原则的重要体现。党管人才，核心是"党领导人才工作"。这就需要在研究生党支部建设中，按照新时代党的建设总要求，坚持以政治建设为统领，大力推进研究生党员深入学习习近平新时代中国特色社会主义思想，不断增强"四个意

---

① 易晖. 论高校研究生党支部作用发挥长效机制的构建［J］. 学校党建与思想教育，2014（18）：21-22.

② 习近平. 坚持中国特色社会主义教育发展道路 培养德智体美劳全面发展的社会主义建设者和接班人［N］. 人民日报，2018-09-11（1）.

③ 习近平. 决胜全面建成小康社会 夺取新时代中国特色社会主义伟大胜利——在中国共产党第十九次全国代表大会上的报告［N］. 人民日报，2017-10-19（3）.

识"，坚定"四个自信"，做到"两个维护"，坚定不移听党话、跟党走，始终与党和国家同呼吸共命运，为党和国家培养和造就一批能够担当民族复兴大任的高素质人才①。

**（三）加强研究生党支部建设是研究生成长成才的需要**

研究生党支部是高校人才培养的重要阵地，加强研究生党支部建设，提高研究生党建工作质量，有助于拓展研究生的知识视野，特别是加强研究生党员对党的理论知识的学习，提升理论水平，掌握科学系统的世界观和方法论。通过党的先进性、纯洁性教育、党风廉政教育等主题活动，有助于提高研究生党员思想政治素养，坚定共产主义理想信念，树立正确的世界观、人生观和价值观；有助于提高研究生党员的实践能力，努力做到学而知、学而信、学而思、学而用，促进研究生认识与实践的全面进步。

## 二、当前高校研究生党支部建设存在的问题

从调查研究来看，当前高校研究生党支部建设主要存在四个方面的问题，这些问题有的是研究生党支部比较突出的，有的是与本科生党支部共通的。这些问题的存在严重影响了研究生党支部的建设效果，需要及时有效地加以解决。

（1）积极性不够，重学术轻思想。研究生阶段科研任务重、学术要求高，涉及能否顺利毕业等硬性考核指标，使得研究生会把主要时间和精力放在学术深造上，尤其是博士研究生更是如此。对于参加党建活动，接受党的教育和思想政治教育，会被认为是软性要求，研究生支部常常缺乏具体考核制度，或有制度但执行力不够，或者考核结果对研究生党员没有利害影响，导致研究生党员党性意识越来越差，要么不愿意参加从而找各种理由缺席，要么碍于考勤要求参加但不参与，"人在心不在"，党建让位于学术，党性让位于专业。

（2）特点挖掘不够，重形式轻效果。高校研究生党支部对研究生党员的教育和管理基本上沿用了本科模式。从活动组织形式看，在党课上主要是聆听、在组织生活会上主要是简单谈心得体会、参与社会实践活动主要是参观。从活动参与度看，听的多、看的多，深层次思考和研究远远不够，在党建活动中作为主人翁深层次参与也不够，没有有效发挥出研究生相较于本科生更多的主体性、学术性特征。这些教育管理模式，不仅难以使研究生党员真正有所收获，更容易产生反面效应，党建活动常常流于形式，久而久之则显现出"例行公事、走过场"

---

① 陈旭，以研究生党建双创活动为抓手 着力培养担当民族复兴大任的时代新人［EB/OL］. (2019-04-07). http://www.moe.gov.cn/jyb_xwfb/moe_2082/zl_2018n/2018_zl58/201808/t20180831_346699.html.

的情绪和状态，失去了研究生党建活动的真正意义。

（3）入党后教育不够，要求松、标准低。党员教育是研究生党支部建设的重要内容，是把党性意识植根于研究生党员思想深处的重要途径。目前，党员的学习教育主要集中在发展阶段，主要形式是党校培训，并把是否通过结业考试作为入党第一门槛。但是，一旦入党后就"松了一口气"，对自身教育要求便大打折扣，"入党前加油干，入党后往后站""入党后听不到声音，看不到身影"的现象屡见不鲜，党员身份意识欠缺。这个问题是本科生党支部和研究生党支部的共性问题，也是显示度非常高的问题。究其根源，就是放松了对党员的入党后教育，缺乏硬性考核评价、监督管理以及惩戒退出机制。

（4）组织力凝聚力不够，管理相对松散。组织力不够表现在研究生党员参加组织生活积极性不高，常常缺席，客观原因是研究生比较分散，尤其是高年级没有课的阶段，常常因写论文、找工作、实习等原因不在学校，无法参与组织生活。博士生更是不常在学校，身心都放在学术研究上。主观原因是放松了自身要求，没有正确认识和践行党员的义务。从凝聚力不够来看，研究生管理去班级化，以导师为中心，相互间交流不够，关系不密切，熟悉度不高。总的来说，研究生党员精英性、独立性、分散性以及复杂性等特点，使得研究生支部的整体管理工作不像其他支部一样能顺畅有效地开展①。

## 三、创新高校研究生党支部建设的路径分析

加强研究生党支部建设，既要符合高校人才培养规律、遵循党建工作要求，又要结合新的时代特点，切合研究生党员的特点，有的放矢开展工作，从而提升研究生党建工作水平。

### （一）以规范为根基，夯实党建基础

研究生党支部建设，必须要把规范放在第一位，打好党建基础，"基础不牢、地动山摇"，这是研究生党支部建设与本科生党支部建设的共通之处。

（1）严格"三会一课"，把好"规范关"。针对党员大会、支部委员会、党小组会，要明确主题、规范过程、做好记录，把"三会"作为加强研究生党支部规范管理的基石。针对党课，要丰富内容，加强对研究生党员的马克思主义理论、党的基本理论、社会主义核心价值观教育；要创新方式，既可以讲大党课，又可以讲微党课，还可以讲网络党课；要完善师资队伍，除了邀请校内外专家

① 陈捷. 对加强研究生党员骨干能力建设的几点思考［J］. 思想教育研究，2012（9）：57-59.

讲，也可以邀请身边的优秀教师党员讲。研究生党员也可以自己讲，也有能力自己讲，实现党建活动的深度参与。学院要加强对研究生党支部"三会一课"执行情况的监督检查，作为考核的重要内容。

（2）加强党员管理，把好"制度关"。重视入党积极分子管理，严格党员发展程序，把政治标准摆在首位，落实发展党员工作细则，严肃入党动机，坚持成熟一个发展一个，真正把理想信念坚定、政治觉悟高的优秀青年纳入党组织。建立党员日常管理台账，坚持"一人一账"，将党员党费缴纳、"三会一课"、组织生活、志愿服务活动等纳入台账范围，作为评优评先量化指标。完善民主评议制度，客观评价党员表现，用好评议结果，鼓励党员不断进步。坚持谈心谈话制度，及时交流思想动态，对困难党员尤其要加强关注力度，为他们排忧解难，润物细无声，提高党建的温度、深度和力度。

（3）严格党员考核，畅通"出口"关。研究生党支部建设得好不好，考核是关键。严则优，松则劣。当前，很多研究生党支部考核不严格，对表现不佳的研究生党员的惩戒机制不够完善，不够及时，也不够有力，循环往复导致正面激励和负面约束作用失效，正向行为逐渐弱化，最终带来的就是研究生党员对支部党建活动的应付心态。因此，要在硬性考核上下功夫，做到考核常态化、链条化、标准化，特别是要用好考核结果，对表现优秀的党员同学，要评优评先，要经常性宣传鼓励，用身边人教育影响身边人；对表现差的党员同学，要做好警示教育，甚至与其能否毕业挂钩，形成震慑作用；对表现极差的党员同学，要狠下心做好清退工作，保持党的先进性和纯洁性。

**（二）以科研为载体，加强党建研究**

科研能力是研究生区别于本科生的一个重要标志。研究生党支部建设要把研究生的科研能力用好，实现党建与科研的深度融合。

（1）鼓励研究生党员积极申报党建课题。研究生党支部要给研究生党员开展党建研究提供平台。在研究方式上，以课题申报的方式鼓励研究生党员开展党建研究。目前，学校及学院层面党建立项较多，主要针对教师，学生只能作为参与人员；研究生党支部层面党建立项较少，有很大发展空间，尤其是可以让研究生党员成为立项负责人，发挥好他们的研究能力。在研究成果方面，可以出版党建刊物、论文集，将优秀论文推荐到校外期刊发表。在交流学习方面，不同学院研究生党支部之间可以以论坛等方式搭建交流平台，也可以举办研究生党建学术节。

（2）鼓励研究生党员积极参加社会实践活动。社会实践是锻炼研究生综合素质的重要途径。研究生党支部要鼓励学生走出校门，参加各种类型的社会实践活动，但是在社会实践活动中要避免简单机械的"参观式"实践，而是要把社会实践活动与理论研究结合起来，要求研究生党员撰写实践调研报告并组织评比活动，激发学生的主动性、积极性，推动实践成果向科研成果转化，真正做到有所思、有感悟、有收获。

（3）鼓励研究生党员积极参加学术活动。科学合理地安排学术活动，将研究生学术论坛、学术节等大型学术活动与支部日常的学术讲座、学术沙龙、参观实践等小规模学术活动统筹规划、协调安排，突出专业特色、重视特点挖掘，营造浓郁的学术氛围①。搭建广泛的学术交流平台，在支部内部学术交流活动中不仅局限于党支部内部成员之间，鼓励和支持党员同学走出去，加强同其他支部在横向和纵向上的沟通交流。将学术活动内容与党建研究主题相结合，深挖所学专业与党建的契合度，特别是尝试在学术节中增加党建板块，提高研究生党员加强党建研究的积极性主动性。

### （三）以共建为协同，着力党建引领

支部共建是加强研究生党支部建设的重要途径，通过共建可以更好地发挥引领作用，不断提升研究生党建工作水平。

（1）与教师党支部共建，实现教师党员对研究生党员的引领。一方面，整合校内党建资源，支部间共同开展理论学习、主题党日活动、社会实践，既可以为学生提供更多的学习和实践机会，又可以形成师生之间的良性互动，为研究生成长成才创造更和谐的环境。另一方面，通过共建机会，不仅可以加强教师党支部对研究生党支部的指导，也可以针对课程学习、论文写作、就业方向等学生关注的问题，及时进行沟通交流，实现党建与专业学习、与人才培养的有机融合。

（2）与本科生党支部共建，实现研究生党员对本科生党员的引领。首先，依照学科专业相近原则，由研究生党支部和本科生党支部自愿结对共建。其次，研究生党支部在党员发展、理论学习、主题党日、社会实践等活动中为本科生党支部建设提供帮助和支持，分享有益经验。特别是要求研究生党员为本科生"上党课"。最后，研究生党员指导本科生开展党建活动，为本科生讲党课应该作为硬性考核指标，在读期间至少参与1~2次，并记入研究生党员档案。通过支部朋辈共建实现"双赢"，本科生党支部在研究生党支部的指导下可以提高党建工作质量，研究生党支部在指导本科生党支部建设中，党员同学从参与者转变成为组织者、指导者，从听党课的学生转变成为讲党课的老师，以压力倒逼研究生党

---

① 王群. 依托专业平台探索研究生党建工作新模式［J］. 河北师范大学学报（哲学社会科学版），2013（2）：154~157.

员参与度的提升、自身党的知识的提升和自身能力的提升，切实解决研究生党员一般党建活动只是简单的听听、看看、说说的问题。

（3）与团支部共建，以党建带团建实现对团支部的引领。习近平总书记在十九大报告中谈道：广大青年要坚定理想信念，志存高远，脚踏实地，勇做时代的弄潮儿①。共青团组织是联系青年的纽带和桥梁，是党的助手和后备军，党建带团建可以提升研究生团组织的建设水平，也可以吸引更多的团员研究生主动向党组织看齐，壮大党组织的人才队伍。首先，可以通过优秀研究生党员担任团支部书记的方式携带团支部，提高团支部的整体政治理论水平，提高团员的思想政治素质②。其次，可以通过举办党建带团建活动，对研究生团员进行入党前培养和教育，提高他们的思想觉悟和能力水平，使其尽快符合入党条件。最后，可以积极鼓励研究生团员参加党组织活动，宣传优秀党员先进事迹，发挥党员先锋模范作用，切实增强党组织的吸引力和凝聚力，使广大研究生团员主动向党组织靠拢。

**（四）以"智慧党建"为平台，提升党建效率**

在"互联网＋"背景下，高校党的建设工作要顺应时代潮流，通过资源整合，构建"互联网+"的"智慧党建"新平台，提升党建工作实效性。

（1）加强资源整合，构建"智慧党建"平台。"智慧党建"最核心的价值体现就是能够利用大数据、云计算等技术，对海量党建数据进行抓取和分析③。因此，必须加强对校内信息资源的整合，发挥网络高效便捷的优势，建好专属的党建大数据库，为"智慧党建"工作提供数据支撑。从高校党建工作层面来讲，要树立"大党建"思维，统筹学校党委和二级基层党组织，按照学校党委顶层设计、二级党群职能部门和学院（中心）基层党组织具体部署、各基层党支部落实落细的原则，统一规划、模块管理、全员参与，构建具有高校特色的"智慧党建"平台和工作系统。

（2）推动规范管理，创新"智慧党建"方式。首先，通过"智慧党建"加强管理，制定工作规划和完善工作流程，比如，为积极分子考察、党员现实表现认定、党费收缴、党员动态管理和考核评优等提供数据支撑和全流程管理，实现研究生党建工作管理的智慧化、标准化。其次，发挥网络资源和新媒体优势，依

① 习近平. 决胜全面建成小康社会 夺取新时代中国特色社会主义伟大胜利——在中国共产党第十九次全国代表大会上的报告［N］. 人民日报，2017-10-19（3）.

② 顾慕娴，邹再金. 以党建"三步曲"带动研究生思想政治教育机制的创新［J］. 广西社会科学，2012（7）：179-182.

③ 方海洋，左娅菲娜. 大数据视域下高校"智慧党建"体系构建研究［J］. 探索，2018（3）：116-122.

托党建精品课、有益经验、先进典型等资源建立网上党建资料室和网上党校等，打破时空局限，特别是克服研究生党员长期不在校的劣势，党员同志可以在任何时间、任何地点查找党建资料，以打卡方式开展党性学习，建立积分制，打通党建工作"最后一公里"。最后，开发网上考评系统，完成对党员的智慧化考核，发挥其高效便捷优势。

（3）加强舆情管理，突出"智慧党建"优势。舆情应对与处理是新时代党建工作的重点，提升"智慧党建"网络舆情应对与处理能力，是新时代党建工作的必然要求①。针对研究生党支部建设，舆情管理仍然是重中之重。首要，正确认识和把握研究生阶段的舆情发展规律，通过网络舆情的监测，善于研判、甄别其中的风险因素，强化危机管理意识，科学分析平台数据信息，引导网络舆情向健康方向发展。其次，通过"智慧党建"平台的构建，改变传统党建信息单向传播的局限性，探索构建党支部和党员群众的双向互动模式，"智慧党建"将党的最新方针政策传递给研究生党员，党员同学通过满意度调查、意见表达机制、舆情报送机制，将他们的内心诉求、真实想法、时实舆情反馈给党组织，在双向互动中提升党建工作实效。

## 参考文献

[1] 习近平. 习近平谈治国理政：第2卷 [M]. 北京：外文出版社，2017.

[2] 习近平. 坚持中国特色社会主义教育发展道路 培养德智体美劳全面发展的社会主义建设者和接班人 [N]. 人民日报，2018-9-11（1）.

[3] 田改伟. 全面从严治党下基层党建工作创新思考 [J]. 中国特色社会主义研究，2017（4）：91-98.

[4] 熊晓梅. 全面从严治党提升高校党建工作科学化水平 [J]. 中国高等教育，2017（1）：22-23.

[5] 吴巧慧. 高校学生党支部组织力建设有效路径探究 [J]. 思想理论教育导刊，2018（5）：150-152.

[6] 宋晓东. 新形势下加强高校研究生党支部建设的对策研究探索 [J]. 学位与研究生教育，2017（11）.

[7] 魏晓文，张玉超. 论新时代与党的建设的质量提升 [J]. 理论学刊，2019（1）：32-39.

---

① 任妍. 让"智慧党建"真正发挥实效 [J]. 人民论坛，2018（16）.

# "新财经"背景下财经院校人才培养探索

## 王 博 颜 杰[①]

**摘要**：新财经是新时代的高等财经教育，是教育、经济和科技的深度交汇，以跨学科和融通性为主要特征，从而达到财经学科思维和知识体系的重塑。作为财经类院校要主动适应新财经、引领新财经，让学科发展在新时代面向未来更具特色、更有内涵、更可持续，让"新财经"更好地服务和支撑"新经济"。因此本文对财经院校人才培养进行了基础研究，主要分析当前财经院校人才培养现状以及存在的问题。梳理现有的财经院校人才培养模式、探究影响财经院校人才培养的重要因素。建立了"344"型的"新财经"背景下财经院校人才培养模式、"新财经"背景下财经院校人才培养模式的配套措施体系和评价体系，并对财经类院校人才培养体系的对策建议。

**关键词**：新财经背景 人才培养模式 财经类院校

## 一、研究主要内容

习近平总书记在全国教育大会上指出在新时代新形势下，为了促进人的全面发展和社会全面进步对教育和学习提出了新的更高的要求。培养什么人，是教育的首要问题。努力构建德智体美劳全面培养的教育体系，形成更高水平的人才培养体系，是新时期新背景下教育现代化的方向目标。

国家明确提出需求是推动建设的源动力，各大高校要对接需求、服务需求，主动对接国家和区域重大战略，完善以社会需求和学术贡献为导向的学科专业动态调整机制。不难看出：一方面，国家正在大力推行的发展战略，对人才投入与智库支持提出了更高的要求，亟须大量专业技能强、语言能力强且具有国际视野

---

① 王博，西南财经大学国际商学院副教授；颜杰，西南财经大学国际商学院博士生。

的高素质财经人才。另一方面，随着经济全球化的深化发展和科学技术的不断革新，企业的产业升级周期也在不断缩短，对财经类人才的需求层次也越来越高，不再是局限于以前的单一财经技能，而是复合型的专业人才，在能力、素质和格局视野上都有了更高的要求。

基于这样的"新财经"背景，本项目对财经院校人才培养进行了基础研究，主要分析当前财经院校人才培养现状以及存在的问题。梳理现有的财经院校人才培养模式、探究影响财经院校人才培养的重要因素、总结当前人才培养模式特别是财经院校人才培养方案的评估体系的特点与组成部分。构建了"344"型的"新财经"背景下财经院校人才培养模式、"新财经"背景下财经院校人才培养模式的配套措施体系和评价体系。"三导向"，是以市场需求、个性发展和专业建设为人才培养导向；"四目标"，是培养具有综合素质为基础，兼具科研素养、实践能力、创业基础的复合型人才；为了使人才的供需匹配得当，所提出的针对性的"四策略"包括教学理念的优化、课程体系的完善、教学方法的优化和师资队伍的建设。

高校要深化教育体制改革，健全立德树人落实机制，扭转不科学的教育评价导向，坚决克服唯分数、唯升学、唯文凭、唯论文、唯帽子论的顽瘴痼疾，从根本上解决教育评价指挥棒问题。为贯彻落实习总书记教育评价体系改革，"新财经"背景下财经院校的"344"人才培养模式的发展也需要一套与之相匹配的、科学合理的评价体系来衡量。"新财经"背景下人才培养模式的评价体系应从人才培养模式构建的科学性、人才培养模式的可操作性、人才培养参与方的满意度、人才培养模式的可持续性方面进行全面、科学、合理的评估。

财经院校承担着为国家和社会培养具有综合能力和高远视野的复合型财经人才，为促进经济可持续发展提供"原动力"的任务。无论学生未来是想要成为高层次高素质的企业复合型财经人才、科研型高素质专门人才还是自我创业的开拓性复合型人才，学校都应该满足其发展需要，为其提供合适的培养路径。在明确人才培养的相关概念和理论的基础上，本文结合研究调研的数据，针对目前财经院校人才培养的现实特点、实施特征以及评价反馈等方面，从人才培养体系完善程度、人才培养方式创新能力、人才培养模式可持续性、人才培养质量评估反馈等角度进行统计分析，以了解目前财经院校人才培养的现状，找出可能存在的问题。最后综合既有研究基础，提取财经院校人才培养模式的要素结构，从高校中的学生教师、社会中的政企组织，供需两个层面探究影响人才培养的主要促进因素和抑制因素及其影响机制，以进一步完善财经院校人才培养模式。构建一套科学、合理、全面的人才培养评价机制，以利于对现有的财经院校人才培养模式进行优势与劣势分析，并进行优势的保留与进一步完善。

## 二、现存的问题及建议

人才培养体系的建设主要包括课程体系建设、师资力量建设、教学案例库拓展、专题课程创新、实践大赛培养机制完善、国际交流项目建设以及教育实践基地和创新创业训练平台的搭建和提供。但目前国家地方财经类高校的课程设置普遍存在课程比重设置不合理，专业性课程不突出，选修课少，无法满足学生职业规划的个性发展。许多财经院校师资力量的学术梯队不完善，部分老牌高校传统型师资过剩，应用型和高新技术型师资比较匮乏。通过对财务共享趋势下高校财会专业培养模式的研究，发现高校财经类专业很多课程设置仍然存在内容条块化、重复设置的现象，课程间知识层级关系不顺，没有形成有机联系。

基于传统人才培养理念落后、趋于"同质化"；培养模式注重知识传授和灌输，忽视学生实践能力的培养和综合素质的提高，使得许多财经院校毕业生根本无法满足就业单位对复合型财经人才的需求；人才培养体系革新滞后，师资力量的学术梯队不完善，创新创业和实践环节的训练平台搭建不够完善；人才评价体系标准单一，重"理论"轻"实践"，重"智商"轻"德商"等亟待解决的问题。本项目则着重研究以下三个问题：

### （一）人才培养目标趋同，专业建设缺乏清晰定位

人才培养是专业建设的核心内涵和根本目标，专业发展的战略定位、专业建设的目标举措对人才培养质量的高低有着至关重要的影响。作为财经类高校，专业发展方向应以经管类、应用型为主，致力于培养高水平应用型财经人才，为区域经济发展提供有效的智力支持。但当前许多财经类院校在专业设置、专业发展定位、专业内涵建设等方面还存在不科学之处，这直接造成办学缺乏特色，人才培养质量不高。随着财经类专业的广泛设立和大规模招生，财经类人才的供给需求逐渐由原来的供小于求演变为供求平衡甚至供大于求。财经职业竞争的加剧使得财经院校毕业生走向实际工作岗位的适应期缩短，行业企业对毕业生实际工作能力或技术技能要求越来越高。一方面，在专业设置方面，一些财经类应用型院校并未坚守住以经管类专业为主体、突出应用学科发展这一办学主线，而是过分贪大求全，盲目扩张，专业设置过程中缺乏合理规划和科学严谨的考察论证，对于某些不符合学校办学方向、就业率低、招生情况不乐观的专业并未进行有效控制，致使学校专业设置缺乏应有特色。另一方面，由于人才培养目标趋同，专业发展定位缺乏特色，财经类应用型人才的培养还存在严重的"千人一面"的

现象，毕业生就业竞争力不足。

## （二）课程体系亟待优化整合，对应用型人才培养的具体策略亟待完善

课程是组成教学活动的基本单元，是实现人才培养目标的根本途径，课程建设质量的优劣直接影响着人才培养质量的高低，多数财经类应用型本科院校的课程体系构建并不理想，课程对应用型人才培养的贡献度有待提升。一方面，专业课程设置的理论性过强，实践教学环节所占比例较小，甚至很多课程并没有安排相应的实践环节，课程未能突出应用型特色。同时，由于教学资源的相对匮乏，实践教学环节教学效果并不理想，这直接导致了学生理论学习有余，动手操作能力不足。另一方面，课程体系未能进行良好整合，存在相关课程部分内容重复，知识点分散不成体系等现象，这既造成了资源的浪费，又不利于学生构建完整的知识框架。此外，在教学内容上，多数教师仍倾向于讲授传统的财经理论知识，未能深入行业调研及时获取前沿知识，导致授课内容陈旧，滞后于财经行业发展，不利于学生获取未来就业所需的核心知识及能力，对学生职业胜任力的提高贡献不足。

## （三）行业特点决定了浅层次实习实践较多，市场需求与人才不匹配

许多财经类应用型本科院校专业设置与区域经济发展需求契合度不高，并未有效对接地方产业链，而其所培养的人才未来就业范围多为区域内，这就导致人才培养出现较为明显的供需矛盾。在专业发展定位上，尤其体现在人才培养规格中，尽管多数财经类本科院校的人才培养目标体现了应用型，在人才培养方案改革与制定过程中也邀请了企业专家参与论证并赴行业企业展开调研，但由于行业企业参与人员数量、代表性、论证时间以及学校赴企业调研程度有限，学校不能有效把职业出口所需核心能力映射到人才培养目标中，培养目标仍然存在模糊抽象、可操作性不强等问题，导致人才培养规格与岗位实际需求出现一定程度的偏差，而这是由行业特点决定的。

实习实践环节是锻炼学生实际操作能力、增强学生毕业后的工作适应性、培养学生创新精神、提高学生综合素质及就业竞争力的重要途径，是培养应用型人才的关键环节。财经类应用型院校普遍较为重视学生实习实践活动，会通过银行模拟仿真训练等实践教学环节来提高学生操作能力，帮助学生提前熟悉工作环境。但就当前大多数财经类应用型院校实习实践环节发展水平来看，效果还并不理想。在实践教学资源建设方面，尽管财经类应用型高校都建有金融实验室、模拟仿真实验室等实践教学基地，但由于多为地方本科院校，办学经费有限，相对于连年增加的学生数量，实验室、实践基地建设数量显得相对不足，且存在设备

陈旧等问题。同时，由于实践教学环节时间安排相对较为集中，参加学生较多，使得实践教学大都流于形式，无法充分实现提升学生上手操作能力的目的，也在一定程度上影响了学生学习的积极性。财经类院校的校外实习基地多为银行、证券、保险等金融机构，鉴于金融机构的特殊性质，其对经营安全性要求较高，在接收学生实习时，往往仅提供一些基础性、浅层次的工作岗位，学生无法更加深入地学习行业技能，实习效果有限。此外，虽然设置了实践教学课时，但实际情况是专业课教师既承担理论课程的教学工作又指导学生的实践教学，而这些专业课教师大多都没有行业从业经验，实践教学质量难以保证。

## 三、研究意义

### （一）研究成果的学术价值

人才培养研究是高等教育理论研究范畴内的重要内容之一，培养模式和评价体系的探索研究是教育绩效技术研究领域中的重要组成部分。"新财经"背景下"344"型人才培养模式及对应的评估体系的学术价值在于能够完善财经院校人才培养机制以丰富高等教育理论。与此同时，本研究探索的人才培养评估机制补充了现有的教育绩效评估理论，从人才培养的根本上提升"双师型"教师实践教学水平，符合新时代下教育体制改革的新要求。

财经类应用型本科院校的师资队伍中的人员大都具有博士或硕士学历，这些教师往往毕业后直接从事教学工作，虽然具有较为扎实的理论基础和较强的科研能力，但由于缺乏必要的行业企业实践经历，实践教学能力相对较弱。深化产教融合能够为财经类应用型高校教师提供更多挂职锻炼、提高实践能力的机会，为"双师型"教师队伍的建设提供更好的平台，同时也能够帮助青年教师将理论知识与实践相结合，进而更好地应用于教学，提高教学质量，从根本上为应用型人才的培养打下良好基础。此外，通过产教融合，教师能够更加广泛地接触行业前沿、深入行业核心，获取更高质量的行业知识并内化为教学内容，提升课程对应用型人才职业核心技能培养的贡献度。

### （二）研究成果的应用价值

在"新财经"背景下，本研究中的"344"型人才培养模式一方面可以完善高校的人才培养机制，促进高校复合型人才培养模式的实践，为社会输送具有综合素质的科研人才、企业应用型人才、创新创业型人才；另一方面，结合"新财经"背景，促进财经院校的特色学科创新和学科建设，为不同类型高校的特色学科建设和人才培养模式提供参考，进一步推动教育现代化，从而建设中国特色社会主义教育强国。

懂得服务地方经济和国家重大战略，人才培养才会更加符合就业市场需求。培养懂得市场机理、具有市场意识、适应行业变化、拥有行业前沿知识和核心技能的财经类应用型人才是高等财经教育的首要任务。"经济发展靠科技、科技进步靠人才、人才培养靠教育"的良性循环机制的形成也对新时期财经应用型人才的培养提出了更高要求。通过进一步深化产教融合，深入调研行业企业需求，引导企业参与高校人才培养方案制定、教材开发、课程设置，聘请校外行业骨干专家授课等方式，从人才入口到培养过程再到毕业出口充分体现校企合作，能够不断促进财经类应用型高校教学内容的更新，完善人才培养的实践教学体系，对接行业前沿动态以及区域经济发展最新需求，有效解决财经类应用型高校人才培养目标与行业需求脱节、学生所学知识滞后于行业发展等问题，增强财经类应用型人才培养的针对性和适应性，实现人才培养规格与企业岗位需求的高度匹配。同时，通过产教融合，把握区域经济发展未来动向，对接地方重大战略需求，调整专业设置，在坚持特色基础上重点建设区域经济发展急需的财经专业，能够有效解决财经类应用型人才的供需矛盾，实现人才培养链与区域产业链的充分对接。

### （三）研究成果的社会价值

此次研究项目构建了以培养人才的综合素质为基础并以科研型复合人才、应用型复合人才、创新创业型复合人才为代表的"四轨并行制"的财经院校人才培养模式，培养具有综合素质、科研素养、实践基础、双创能力的复合型人才。这样的模式使得财经类院校为社会输送了大量具有综合素质的优秀人才，努力做好服务国家和社会发展的复合型卓越财经人才的培养工作。

懂得深化实践能力的培养，学生职业胜任力才会得到进一步提升。职业胜任力不足、岗位所需核心技能不扎实、就业所需适应期较长是当前财经类应用型人才培养过程中亟须解决的问题，深化产教融合是解决这些问题的有效途径。在产教融合、校企协同育人模式下，学校更加重视学生实习实训基地以及实践类课程的建设，注重培养学生将专业知识应用于生产实践的能力，通过建立仿真实验室、模拟实训等方式，让学生动手操作，深入体验如何将所学知识转化为实际生产力，在激发学生学习兴趣的同时能够让学生提前感受行业企业工作内容和方式，提升实践操作能力。通过与企业展开深度合作，共同加强对学生毕业实习环节的重视和管理，能够有效提升学生毕业实习质量，帮助学生在实习期间获取更多未来工作所需的技术技能，进一步提高职业胜任力，有效缩短毕业生走向工作岗位的适应期。

## 四、研究成果

### （一）"三导向"

"新财经"背景下"334"型人才培养模式的"三导向"包括市场需求、个性发展和专业建设。党的十六大提出全面建设小康社会，在这一进程中，财经院校也肩负着为全面提升区域性经济、促进社会发展提供人才和智力支撑的重任，肩负着构建终身学习体系、促进全面发展、形成学习化社会的历史使命，在促进全国区域性经济相对均衡发展中发挥先导性作用等。经济增长、社会进步的先决条件是劳动者素质的普遍提高，也是实现小康社会的基本前提。随着经济全球化和贸易自由化进程的加快，社会对未来财经类专业人才的知识、能力和素质提出了新的更高的要求，个人的知识、能力、素质被提上了前所未有的新高度。

我国现行的人才培养模式主要是 20 世纪 50 年代初期为适应计划经济体制需要而建立的，这种模式以特定的职业岗位为目标，以生产对象或生产过程划分专业，强化专业知识和专门技能教育，其特点是学生毕业后很快就能适应对口岗位的工作要求。这种人才培养模式的主要不足是专业面过窄，培养出来的学生只能在很窄的专业范围内发挥作用，缺乏对知识和技术的综合、重组和创造能力。不可否认，这种办学模式曾为我们培养了大批专业人才，对促进社会经济的发展做出了不可磨灭的贡献。但是，现代社会日趋复杂化和综合化的趋势，使得对学生素质和能力的要求越来越高，复合型培养模式的创新势在必行。

本文的研究成果之一就是以市场需求、个性发展和专业建设为导向的复合型人才培养模式。通过对毕业生的科研产出水平、职业发展以及创业项目进行调研，发现该模式符合市场需求的导向；通过对毕业生和接受单位进行问卷调查，发现该模式比以往模式更符合学生个性发展的导向；最后本项目还通过学术反馈、教师互评和专家评审等方式对授课效果和教学质量进行评估，发现"344"人才培养模型（见图 1）更符合专业建设的导向。

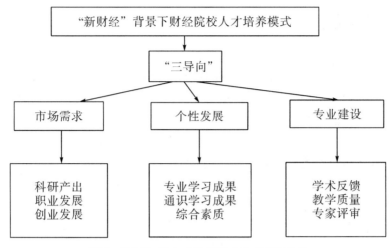

图 1 "334"型人才培养模式的"三导向"

## （二）"四目标"

"新财经"背景下"344"型人才培养模式中的"四目标"（见图 2）是培养具有综合素质为基础，兼具科研素养、实践能力、创业基础的复合型人才。随着现代社会经济、文化、科技的迅速发展，社会对未来就业者的知识结构、胜任多种职业的适应能力提出了更高的要求。鉴于许多社会、经济、科技问题都需要从多学科的角度，运用多种知识、理论和方法解决，传统的专业化人才单一型的知识结构已经难以适应国民经济和社会发展的需要，为社会培养高素质的复合型人才成为高等教育面临的重要任务之一。许多理论和现实问题的解决需要人们具备复合型的知识结构和能力结构，除了精通本学科的专业以外，还要对其他的某一门或几门学科比较通晓，具备相关的知识和技能。同时，由于复合型人才在知识复合的基础上形成了能力复合、思维复合等多方面的综合素质，从而具备较强的综合及创新能力，是市场上最缺乏，而企业又求之若渴的人才类型之一。

通过研究发现："新财经"背景下财经院校财经专业人才培养除了注重专业知识传授外，还要使学生具备人文精神，具有良好的人际关系，善于获取知识，具有适应现代社会发展的知识结构，有脚踏实地、不畏艰难、勇于攀登的精神和严谨的学风。因此在人才培养过程中要注重人的综合素质的培养及创新能力的培养，强调实践过程的训练，逐渐树立知识、能力、素质协调发展的教育观。财经院校人才的能力结构体现为适应能力、表达能力、组织管理能力、创新能力，即财经专业人才面对各种复杂的环境要有适应能力，对理财环境变化应有分析判断能力，以及作为财经管理人才所必需的表达能力和数理分析能力，才能在实践工作中扮演一名合格的财经工作管理者的角色。而素质结构则体现为理想信念、道德品质、组织纪律观念、认识综合能力、面对各种复杂的环境能表现出良好的心理承受能力，有坚强的意志力及应变能力等。财经院校培养出的财经专业人才，大多数是财经政策的执行者，毕业后大多都要在一线工作，随着市场经济的不断推进，竞争的压力将会越来越大，只有具备良好的专业知识及操作能力，较高的综合分析能力和解决问题的能力才能立于不败之地。这就要求加强学生的基本素质培养、专业素质培养和心理素质培养。当今社会任何行业都不可能只有行业的专业知识就能"包打天下"。

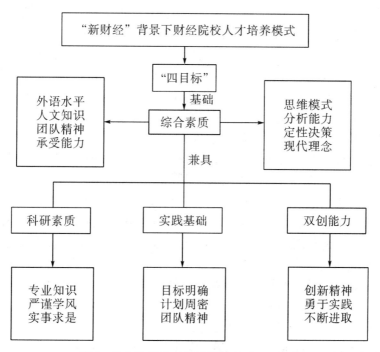

图 2  "334"型人才培养模式的"四目标"

### （三）"四策略"

本研究中的"四策略"（见图 3）包括教学理念的优化，课程体系的完善，教学方法的改善以及师资队伍的建设。随着知识经济时代的到来，本研究项目所提到的"344"型人才培养模式要求财经类院校要积极转变教育教学理念，以开展创新创业教育为切入点改革教育教学模式，用学生喜闻乐见的形式比如微信课堂、空中课堂等讲授专业知识和创新创业知识，从而培养学生的创新创业能力。具体措施如下：第一，在课堂教学环节，财经类院校教师应积极调动广大学生的上课积极性，将启发式、研究式、情景式等多种教学方式与传统讲授式相结合，并辅之以现代化的教学设备比如多媒体、手机微信等，摒弃"教师一言堂"的传统教学模式。主要采取模拟教学、案例教学、项目教学、自由讨论、讲座及个别辅导等方式进行授课，把更多的时间交给学生自己，其毕业生的创新创业能力不言而喻。基于此，财经类院校教师根据各自的学科特点精心进行课程设计，经管类专业积极提倡引入案例教学，通过开发本土课程的案例库，让学生真正参与到教学中，从而提高他们分析问题、解决问题的能力，培养学生的创新精神和创业实践能力。第二，在实践教学环节，财经类院校构建了多层次、全方位的实践教学体系，建立了大学生创业中心、创业实验室、创业基地，并定期聘请成功企业家或成功创业的校友为有创业想法的大学生提供创业经验和专业评价。财经类院校可充分利用现有的各级各类实验教学中心、重点实验室、创新创业实验室等实验教学平台，将国内外优秀的教学软件引入实验课，以丰富经管类专业课教学。学校还应高度重视经管类专业模拟实训平台建设，组织学生开展模拟公司创业实训；采用"创业之星"等模拟培训系统，通过头脑风暴法、角色扮演法、情景模拟法等多种教学方法，激发学生的学习兴趣。第三，在第二课堂活动方面，财经类院校将第一课堂与第二课堂有机结合，通过组织各类实践活动，激发学生的创新创业意识和潜能，主要包括：创业论坛、创业计划竞赛、与政府机关、非盈利机构、公司等合作开发的计划项目，以及大学里的创业社团、创业俱乐部、创业"孵化器"等，为大学生提供创新创业的实践平台；此外，邀请校内外专业人士作创新创业讲座、成功企业家经验分享等活动有效地激发了大学生的创业热情。除此之外，"334"型人才培养模式下的财经院校还在以下方面做了诸多功课：其一，通过采取定期举办创新创业教育讲座、企业家进校园等形式，让广大教师和学生熟悉并了解创新创业教育；其二，积极组织学生参加国家级、省级和校级"挑战杯"创业计划大赛、行业—专业—就业人才需求分析大赛、校级市场调研大赛、职业经理人大赛、暑期社会实践等实践与比赛；其三，从企业邀请企业导师来对学生的商业计划书撰写进行指导，从而使他们的创业计划更加贴近市场，并择优给予创业资金资助；其四，通过让学生参与教师的科研项目，使其了解学科前沿及行业发展趋势，从而提升其归纳推理以及调查分析等方面的能力，帮助学生形成创新思维模式。经过调研发现，以上措施均产生了显著效果。

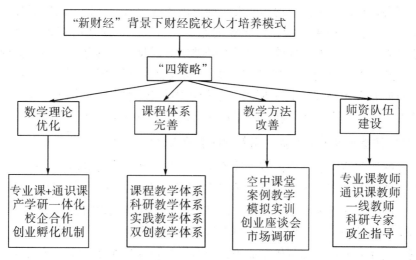

图3　"334"型人才培养模式的"四策略"

## 五、研究特色

本文研究的创新之处在于创建了以个性化培养、自主性选择、多元化发展为特征的"344"型人才培养模式，促进人人成才。通过全校性、全方位的改革，打破院系壁垒，开放所有课程、专业和发展途径，充分赋予学生选择权，由学生自主构建课程模块和知识体系，将传统刚性培养模式变革为可定制的自主学习模式，探索出一条个性化、多样化人才培养的有效途径。与此同时，创建适应个性化自主学习需求的新型教学管理体制，形成使改革不断深化和自我完善的内生机制。具体如下：

### （一）突出创新性和实践性，明确财经类专业创新创业人才培养的目标要求

培养目标是培养者对所要培养的人才质量和规格的总规定，即对所培养的人才应当具备的知识、能力、素质等方面的要求给出具体的标准。本项目的"344"型人才培养模式目标是树立以学生为本的教育理念，培养具有创新创业精神和创新创业能力，具有强烈的社会责任感和高尚的职业道德，掌握经济、管理、金融、财会、法律等各方面知识的复合型、应用型人才。具体来说，创新创业人格、创新创业意识、创新创业能力是创新型人才的素质特征。其中，创新创业人格包括自信心、意志力、社会责任感、团队协作精神、适应环境的能力等方面，它是实现创新创业的基础。创新创业意识则主要表现为对未知的创新创业知识的强烈的好奇心和求知欲，是进行创新创业的动力。而创新创业能力作为实现创新

创业的核心，它包括把握机遇的能力、创造机遇的能力、承担风险的能力，以及在创新创业过程中所秉持的积极乐观的态度。事实上，财经类院校在经济、管理、法律方面的学科专业优势决定了财经类创新创业人才具有更强的创新创业优势。基于此，本项目的"344"型人才培养模式要求财经类院校首先要找准定位，确定创新创业人才培养的目标要求，如行业内的拔尖创新人才或一般岗位的经济、管理人才等，由此才能在顶层设计和组织建设中有所为有所不为。

### （二）注重创新能力培养，完善创新创业人才

培养的课程体系、培养内容直接关涉学生创新创业能力的培养，但其涉及环节较多，如培养方案、课程体系、专业设置等。众所周知，根据教育部面向21世纪教学内容和课程体系建设要求，财经类院校的课程建设需以大学生的创新创业能力培养为核心。基于此，本项目在所构建的"344"型人才培养模式下所提出的创新创业人才培养课程体系成为我国财经类院校当前之急需，尤其是本项目中所提到的"课堂教学+课外活动"为主的创新创业人才培养模式，为我国大学生创新创业能力的培养做出了重要贡献。课堂教学因其受众的不同分为公开课程和重点课程。公开课程主要以培养学生的创新创业精神、意识为主旨，受众为全校学生，课程内容涵盖创业构思、企业融资、企业管理、企业设立等创业意识及技巧等方面。重点课程则面向商学院和管理学院的学生，内容专业性强，应用性价值较高。具体措施如下：第一，将创新创业教育课程模块纳入专业教学计划和学分体系中，使创新创业教育融入人才培养的全过程。第二，遵循由理论到实践的原则，财经类院校充分利用学科专业优势，将经济学、市场营销学、管理学、财务管理等课程纳入创新创业课程体系，并使创新创业教育课程体系化、科学化。一方面，面向全校大学生开设公共选修课及根据教育部《普通本科学校创业教育教学基本要求（试行）》开设如"创业基础"类的必修课，培养在校大学生的创新能力和创新意识。另一方面，针对管理学院、商学院以及在全校范围内对创业感兴趣的同学，开设包括资源整合、实战分析、风险控制等内容的专业必修课。除此之外，本项目还开设计划预算、成本管理、企业战略等企业运营方面的课程，帮助大学生熟悉市场经济规则，通晓国际惯例和经济法律知识，从而有效激发大学生的创业热情。

### （三）改革评价体系，构建多元化的人才评价及激励机制

本项目的评价体系从科学性、人才培养模式的可操作性、人才培养参与方的满意度、人才培养模式的可持续性方面进行全面、科学、合理的评估。"334"型人才培养模式是否切实履行的重点在于人才培养模式是否按照市场需求、个性发

展、学科建设的三个导向来设置，模式有效性的评估重点在于是否培养了校方供给与社会需求相匹配的科研型、实践型、创新创业型的复合型人才，评估的可信性在于每一具体环节的评级机制，培养模式的合理性与科学性的重点在于模式的可行性与连续性评估。本项目的人才培养评价体系特色在于深化校企合作，构建多方参与制定、评价人才培养的"当期+后期"的可持续的长效评价机制。

评价体系改革是"344"型人才培养模式在高校得以成功推进的关键。传统上我国财经类院校的学生成绩评价，无不以考试分数为主，这非常不利于创新创业人才的选拔，特别是对于那些实践性要求较强的专业。因此，要改变以成绩论学生素质优劣的现状，必须构建多元化的创新创业人才评价激励体系。如本项目提出在考核方式上以商业计划书和创业案例的写作为主，这对于提高学生理论联系实践的能力具有非常重要的作用。在鼓励大学生创新创业方面，采取奖金吸引、优秀创业者推荐等各种激励措施激发大学生的创业热情。一方面，除采用传统的闭卷考试方式外，本项目还采用让学生提交创业方案、商业计划书、撰写创业案例等方式完成结课考试，以提高大学生的理论应用能力和创新意识；另一方面，则以通过设置高额创业大赛奖金、向社会推荐优秀创业项目等做法，鼓励大学生积极参与创业。

## 六、财经类院校人才培养体系的对策建议

在"新财经"的背景下，通过具体实施"专业课+通识课"、产学研一体化、校企合作、创业孵化机制的相关课程设置，深化校企合作，推进校内校外"双导师"制度、专家指导制度，推动学校与行业企业、行业专家的协同发展，共同指导学生的学习实践、学科竞赛、创新创业、毕业论文（设计）等项目。本研究项目提出学科建设与专业教学融通，通识教育与个性化培养融通，拓宽基础与强化实践融通，学会学习与学会做人融通的人才培养新理念，实现人才培养目标、人才培养模式、人才培养体系建设和人才培养评价机制四元并行，协同发展的目标。推进教育改革，加快补齐教育短板，实现新时代教育现代化建设，推动"新财经"背景下财经院校的人才培养研究，为我国经济的可持续健康发展提供精良的智力驱动力。本研究坚持"先予后取，互利双赢"的原则，以服务求支持，以贡献求合作，深化产教融合，推动校企建立更为紧密、更为深入、互惠双赢的协同育人新机制，逐步形成"校企合作共同体"。具体措施如下：

### （一）促进专业建设与区域产业的深度融合

坚持走"人无我有、人有我优、人优我特"的专业建设思路，按照"扶新、

扶优、扶特"要求，集中力量打造优势特色品牌学科专业。调整专业设置，加大专业改造力度，抢先一步实现与未来产业需求的精准对接。重点锁定"互联网+"和"大数据+"两个方向，打造新兴专业集群，提升专业竞争力。鼓励各系部积极行动，围绕上述两个方向积极培育和引进人才，申报代表新产业、新业态的数据科学与大数据技术、精算学、网络空间安全等新专业，主动占领人才培养新阵地。加强对现有专业的管理与评估工作，按照教育部《普通高等学校本科专业类教学质量国家标准》及有关行业标准，根据学校办学思路、办学条件、发展目标、人才培养特色等确立教育基本标准和人才培养要求，建立本科专业教学自我评估制度，保证专业设置质量。同时要逐步完善专业人才预测预警机制、毕业生就业年度报告制度，并建立学科专业动态调整机制，按照存量升级、增量优化、余量削减的思路，对社会需求量高、学生报考率高、具备明显办学优势的专业，加大投入力度，提升建设水平；对社会需求量少、学生报考率低、不具备明显办学优势的专业适当压缩招生规模，或者实行隔年招生；对办学条件差、招生和就业困难的专业，采用"关、停、并、转、联"等方式予以调整。

### （二）优化课程体系，深入推进突出应用型的课程改革与建设

课程是人才培养的核心要素，课程教学是人才培养的主渠道，是落实"以学生发展为中心"理念的"最后一公里"。聚焦课程建设，打造高质量课堂，主要把握以下两点。一是优化课程体系。以能力培养为核心，融入立德树人的要求，把通识教育、专业教育、创新创业教育、职业生涯教育有机结合起来，重构专业课程和内容，减少必修课程门数，增加跨学科课程和校本特色课程，拓展深化实践实验课程，鼓励开设双语课程、专业交叉融合类课程，逐步增加通识课程，构建具有财经院校特色、适合财经应用创新型人才培养的高质量课程体系。高标准制定课程建设标准，通识教育课程要更加关注学生人格养成和价值塑造，专业课要更加注重培养学生的专业能力、职业素质和终身学习能力，全部课程都要坚持"由简入繁"和"由繁入简"相结合，回归本源，回归一般，合理提升学业挑战度、增加课程难度、拓展课程深度、增强课程创新性，形成一批高阶性品牌课程。同时，对全校课程进行系统梳理，坚决淘汰对人才培养目标支撑不强、内容不精、不实的课程和内容。二是推进"课堂革命"。课堂教学是人才培养的主渠道和主阵地。教学改革最根本的是课堂教学改革。聚焦课堂45分钟，推动"课堂革命"，向课堂要效率、要创新、要质量、要能力。推动课堂革命，要以观念变革为先导，教师要转变思想观念，既要注重自己"教好"，更要注重让学生"学好"，要实现从知识课堂向能力课堂、从灌输课堂向对话课堂、从封闭课堂向开放课堂的转变，把沉默单向的灌输课堂变成思想碰撞、智慧启迪的互动场

所。推动课堂革命，以教学方法改革为基础，教师要关注信息化时代背景下学生的需求，广泛运用"互联网+课堂""人工智能+教学"的智慧教学及其他线上线下混合式教学模式，实现教学方法改革的"变轨超车"。推动课堂革命，以激发学生学习动力为关键，培养学生自我优化和终身学习能力，建立引导学生深度学习的教学新方式，聚焦学生学习，让学生成为课堂的主人，引导学生主动学习、刻苦学习、深度学习，实现从"要我学"向"我要学"转变、从"被动学习"向"主动学习"转变。推动课堂革命，以改进课程考核方式和考核内容为支撑，强化学习过程管理，加大过程考核成绩在课程总成绩中的比重，提高课程考核的科学性、素质性和客观性，突出对学生能力和素质的考核。

### （三）构建校企合作共同体，实现人才培养与企业需求的无缝对接

校企协同育人是应用型人才培养的主线。校企合作、产教融合是促进教育链、人才链与产业链、创新链有机衔接的核心节点，是高校履行人才培养、科学研究、社会服务职能的重要载体。校企合作、产教融合是培养高素质人才的必由之路，也是学校发展壮大的必由之路。学校积极与行业企业搭建育人平台，从实验、实习、实践等环节上全面推动企业参与，探索"资源共享、深度参与、互利共赢"的协同育人机制。一是推动构建"校企合作共同体"。校企合作的目的是为企业培养亟须适用的人才，降低人才培养的社会成本，提升行动效率。坚持"先予后取，互利双赢"的原则，以服务求支持，以贡献求合作，深化产教融合，推动校企建立更为紧密、更为深入、互惠双赢的协同育人新机制，形成"校企合作共同体"。二是实现人才培养与企业需求的无缝对接。以行业和龙头企业为依托，联合育人，在专业设置、课程体系、实践教学、考核评价、教材开发、创新创业、科学研究、成果转化、师资共训、团队共建等方面开展深度合作，促进企业需求融入学校人才培养各环节，真正实现专业设置与行业需求对接、课程体系与岗位技能对接、教学过程与工作实践对接、科研课题与企业一线对接。三是打造高水平产教融合平台。整合优势资源，与企业通过协同打造实习实训基地、合作育人基地、职工培训学院、创新基地等高水平合作平台，形成校企合作新的发力点。要与行业企业深化对接，做细做实，推动各项协议有效落实，把产教融合的成效体现在人才培养上、体现在办学水平上、体现在社会声誉上。

### （四）加强"双师型"师资队伍建设

"双师型"师资队伍是财经类应用型院校的重要资源，是财经类应用型人才培养的质量保障。当前，财经类应用型本科院校的师资构成，有相当一部分教师从综合性大学毕业后就直接参加工作，出现理论研究有余，实践能力不足的现

象。因此，加强"双师型"师资队伍建设，提高教师实践教学能力迫在眉睫。应按照培养、引进和聘请相结合的原则，努力建设一支实践创新能力强、教学科研水平高、富有团队协作精神的应用创新型师资队伍。完善"双师型"教师认定考核办法，强化激励措施，增强教师提升专业技能的积极性和主动性；完善教师到企事业单位定期实践制度，与企业共建教师社会实践基地，有计划地选派教师到企业接受技能培训、顶岗实践、挂职工作和实践锻炼，保证专业教师在一定期限内都能赴行业进行轮训。积极引进或聘用企事业单位、政府部门具有较高学术造诣、丰富实践经验的各类高水平专业人才来校全职工作或开展合作教学、研究，有效集聚高水平应用型人才。

　　总之，新财经背景下的人才培养模式是财经类应用型院校人才培养的必由之路，是服务地方经济社会发展的迫切需要，也是一项复杂的系统性工程，需要分步骤、有计划地稳步推进，也需要企业、高校共同努力，形成合力，促进财经类应用型人才培养水平的不断提高。

## 参考文献

[1] SIMONTON D K. Scientific Talent, Training, and Performance: Intellect, Personality, and Genetic Endowment. Review of General Psychology, 2008, 12 (1), 28-46.

[2] BEN L KEDIA, PAULA D ENGLIS. Transforming business education to produce global managers [J]. Business Horizons, 2011, 54 (4).

[3] 翟晓瑜. 新形势下地方财经类高校人才培养模式研究 [J]. 安阳工学院学报, 2018, 17 (01): 121-123.

[4] 吴敬茹, 申丽坤. 财经类专业"1233"人才培养模式研究与实践 [J]. 现代营销 (经营版), 2018 (09): 14.

[5] 冯子洋. 高校财经类专业课程人才培养模式探究 [J]. 产业与科技论坛, 2019, 18 (2): 188-189.

[6] 刘爱珍, 柴志贤. 浅析应用型财经类本科院校人才培养问题与对策 [J]. 人才资源开发, 2017 (4): 148-149.

[7] 朱禹铮. 基于应用型本科高校创新人才培育与产学研合作教育模式的研究 [J]. 教育教学论坛, 2019 (10): 29-30.

[8] 郝颖. 创新人才培养视角下财经院校学风建设研究 [J]. 山西财经大学学报, 2015, 37 (S1): 160-161.

[9] 孙穗."一带一路"背景下广西财经类院校人才培养模式改革路径探析 [J].
人力资源管理，2016 (1)：112-113.

[10] 伍军，王海焦.产教融合背景下独立学院人才培养模式的改革与实践——
以浙江财经大学东方学院为例 [J].特区经济，2018 (9)：69-72.

[11] 裴霞.财务共享趋势下高校会计专业培养模式的转型研究 [J].教育财会
研究，2015，26 (4)：85-88.

[12] 彭颖，钟男.财务共享趋势下高校财会类专业课程体系改革探索 [J].财
会学习，2018 (16)：214+225.

[13] 郭文，姚文韵.财务共享服务趋势下的高校财会专业人才培养模式研究
[J].商业会计，2019 (5)：106-108.

[14] 邱风，张文艳.基于创新创业人才培养的通识教育体系构建与思考——以
浙江财经大学为例 [J].教育教学论坛，2019 (39)：8-13.

[15] 高飞，李鹤.互联网+应用型人才培养研究——以财经类高校为例 [J].中
国教育技术装备，2019 (17)：72-73.

[16] 刘倩，于瑞卿，张红霞.财经应用创新型人才培养的校企"共振双赢"实
习实践模式及管理探讨 [J].智库时代，2019 (31)：28-29.

[17] 周罗.高管团队特征、内部控制与企业创新 [D].阜阳师范学院，2019.

[18] 陈妮娜.高校应用型创新人才培养模式中的第二课堂创业教育平台构建
——以中央财经大学为例 [J].中央财经大学学报，2015 (S1)：114-117.

[19] 陈勇.基于创新与创业能力培养的财经类高校创业人才培养模式研究 [J].
当代教育理论与实践，2015，7 (10)：121-123.

[20] 钱书法，崔向阳.基于创新教育的地方财经类高校经济学人才培养模式改
革与探索 [J].中国大学教学，2012 (3)：36-38.

[21] 陶金国.财经类本科应用型人才培养的探索与实践 [J].中国大学教学，
2010 (4)：20-22.

[22] 胡健.创新地方财经院校应用型人才培养模式 [J].中国高等教育，2009
(21)：34-36.

# 我国高等教育扶贫的政策供给及作用机制研究

朱一强①

**摘要：** 本文主要从高校招生向贫困地区倾斜、在校经济困难学生资助和帮扶、引导高校人力资本向贫困地区流动和集聚三个方面，介绍了近年来我国高等教育扶贫政策，简要分析了相关政策的理论逻辑和作用机制，最后结合后脱贫攻坚时代的到来，对未来我国高等教育扶贫政策的去向进行了探讨，提出了政策建议。

**关键词：** 高等教育　扶贫　政策供给　人力资本　影响机制

## 一、引言

2021 年 2 月 25 日，习近平总书记在全国脱贫攻坚总结表彰大会上庄严宣告，我国脱贫攻坚战取得了全面胜利。中国的脱贫攻坚从提出开始，就包含了教育扶贫的重要内容。2015 年中共中央国务院颁布《关于打赢脱贫攻坚战的决定》。这一年，中央扶贫开发会议把"发展教育脱贫"列入"五个一批"工程。高等教育作为教育的重要方面，在"扶贫扶志、扶贫扶智"方面具有突出优势，具体工作中，通过招生政策向贫困地区、农村地区倾斜，向更多贫困生敞开了怀抱。而对于在校生，通过贫困生资助扶助工作，减少贫困生的教育成本，提高贫困生在校的归属感。大量贫困家庭、贫困生通过接受高等教育摆脱了贫困状态。此外，高校通过做好大学生就业引导，鼓励科研学者围绕脱贫攻坚和"三农"问题开展深入研究等方式，鼓励和支持人力资本向贫困地区、基层地区流动，为贫困地区持续发展注入高质量的人力资本。

国外人力资本学者、教育经济学者、发展经济学者，对教育与贫困的关系进

---

① 朱一强，西南财经大学纪检监察办公室，西南财经大学公共管理学院劳动经济学博士研究生。

行了长期研究，已经形成了较为成熟的理论体系。如贡纳尔默达尔（1940）提出了贫困恶性循环理论，认为贫困限制了医疗、食品、住房及下一代教育，而这些的缺失又进一步形成和加剧贫困的境遇。奥斯卡·刘易斯（1959）提出了贫困文化理论与贫困代际传递理论，认为落后的思想观念会代际传递，这是家庭持续性贫困的重要成因。贫困会代际传递理念，后来逐步形成了贫困代际传递理论框架。其方法论意义在于——教育扶贫阻断贫困代际传递的关键在于打破贫困群体交往的文化圈并帮助其增强个体的受教育意愿，重塑摆脱贫困的信心，也是教育扶贫的重要意义。舒尔茨（1960）提出了人力资本贫困理论，认为人力资本积累是现代经济增长的源泉，而贫困人口未能享受公平而有质量的教育，造成人力资本质量较低。教育扶贫不仅通过合理分配公共教育资源为贫困地区提供物力和财力支持，更重要的是通过教育为贫困人口传授科学知识与专业技能，从而提高人力资本质量，让物力资本投资与人力资本投资相互协调达到收益最大化，为贫困地区的经济增长提供稳定的可持续发展动力。阿马蒂亚·森（1998）提出了权利贫困论或者能力贫困论。即贫困者由于经济贫困，获得的包括教育在内的生活必需品的权利或资格被剥夺。因此，教育扶贫应该赋予贫困者基本的受教育权利。

笔者认为，教育本身具有缓解和消除贫困的功能，高等教育更是如此。我国也实施了一系列的高等教育扶贫政策。但目前，对这些政策的实施情况研究的较多，但对其理论逻辑、影响机制进行分析的还不多。本文是在对我国已有高等教育扶贫政策进行系统整理的基础上，对其理论逻辑、作用机理进行分析，然后结合后脱贫攻坚时代特征，对今后如何继续在后脱贫时代如何完善高等教育扶贫政策体系提出政策建议。

## 二、我国高等教育扶贫的政策供给情况

### （一）总体情况

据现有文献，早在 2008 年，海南省就制定了《2008 年海南省教育扶贫（移民）工程实施方案》，提出了教育扶贫概念，这是目前作者能查阅的直接提出"教育扶贫"的最早文献。其主要内容主要包括农村或者贫困地区的基础教育。

2013 年 7 月 29 日，国务院办公厅转发由教育部、发展和改革委、财政部、扶贫办等部门制定的《关于实施教育扶贫工程的意见》，在国家层面提出了实施教育扶贫工程，将高等教育纳入其中，并将《中国农村扶贫开发纲要（2011—2020 年）》所确定的连片特困扶贫攻坚地区作为扶贫范围。其中涉及高等教育扶贫的内容主要有四个方面：一是总体目标部分，阐述了高等教育的扶贫目标，是"提高高等教育服务区域经济社会发展能力"。二是对高等教育扶贫进行了专

门的部署，主要强调了提高片区高等学校质量、加大高等学校招生倾斜力度、开展高校定点扶贫工作等三方面要求。三是在"提高学生资助水平"部分，提出"高等学校对来自片区农村家庭经济困难的学生优先予以资助，做到应助尽助，从制度上保障每一个学生不因家庭经济困难而失学"，"在国家奖助学金等资助政策上对高等职业院校涉农、艰苦、紧缺专业的农村家庭经济困难学生给予倾斜。"四是在"学生就业"部分，提出了"引导和支持高校毕业生到贫困地区就业创业"，具体包括制定为贫困地区培养人才的激励政策；加大各类国家级基层就业项目对片区的倾斜力度；鼓励地方政府设立省级基层就业项目；按国家规定落实到片区就业创业的高校毕业生学费补偿和助学贷款代偿办法等具体措施，鼓励优秀高校毕业生到贫困地区工作服务。值得一提的是，本文依据的两个文件《中国农村扶贫开发纲要（2011—2020 年）》《国家中长期教育改革和发展规划纲要（2010—2020 年）》，有效期均到 2020 年。但二者均未提到教育扶贫概念。进一步说明，2013 年教育扶贫才首次从国家层面提出。

2015 年 11 月底，中央召开了扶贫开发会议，把"发展教育脱贫"列入"五个一批"工程。11 月 29 日，中共中央国务院印发《关于打赢脱贫攻坚战的决定》，其中提出了加快实施教育扶贫工程的要求，对高等教育扶贫提出"建立保障农村和贫困地区学生上重点高校的长效机制""加大对贫困家庭大学生的救助力度""对贫困家庭离校未就业的高校毕业生提供就业支持"等政策。2016 年12 月 16 日，教育部等六部门印发了《教育脱贫攻坚"十三五"规划》①，对教育脱贫 2016—2021 年进行了规划部署，提出"每个人都有机会通过职业教育、高等教育或职业培训实现家庭脱贫，教育服务区域经济社会发展的能力显著增强"。其并从"继续实施高校招生倾斜政策""完善就学就业资助服务体系"两大方面，对高等教育扶贫政策体系进行了专门部署。

从总体情况可知，高等教育扶贫政策，主要集中在招生领域、资助领域和就业领域，体现在高校招生面向贫困地区倾斜政策、在校贫困生资助政策、做好贫困毕业生就业帮扶、鼓励和引导毕业生向贫困地区就业等方面。笔者认为，就业工作历来是高校的重要工作，就业帮扶对象涉及所有毕业生，虽然扶贫政策中强调了对建档立卡毕业生要专项管理等政策，但总体而言，其就是就业工作理所应当的一部分。因此，在本文论述中不作为重点。

---

① 教育部等六部门. 关于印发《教育脱贫攻坚"十三五"规划》的通知 http://www.moe.gov.cn/src-site/A03/moe_1892/moe_630/201612/t20161229_293351.html。

## （二）高校招生向贫困地区倾斜

早在 2012 年，教育部、国家发展和改革委、国务院扶贫办等部门发布《关于实施面向贫困地区定向招生专项计划的通知》，提出实施面向贫困地区的定向招生专项计划，普通高校专门安排适量招生计划，面向集中连片特殊困难地区生源，实行定向招生，同时也强调了引导和鼓励学生毕业后回到贫困地区就业创业和服务。这一政策倾斜提高了集中连片困难地区学生进入重点高校或者一般高校重点本科学习的机会，后来逐渐发展成国家专项计划。国家专项计划是教育部直属高校和地方所属部分普通高校，在提前批与第一批之间，单独分批录取，主要贫困地区户籍或具有户籍所在县高中连续三年学籍的考生。2014 年，为进一步解决重点高校录取农村学生比例偏低问题，教育部又组织实施了"地方专项计划"和"高校专项计划"。"地方专项计划"是由各地方政府按照教育部统一要求实施，各地方政府所属重点高校承担招生，定向招收当地实施区域的农村学生。"高校计划"则起源于"农村学生单独招生计划"，由教育部指定的部属高校、省属重点高校安排一定比例的名额招收边远、贫困、民族地区优秀农村学生，具体实施由高校自行组织。"三大专项计划"均是针对农村和贫困地区倾斜的招生计划，并在同等条件下优先录取建档立卡等贫困家庭学生。因此，在对贫困地区倾斜的同时，也体现了一定向贫困家庭的倾斜。此外，招生中还明确了民族预科班、民族班招生计划向贫困地区、建档立卡等贫困家庭学生倾斜。

## （三）在校经济困难学生的资助与帮扶

如果说"三大专项"计划主要是面向贫困地区的区域性政策，而对在校经济困难学生的资助和帮扶政策，则是基于贫困生或者贫困家庭这一特定个体，扶贫更具有具体性、直接性。

目前在校贫困生的资助政策体系的基本原则是"从制度上保障每一个学生不因家庭经济困难而失学"，其资助方式主要包括高校国家奖助学金、国家助学贷款、新生入学资助、勤工助学、校内奖助学金、困难补助、学费减免等。这些政策对于符合贫困认定的在校学生均提供资助服务，并实现"覆盖全部建档立卡等贫困大学生"。笔者认为，资助体系大致可以分为三类：一是对贫困生直接采取货币补助或费用减免的资助政策，如国家奖助学金、新生入学资助、校内奖助学金、困难补助、学费减免等，这些资助资金主要来源于国家财政（但也包括社会资助），使得贫困生直接获得货币支持，减少了贫困生在学费和生活费上的负担。直接资助政策的优点在于能够及时减少学生的生活压力，且不需要学生背负经济债务，但可能由于对贫困生认证不严，引发骗取贫困生资助的问题。二是由贫困学生以未来收入偿还的金融政策，即助学贷款政策。首先高等教育本身就是收益率较高的人力资本投资，而助学贷款本身利率则较低，同时国家财政予以贴息。国家助学贷款的额度一般能够支持学生的学费，很大程度上降低了经济困难学生就学期间对家庭造成的经济压力。国家助学贷款需要偿还，可以有效解决解决一些骗取国家、学校、社会直接资助的问题。但同时，也可能因为诚信意识不够，造成偿还率低的问题。三是勤工俭学资助政策。勤工俭学资助政策主要是学校组织的由经济困难学生在不影响正常学业的前提下，在校内外提供力所能及的劳动并获得的相应劳动收入的资助政策。勤工俭学提倡贫困生通过自己的劳动获得资助，可以有效防止欺骗资助的问题，也能使贫困生免于"被资助"的心理自卑，并能对经济困难学生进行劳动教育和自立自强的教育。

目前，对贫困生就业帮扶方面的政策主要包括：建立贫困毕业生信息库，实行"一对一"动态管理和服务；对于到基层、贫困地区就业的助学贷款，由国家代偿助学贷款等。此外，高校还通过对毕业生推送岗位、开展创业就业培训等，对包括贫困生在内的毕业生提供就业服务，以提高包括贫困毕业生在内的毕业生的就业能力。然而，笔者认为这部分服务对所有毕业生具有全覆盖性，即属于高校本身的职责，是教育本身的扶贫功能，而非针对贫困群体专门的扶贫政策。

### （四）引导高校人力资本向贫困地区流动

引导高校人力资本向贫困地区流动，既包括引导高校毕业生到贫困地区就业，又包括高校在专业设置中注重涉农专业，或者结合贫困地区实际需要设置专业，为贫困地区发展培养专业人才，还包括高校校内原有的教师科研人员，研究领域向脱贫攻坚、贫困地区发展等聚焦，向贫困地区脱贫贡献知识和建议。《教育脱贫攻坚"十三五"规划》提出，构建毕业生到贫困地区基层"下得去、留得住、干得好、流得动"的长效机制。这十二字方针早在 2008 年大学生"村官"制度中已经明确提出来，可见扶贫脱贫与"三农"问题在政策上和实践上都具有高度的相关性、一致性。引导毕业生向贫困地区就业的政策体系中，包括早年就开始实施的大学生支援西部计划、"三支一扶"计划、大学生"村官"制度等，提供向引导大学生给予直接财政补贴，在事业单位、公务员考试、创业、考研保研等方面给予优惠，引导毕业生向贫困地区就业。此外，优化涉农涉贫院校设置、专业设置，尤其是对贫困地区高等职业院校，根据贫困地区经济发展需要设置相关专业，为贫困地区经济发展培养专业人才。实行高校对口帮扶、鼓励高校深入贫困地区、针对贫困地区产业发展进行深入研究，均是通过高等教育扶贫提高贫困地区的人力资本后劲的政策实践。

## 三、理论逻辑与影响机制探讨

高等教育是人力资本投资的重要阶段，本部分拟主要从人力资本理论视角，分析我国高等教育扶贫政策体系的理论逻辑与影响机制。

### （一）高等教育对扶贫的影响机制

高等教育是"扶贫扶智、扶贫扶志"的典型表现，既可以让贫困者实现收入上的脱贫，又可以提高贫困者的人力资本，形成持久的脱贫致富能力，还可以改变贫困群体的观念和精神状态，实现精神文化等方面的全面脱贫。一是扶贫，即统计意义上的收入增加。接受高等教育可以提高贫困群体的收入，具有收入上的扶贫效应。不管是因为高等教育提高了贫困生的人力资本，还是高等教育本身具有信号功能，社会上存在学历上的就业歧视，从现实情况而言，大学毕业的劳动者，平均收入要高于只有高中毕业生的平均收入高，且接受了高等教育的贫困生，就业收入基本上都能达到脱贫水平。二是扶智，即人力资本脱贫。接受高等教育可以提升贫困生的人力资本水平，在技能上、知识上具有扶贫效应。具体而言，可以提高就业能力、学习能力、适应能力等方面，这些都是贫困者持续且强劲的脱贫能力。三是扶志，即文化脱贫。接受高等教育可以在观念上、心理上改变贫困生的文化困境，通过从贫困地区到城市就学，摆脱视野局限，通过大学学习提高脱贫的自信心，脱离贫困文化的恶性循环。比如，子女数量较多是致贫的重要因素，也为脱贫者返贫的重要风险，接受高等教育可以改变生育意愿与生育观念，减少子女生育数量，减少贫困加深、脱贫返贫风险。

### （二）招生政策倾斜的理论逻辑及影响机制

高考主要是对中学教育尤其是高中教育水平的测试，而对于高校招生向贫困地区倾斜，主要源于中学教育水平不均衡。而中学教育水平的不均衡主要由于贫困地区与富裕地区的地方政府之间、富裕家庭和贫困家庭之间，对教育投资的水平差异引起的。一是贫困地区对教育的公共投资不足，从这个角度，招生政策倾斜实质上是对贫困地区、农村地区因为公共产品的教育投入不足的补偿。这就是"三大专项计划"均向贫困地区招生倾斜的理论逻辑。二是即使在同一个贫困区域内，也存在城乡差异，因此，在"地方专项计划""高校专项计划"中，更体现向贫困地区的农村户籍考生倾斜。这是因为同一个地区的城市中学与农村中学差距依然存在，即使农村学生在城市中学就读，由于家庭经济等原因，购买教辅资料、参加培训班等私人投资部分也存在劣势，因此需要更加凸显对农村学生的支持力度。三是对贫富差距之间家庭教育投资差异的矫正。除了以上所述城乡家庭在中学阶段教育投资的差距外，同时农村的学生，建档立卡学生的家庭在绝对贫困以下，对学生进行私人投资的难度更大。因此在招生政策倾斜中，提出了"在同等条件下优先录取建档立卡等贫困家庭学生"。因此，招生政策倾斜的影响机制，即是通过提高贫困地区、贫困地区农村户籍学生、建档立卡人员在大学录取中的程序优先，弥补地区间、城乡间、家庭间教育水平差异，减少因公共人力资本投资和家庭人力资本投资差异引起的结果不公平。

### （三）在校贫困生资助政策的理论逻辑及影响机制

虽然众所周知，尤其在目前的中国，高等教育的投资收益率较高。但是一方面，由于每年学费、生活费等总计上万元，直接成本较大，贫困家庭难以支撑，或者贫困家庭勉强让学生到大学就读，生活水平也难以保障。另一方面，接受高等教育的机会成本较高，如果贫困学生高中毕业后直接就业，可以为家里挣取收入，缓解贫困现状。而继续读大学，延后四年参加工作。对于贫困家庭而言，就读大学四年后的收入远没有高中毕业后就直接投入劳动市场取得收入更高缓解贫困现状。因此，可能导致贫困大学生离校参加工作，为家庭减轻负担。因此中央提出了"不能让一个学生因为贫困失学"的助学原则。其影响机制包括：一是通过学费间减免、生活费补偿的方式减少家庭在大学生就读期间的经济负担。二是通过为贫困大学生在不影响学习的情况下，组织开展勤工俭学使大学生通过自身劳动获得一定收入，改善自身生活，减少家庭负担，降低大学生因就读不能进入劳动市场的机会成本。三是通过低息助学贷款政策加财政贴息政策，解决高等教育投资收益的滞后性问题，在贷款金额范围内，将高等教育投资收益贴现到高等教育期间使用，减少读书期间的经济成本。

### （四）引导高等教育人力资本向贫困地区流动的理论逻辑及影响机制

招生倾斜政策和贫困生资助政策主要着眼于来自贫困地区的贫困人群具有同等的高等教育权利，并以此帮助享有政策的特定群体脱贫，这两类政策的帮扶对象最终归结在一个具体的贫困家庭或者贫困学生身上。而引导高等教育人力资本向贫困地区流动，则是为了解决贫困地区高素质人力资本稀缺的问题，为贫困地区发展提供强劲的人才支撑，带动贫困地区的整体脱贫。由于贫困地区整体经济社会发展水平较低，能够支付高校毕业生的工资水平较低，教育、医疗、居住等公共服务水平也较低，因此，缺乏高素质人才缺是贫困地区发展的巨大瓶颈。而高校引导人力资本向贫困地区流动和集聚，是增强贫困地区脱贫内生动力的治本之策。其中的理论逻辑及影响机制在于：一是通过财政补贴等多种方式增加大学生到贫困地区的收入，减少大学生在贫富地区就业的地区差异，进而提高大学生向贫困地区的就业的意愿。二是对于在人生规划中有考公务员或者事业单位等公职、保研考研等职业倾向的大学生，给予政策优惠，吸引大学生通过到贫困地区就业积累经验并在下一个求职阶段享有政策优惠。三是培养涉农涉贫专业人才，将院校发展、专业发展与贫困地区发展密切相连，加强贫困地区人员农业发展知识的筹备，培养专门人才。四是鼓励高校现有科研教学人员结合贫困地区发展、"三农"建设进行科学研究，在不离开高校的基础上，为贫困地区发展提供人力资本支持，发挥高校服务贫困地区发展的功能。

## 四、后脱贫攻坚时代高等教育扶贫政策供给的思路及建议

### （一）背景与思路

2021 年 2 月 25 日，习近平同志在全国脱贫攻坚总结表彰大会上庄严宣告，我国脱贫攻坚战取得了全面胜利，现行标准下农村贫困人口全部脱贫，贫困县全部摘帽、贫困村全部出列、区域性贫困得到整体解决。即我国已经进入了后脱贫攻坚时代。虽然按照"十四五"规划建议，在今后五年内"摘帽不摘政策、摘帽不摘帮扶"。但长期而言，很多扶贫政策是立足于脱贫攻坚期间的基本判断，进入后脱贫时代后，包括高等教育扶贫政策在内的扶贫政策何去何从呢？笔者认为，首先要梳理哪些高等教育扶贫政策与脱贫攻坚阶段性规定密切相关，如果以脱贫攻坚的阶段性规定为基础建立的高等教育扶贫政策，度过五年不变的"过渡期"之后，则需要取消或者重新探索新的替代政策，而不以脱贫攻坚的阶段性规定为基础的高等教育扶贫政策，则可以在现有政策的基础上继续保持和优化，不受脱贫攻坚时代结束的影响。

### （二）由贫困地区向"困难地区"转变，继续实施高校招生倾斜政策

从政策供给部分可以看出，高校招生向贫困地区倾斜的"三大专项计划"，均依赖于国家对连片贫困区、贫困县等有关标准，在脱贫攻坚结束后，有关标准已经失去了历史意义。然而，不是绝对贫困地区，并不代表中学教育水平就已不落后于其他地区，也不代表地区间、城乡间教育失衡不存在，如果不通过招生政策倾斜予以调整，高校录取的地区性差距、城乡差距依然可能拉大。笔者的建议有两点，一是实现高校招生政策倾斜从"贫困地区"向"困难地区"的过渡。2021 年政府工作报告中李克强总理提出，"高校招生继续加大对中西部和农村地区倾斜力度"，而此前政府工作报告中一直是"扩大高校面向农村和贫困地区招生规模"等论述。可见，高校招生政策倾斜依然会存在和延续，只是针对的地区范围和人群范围将重新界定。一些地区虽然不再是绝对贫困地区，但依然是相对

贫困地区，是困难地区，依然需要支持和帮扶。如在"十四五"规划中提出"建立农村低收入人口和欠发达地区帮扶机制""在西部地区脱贫县中集中支持一批乡村振兴重点帮扶县"。这部分将继续作为高校招生政策的倾斜对象。二是从长远来看，建议建立和完善地区间教育水平监测指标。将区域间、城乡间高校录取率与当地经济发展水平挂钩、高中教育水平挂钩，实现动态监测、动态调整，避免区域间、城乡间大学入学率差距扩大。

### （三）不断优化在校经济困难学生资助政策体系

在校困难生资助虽然要求实现"建档立卡"人员全覆盖，但资助标准并不仅限于相关贫困地区和"建档立卡"人员。因此，在校经济困难学生资助政策不会受到后脱贫攻坚时代到来的影响。基于对学生资助体系理论逻辑及影响机制的分析，及现有资助政策中存在的主要问题，笔者建议，以助学贷款为主，以勤工俭学和困生奖助学金为辅，严格财政直接补助，优化现有困生资助政策体系。一是严格控制对学费减免等财政直接资助的困难学生的覆盖范围，加大审核力度，减少正常学生"骗助"产生的学生诚信问题、学生之间的不公平资助问题，同时也减少困难学生"不劳而获"的政策依赖思想。二是加大助学贷款的资助范围和资助规模。由于助学贷款，本质是实现高等教育未来收益的提前支取或者困难学生未来收入的零贴现率贴现，国家只补贴其中的利率，财政成本相对较低，同时学生以未来自身劳动收入偿还自身贷款，也增强了劳动脱贫的内在压力和动力，减少了脱贫的外在依赖性。但是当前助学贷款基本上只能满足学费，对生活费满足率较低，可以通过设立困生奖学金和勤工俭学等方式补充差额，同时鼓励学生努力学习、自力更生，通过自己争取奖学金和付出劳动的形式"挣取"收入。

### （四）不断提升困难地区、农村地区对大学毕业生的吸引力

针对贫困地区大学毕业生等高素质人力资本不足的问题，有关政策与脱贫攻坚的阶段性相关程度不高，且也已与服务农村、服务基层等就业政策融合，不会因后脱贫攻坚带来政策变化。解决困难地区、农村地区对大学生的吸引能力，可以从以下几个方面入手。一是注重提升大学毕业生家国情怀，尤其是引导和鼓励困难地区生源的学生回乡就业、回乡创业。二是继续稳定助学贷款代偿、财政补贴、考公考研优惠等相关政策，鼓励大学毕业生到困难地区、农村地区、基层服务。三是大力实施乡村振兴战略，帮助困难地区、农村地区快速发展，以振兴乡村事业蓬勃发展和地区经济发展，增强对人才的吸引力。四是继续鼓励高校将涉农专业、涉农项目、涉农政策等方面进行科学研究，结合困难地区、农村地区生

产发展培养专业人才，为乡村振兴提供专业化知识。

从前述高等教育扶贫政策供给的角度来看，只有招生政策倾斜的"三大专项计划"，主要依赖于连片贫困区、贫困县等有关标准。而在校生资助虽然要求实现"建档立卡"人员全覆盖，但资助标准并不仅限于相关贫困地区和"建档立卡"人员。而目前对高等院校的布局和专业设置，是一个长期的过程，而且涉农专业、农村发展等专业发展本身具有长远性，与脱贫攻坚的阶段性联系不紧密；而引导人力资本向贫困地区流动，早在若干年已经与一般农村地区、基层地区的政策支持相互融合，相关政策也不会因后脱贫攻坚时代的来临而有变化。而高校智库为脱贫攻坚和"三农"发展提供人力资本支撑，在国家将脱贫攻坚与乡村振兴衔接以后，对乡村振兴研究也会持续发展。因而，后脱贫攻坚与脱贫攻坚时期高等教育扶贫政策的变动及其探索主要集中在高校招生政策倾斜方面。

## 参考文献

［1］郭新华，戎天美. 国外关于教育与贫困变动理论研究新进展［J］. 教育与经济，2009（1）：48-52.

［2］闫坤，孟艳. 教育阻断贫困代际传递模式的国际比较研究［J］. 国外社会科学，2019（6）.

［3］西奥多·W. 舒尔茨. 人力资本投资——教育和研究的作用［M］. 蒋斌，张蘅，译. 北京：商务印书馆，1990.

［4］赵红霞，王文凤. 致贫理论视阈下我国教育精准扶贫的路径探讨——基于国外经验的思考［J］. 山西师大学报（社会科学版），2019，46（2）：99-103.

［5］国务院办公厅. 转发教育部等部门关于实施教育扶贫工程意见的通知［EB/OL］. http://old. moe. gov. cn/publicfiles/business/htmlfiles/moe/moe_1779/201309/157306.html.

［6］教育部等六部门. 关于印发《教育脱贫攻坚"十三五"规划》的通知［EB/OL］. http://www. moe. gov. cn/srcsite/A03/moe_1892/moe_630/201612/t20161229_293351.html.

［7］中共中央、国务院. 关于打赢脱贫攻坚战的决定［EB/OL］. http://www. mohrss. gov. cn/SYrlzyhshbzb/dongtaixinwen/buneiyaowen/201512/t20151209_228245.htm.